LIEBE MEIN VOLK

ZEITLOSE GEHEIMNISSE

BAND 1

DR. JAY RAWLINGS UND DR. MERIDEL RAWLINGS

© Copyright der deutschen Ausgabe: Dr. Jay Rawlings und Dr. Meridel Rawlings. Jerusalem 2015. Alle Rechte vorbehalten.

Kein Teil dieses Werkes darf in irgendeiner Form ohne die schriftliche Genehmigung der Herausgeber verarbeitet, vervielfältigt oder verbreitet werden.

ISBN - 978-965-7542- 39-2

Gute Nachricht Bibel, durchgesehene Ausgabe, © 2000 Deutsche Bibelgesellschaft, Stuttgart; Lutherbibel, revidierter Text 1984, durchgesehene Ausgabe, © 1999 Deutsche Bibelgesellschaft, Stuttgart.

Originaltext "Love My People" - übersetzt von Ursula Alberts, Rita Zilly, Winfried Balke und Harald Goldsche.
Recherche und Schlussredaktion: Harald Goldsche.
Gestaltung und Layout: Petra van der Zande.

Herausgeber: Timeless House Publications und Tsur Tsina Publications.

Jerusalem Vistas/Israel Vision
P.O. Box 40101
Mevasseret Zion 9080500
Israel
Office telephone:
+972 2 533 0382

Email: jvistas@gmail.com

Websites:
www.israelvision.tv
www.israelvisiontv.blogspot.com
www.stillsmallvoice.tv

Israel Vision Deutschland e.V.
Vors. Harald J. Goldsche
Jasminweg 22
27211 Bassum
Tel. +49 4241 1655
mobil +49 171 772 5603

E-Mail: info@israelvision.de

Websites:
www.israelvision.org
Www.israelvision.de

Widmung

Dieses Buch ist mehreren Menschen gewidmet.

Jay Rawlings:

Unseren Söhnen David, Chris, Josh und Daniel. Ihr habt uns dazu inspiriert, als Ihr batet: „Papa, erzähle uns Eure „Glaubensgeschichte" von früher, als Du mit Mama Kanada verlassen hattest und Ihr nach Israel gegangen seid. Wir sind durch Euer Leben gesegnet worden, durch Eure Hingabe an die Familie und Euren Ehrgeiz, Hervorragendes in den Medien zu leisten."
Gemeinsam und einzeln habt Ihr mich (Jay) dazu überredet, meine Einstellung zur Fernsehproduktion und zum Schreiben zu ändern, als Ihr sagtet: „Papa, Deine Ansichten sind wirklich altmodisch. Es gibt die neuen Technologien. Die solltest Du Dir zunutze machen!"
Ich danke Euch, Jungs!

Unseren Enkelkindern Noam, Maya, Amitai, Sophia, Liyah, Cecilie, Yoni und Liam, die uns ebenfalls in unserer Schriftstellerei inspirierten. Ihr bereichert uns durch Eure Anwesenheit in unseren Herzen, unserem Heim und unserem Garten. Ich liebe es, wenn ganz früh am Morgen der kleine verschlafene Noam im Schlafanzug die Treppe heruntergetappt kommt und im Wohnzimmer erscheint. Ich war zeitig aufgestanden, um an diesem Buch zu schreiben. Er kam zu mir, lehnte sich schweigend an mein Knie, ehe er fragte: „Opa Jay, kannst Du mir vorlesen, was Du heute geschrieben hast?"
Vielen Dank, Kinder.

Meiner Mutter Sheila, die so gerne gelacht hat. Ihr Leben hat vielen Freude geschenkt. Sie verbrachte unzählige Stunden mit Meridel und mir, in denen sie ihre tiefsten und intimsten Gedanken über unsere Familiengeschichte mit uns teilte. „Danke, Mama. Ich widme dieses Buch Deinem Andenken."

Meinem Vater, Victor Alloway Rawlings, der genau heute vor 67 Jahren in einer Schlacht gefallen ist. „Papa, Du bist der erste, dem ich im Himmel begegnen möchte."

Und Billy, meinem „zugeteilten" Vater. Ich danke Dir für alles, was Du in mein Leben investiert hast. Ich segne die Erinnerung an Euch Beide.

Meridel Rawlings:

Ich, Meridel, widme dieses Buch meiner frommen Großmutter, Neva Smith, die meine jüdischen Wurzeln bestätigte. Ich schätze Dein Leben des Betens und Dienens, das sich aus einem Leben des Leidens ergab. Du hast mir bewiesen, dass „Was auch geschieht, das eine wissen wir: Für die, die Gott lieben, muss alles zu ihrem Heil dienen. Es sind die Menschen, die er nach seinem freien Entschluss berufen hat." (Römer 8, 28).

Meinem schottischen Großvater, dem Pionier Ron Scoular. Weisst Du, wie sehr ich die Zärtlichkeit aufgesogen habe, die sich in Deinem liebevollen Lächeln und Deinen lachenden blauen Augen spiegelte? „Halte meine Hand fest, Opa," begehrte ich als Vierjährige. Die Schlittenglocken läuteten, wenn Du uns in Deinen Pferdeschlitten gesetzt und über Felder und Auen kutschiert hast. Diese Glocken erklingen noch heute in meinem Herzen.

Eurette oder „Mini", meine winzige Großmutter, gab mir Gelegenheit zu wachsen. Noch immer wärmt mich die Erinnerung, wie ich barfuß auf Deiner Farm herumlief. Zu meinen Schätzen gehören die Wärme und Schönheit Deines Heims und Gartens, die Musik, die Gedichte, Träume und Gebete. Als Kämpferin für die Umwelt lehrte uns Deine Kinderradiosendung alles über unsere gefiederten Freunde. Meine Mutter gab mir Dein Tagebuch, in welchem Du bis zum Anfang des 20.

Jahrhunderts Schwärme von Zugvögeln und Herden von Rehwild über die Weiten von Mittelalberta zurückverfolgt hast.

Mutter, Du bist die Freude meines Lebens. Der Name „Joy" (Freude) passte vollkommen zu Dir und Du hast mir bewiesen, dass *„...mit Gott alles möglich ist."* Du hast mich ermutigt, daran zu glauben, dass ich alles tun kann, was mir am Herzen liegt, was ich mit Gottes Gnade auch getan habe. Danke.

Ich danke Dir, Papa. Dein Einfluss auf mein Leben war stärker, als man es sich vorstellen kann. Von Dir, Edward Donovan, habe ich Weisheit und Urteilskraft geerbt. Du warst so begabt und doch so voll Stärken und Schwächen. *„Läute die Glocken, damit die Stille erklingt. Vergiss deine perfekten Taten. In allem ist ein Sprung. Auf diese Weise dringt das Licht hinein."* [1]

Jeder von Euch hat den Lauf der Geschichte verändert. Eure Leben voll liebender Zärtlichkeit inspirierten mich von frühester Kindheit an. Von Euch habe ich gelernt zu sehen, wie die geistliche mit der natürlichen Welt verwoben ist. Dafür bin ich ewig dankbar.

Jay und Meridel Rawlings
Mevasseret Zion, Israel

---

[1] Leonard Cohen

Danksagung

Mein Dank geht an Sarah Theissen, die treu meine schwer zu lesenden, mit Bleistift geschmierten Worte von Stößen gelber Zettel abtippte.

Ebenfalls danke ich unserer geschätzten Freundin und treuen Mitarbeiterin, die das Israel-Vision-Büro in Israel betreut. Meine schriftstellerische Arbeit wäre mir unmöglich gewesen, hätte nicht jemand meine Aufgaben übernommen.

Dankbar bin ich auch Josh Rawlings, der uns mit dem Entwurf des Einbands geholfen hat. Herzlichen Dank an Dr. James und Helen Lunney für ihre weisen und zeitgerechten Vorschläge. Auch unsere treuen Partner möchte ich ehren, die uns ein Leben lang zur Seite gestanden haben. Nur der Herr kann Euch angemessen belohnen. Wir hätten nicht erreichen können, was wir erreicht haben, ohne jeden einzelnen von Euch!

Meine tiefste Dankbarkeit gilt meiner Frau Meridel, die mir immer beigestanden hat. Ihre Fähigkeit als Schriftstellerin, ihre einfühlsame Kritik und ihr redaktionelles Talent waren für diese Geschichte, unsere Geschichte, unentbehrlich. Ich danke Dir, dass Du in den ersten 46 Jahren unseres gemeinsamen Lebens eine tapfere Frau warst. Du bist mein größtes Geschenk.

Nachdem all das gesagt ist, was hätte ich vollbracht ohne meinen Schöpfer, den Geliebten meiner Seele, der sich mir offenbart hat? Er ist meine Inspiration, meine Kreativität, meine Stärke und meine Hoffnung. Immer hat Er mich mit Seiner liebenden Gnade bedacht. Ihm bin ich in Ewigkeit dankbar.

Jay Rawlings
Mevasseret Zion
Israel

Anmerkung

Mir wurde die Ehre zuteil, das erste von sechs Büchern der Autoren Jay und Meridel Rawlings zu lesen, das den Titel Zeitlose Geheimnisse, Band 1 „Liebe mein Volk" trägt.

Zwei begabte Autoren haben in „Liebe mein Volk" den ersten Band der spannenden, wahren Geschichte eines modernen Abrahams und seiner Sarah geschrieben, die den Ruf erhielten, ihr gemütliches kanadisches „Ur in Chaldäa" und ihren bequemen Lebensstil zu verlassen und sich auf eine außergewöhnliche, lebenslange Reise des Glaubens und der Hingabe an Gottes auserwähltes Volk, die Juden, zu begeben. Liest man das Buch, muss man zugeben, dass die Wahrheit oft unwahrscheinlicher ist, als die Dichtung. Offen und ehrlich geschrieben, gewürzt mit tiefen, bleibenden Einsichten, die in der Hitze oft harter und schmerzlicher Erfahrungen gewonnen wurden, ist es ein Buch, von dem ich überzeugt bin, dass es vielen Menschen reichen Segen bringen wird.

John Stone,
Pastor Emeritus, Trinity Christian Centre
Victoria, B. C. Kanada

Vorwort

Viele Menschen glauben, die Bibel ist lediglich ein Bericht von Gottes Beziehung zu den Menschen vom Anbeginn der Zeit, und sie leben ihr Leben, als wenn das wahr wäre.

Ich habe die Ehre, Dr. Jay und Dr. Meridel Rawlings seit nahezu dreißig Jahren zu kennen. Die Rawlings sind wahre, wenn auch inoffizielle, Botschafter von Kanada. Sie zogen aus in Länder ohne Botschaften und Dörfer ohne Konsulate. Sie sind ebenfalls Repräsentanten eines Königreiches, das nicht mit Händen geschaffen wurde.

Jay und Meridel schreiben diesen zeitbezogenen Rechenschaftsbericht nach den Annalen ihres eigenen Lebens, das sie im Glauben gelebt haben. Wenn Gott Wirklichkeit und die Ewigkeit das uns bestimmte Ziel ist, stellt sich uns allen die Frage: „Wie sollen wir dann leben?"

Zeitlose Geheimnisse stellt den Leser vor die Herausforderung, zu vertrauen und zu gehorchen oder es nicht zu tun! Es gibt uns Einsichten in die Dynamik des Lauschens auf die Sanfte Leise Stimme, wenn der Glaube nach einem Tor sucht, das normalerweise nicht ‚gesehen' werden kann. Lest von den erstaunlichen Möglichkeiten, die sich in unmöglichen Umständen eröffneten.

Zu jedem, der sich auf seine eigene Pilgerreise des Glaubens begeben hat, kommt der Ruf: *„Folge mir!"* Von ihnen steht geschrieben: *„Sie haben ihn besiegt durch das Blut des Lammes und weil sie sich zu Gott bekannt haben."* Ehre sei Gott!

Dr. James Lunney, MP

Anmerkung: Dr. Lunney ist Chiropraktiker. Er praktizierte 24 Jahre lang in zwei Provinzen Kanadas. Außerdem führte er unzählige Reisegruppen nach Israel und dem Nahen Osten. Während der letzten 10 Jahre diente es als Angehöriger des Kanadischen Parlaments und als Mitglied des Kommitees für Gesundheitswesen, für Nationale Verteidigung und für Ausländische Angelegenheiten. Er war der Vorsitzende der Gruppe kanadisch-israelischer Interparlamentarier.

Inhaltsverzeichnis

Einleitung		10
1.	Lech lecha – Gehe!	13
2.	Countdown	25
3.	Neuanfänge	35
4.	Begeisterung und Agonie	59
5.	Das Beste für meinen kleinen Jungen	85
6.	Steile Lernkurve	107
7.	Angeführt	115
8.	Eine Sanfte Leise Stimme	125
9.	Paniyas und Fortschritt	143
10.	Bei allem Lernen, suche vor allem Weisheit	161
11.	Zeugen	179
12.	Magnolien	191
13.	Eine Leihgabe	205
14.	Suche in der Vorstadt	209
15.	Stechende Rote Augen	215
16.	Willkommen Daheim?	227
17.	Geht zu den Völkern	237
18.	Für immer Mein Volk	249
Fortsetzung folgt		263
Über die Autoren		265
Von den gleichen Autoren erschienen		267

Einleitung

Schalom und willkommen!
Im ersten Band der Serie Zeitlose Geheimnisse werde ich unsere ersten Jahre beschreiben, als wir uns von netten, ruhigen Kanadiern in Weltreisende und liebende Anhänger Israels verwandelten.
Da kommen sofort Fragen auf. Wo anfangen? Was muss mit hinein? Wie berichte ich von den Schwierigkeiten unseres Lebens, wie hart es für uns war, unsere kanadischen Wurzeln herauszureißen, gegen den Status Quo anzugehen und unseren Träumen in den unruhigen Nahen Osten zu folgen, wo Israel in den letzten 46 Jahren zum Mittelpunkt unseres Lebens wurde? Ich konnte den Gedanken nicht loswerden, dass die Nation Israel, die nach nahezu 2000 Jahren wiedergeboren wurde, in der Zukunft dieser Welt einen wichtigen Platz hat, der in keinem Verhältnis zur Größe des Landes und seiner Bevölkerungszahl steht.

Wäre es nicht einfacher, meinen Stuhl wegzurücken, meinen Bleistift, Schreibblock und meinen zuverlässigen Radiergummi fortzulegen? Vielleicht sollte ich auf meinen Enkel Noam hören, der mich an einem heißen Tage beobachtete, als ich im Schweiße meines Angesichts im Garten arbeitete und mir mit Nachdruck riet: „Mach's Dir doch bequem, Opa!" Das wäre das Logischste in meinem Alter. Lege die Beine hoch und setze Dich zur Ruhe! Wie dem auch sei, meine Familie war mir immer die größte Ermutigung. Bei vielen Gelegenheiten baten die Jungen: „ Papa, Mama, erzählt uns eine Glaubensgeschichte. Erzählt uns etwas von früher und wie wir nach Israel gekommen sind." Ja, diese Niederschriften sind tatsächlich für unsere Söhne und Enkelkinder bestimmt. Das ist das wahre Erbe, das wir ihnen hinterlassen.

Was ich entdeckt habe, seit ich in Israel lebe, ist, dass jeder von uns seine eigene Serie von Wundern braucht. Davon handelt diese Geschichte. Im ersten Band "Liebe mein Volk" berichten Meridel und ich von einer Reihe von Wundern. Wir erzählen unsere Liebesgeschichte, wie wir Kanada verließen und nach Israel gingen, sowie die wichtigsten Ereignisse aus meinem Leben, als ich heranwuchs.

Schließlich praktizierten wir, was wir predigten, indem wir ‚heimkehrten', um in Zion zu leben. Die Bände 4, 5 und 6 berichten von den erstaunlichen Möglichkeiten, die sich uns eröffneten, sobald wir im Gelobten Land eintrafen. In diesen letzten vier Jahrzehnten habe ich viel über Gott gelernt, über die Bibel, über unsere eigene jüdische Vergangenheit, über Israel und, wie man überlebt. Es ist einfach: Wir alle brauchen Wunder!

Die meisten Menschen möchten wissen, was morgen, im nächsten Monat und im nächsten Jahr geschehen wird. Bei einer kürzlichen Umfrage in den Vereinigten Staaten wurde gefragt: „Welche Art von Fernsehsendungen interessiert Sie am meisten?" Die Antwort der Befragten aller Bevölkerungsschichten war übereinstimmend. Jeder wollte wissen, was in der Zukunft geschehen wird und wie man damit fertig wird. Deshalb könnt Ihr am Ende eines jeden Kapitels lesen, was ich die Zeitlosen Geheimnisse nenne. Es sind kurze Zusammenfassungen der Lehren, die uns zuteilwurden, Vorschläge, die euch besonders in diesen schweren Zeiten helfen können. Ich habe sie mit Verheißungen aus der Bibel gekoppelt, die uns als Familie über die Jahre gestärkt und inspiriert haben.

Ich bin überzeugt, dass unsere Geschichten und die daraus gewonnenen wahren Erkenntnisse Euch und Eure Familie bestärken werden, erfolgreich zu sein und trotz der zunehmenden insternis zu einem Segen für die Menschen Eurer Umgebung zu werden.

Wir hatten die Ehre, sowohl in den Nationen, als auch in Israel, fast täglich erstaunliche, ewige Verheißungen erfüllt zu sehen. Für mich gibt es nichts, was mehr erregend und erfüllend ist, als im täglichen Leben dem Ewigen zu begegnen. Möge dieses Buch Euch stärken, ermutigen, inspirieren und segnen, indem es Euch zur „Gebrauchsanweisung" hinführt. Ja, das Buch aller Bücher ist voller zeitloser Kostbarkeiten und das Größte, wenn Ihr zu sehen beginnt, dass Seine Zeitlosen Geheimnisse Euren Namen tragen.

Dr. Jay Rawlings

Ontario, Mai/Juni 1969

Kapitel 1

"Lech lecha" – Gehe!

"Da sagte der Herr zu Abram: »Verlass deine Heimat, deine Sippe und die Familie deines Vaters und zieh in das Land, das ich dir zeigen werde! " 1. Mose 12, 1

Unsere persönliche Beziehung zum Land Israel begann ziemlich ungewöhnlich. Eines Tages fuhr ich nach der Arbeit heim zu unserem Haus in Dundas, das etwa 80 Kilometer südwestlich von Toronto liegt. Nach einer anstrengenden Woche als assistierender Verwaltungsdirektor des Krankenhauses in Hamilton war ich müde und freute mich auf ein ruhiges Wochenende.

Es war ein Freitagabend im September und die Bäume im südlichen Ontario prangten in einer Fülle von Farben. Das Orange, Gelb, Burgunderrot, Goldbraun und Feuerrot waren wirklich atemberaubend und inspirierend. Ich fuhr langsamer und lenkte den Wagen in unsere runde Auffahrt, am Schwimmbecken, an den Ponys auf der Weide vorbei und hielt vor dem Haus. Die Reifen knirschten auf dem Kies. Meridel, meine junge Frau, wartete vor dem Eingang, um mich zu begrüßen. David, unser acht Monate alter Sohn, strampelte auf ihrer Hüfte. Es war eine richtige Idylle. Ich stieg aus meinem Traumauto, zog meine Lederhandschuhe aus, umarmte Meridel und David und küsste sie, ohne eine Ahnung zu haben, dass sich das alles in einem Augenblick verändern würde.

Arm in Arm gingen wir ins Haus. Mir lief das Wasser im Mund zusammen von dem Geruch frisch gebackenen Brotes und eines kanadischen Rinderbratens in der Röhre. Ich lächelte. Meridel hatte von ihrer Mutter gelernt, dass der Weg zum Herzen eines Mannes durch den Magen führt...nun, wenigstens teilweise. Ich war hungrig und freute mich auf das Abendessen. Als Meridel David in sein Stühlchen gesetzt hatte und ihm das Lätzchen umband, konnte sie nicht länger an sich halten. Sie platzte fast vor Aufregung über das, was sie am Tage erlebt hatte. „Jay," sagte sie, „während ich im Garten Briefe schrieb, hörte ich ein sanftes, leises Säuseln. Ich glaube, der Herr hat zu mir gesprochen."

Ich saß am Ende des Tisches. „Nun, das ist großartig," erwiderte ich sachlich. „Was hat Er denn gesagt? Können wir jetzt essen?"

Sie sah mir voll ins Gesicht, atmete tief ein und sagte tapfer: „Er sagte: ‚Wenn Du mich liebst, liebe mein Volk'".

Ich erwiderte: „Nun, das ist interessant. Was bedeutet es aber wirklich für uns?" Und ich überlegte mit einer gewissen Angst, ob diese wenigen erstaunlichen Worte unser Leben irgendwie verändern könnten. Ein Teil von mir hoffte, unseren jetzigen Lebensstil immer beibehalten zu können. Sechs lange Jahre lang hatte ich an zwei Universitäten studiert, um mich für meine jetzige Karriere zu qualifizieren, und es begann jetzt, aufwärts zu gehen. Man hatte mir, gleich nach Abschluss meines Medizinstudiums und des Kurses für Verwaltung und Gesundheitswesen an der Universität von Toronto, diese begehrte Leitungsstelle angeboten. Ich war so mit meinen eigenen Gedanken beschäftigt, dass ich nicht hörte, was Meridel sonst noch sagte. Ich hatte mein letztes Jahr als Praktikum in der Krankenhausverwaltung des Civic Hospital Centers in Hamilton absolviert, damals das größte Krankenhaus Kanadas mit 1800 Betten. Es war eine ausgesprochene Ehre, wohlbekannte Leitungsangestellte, die für den Gesamtablauf zuständig waren, und die höchsten Chefs des Verwaltungsteams des Allgemeinen Krankenhauses in Hamilton als Mentoren zu haben. Mit 24 Jahren war ich für sechs Abteilungen und ein Budget von mehr als 80 Millionen Dollar verantwortlich. Ich liebte meine Arbeit. Sollte das, was Meridel gehört hatte, alles ändern? Ich wurde nervös und hörte wieder hin.

Sie sah, dass ich ihr wieder zuhörte, und wiederholte das Gesagte. „Wenn Du mich liebst, liebe mein Volk. Du weißt, dass damit die Juden gemeint sind."

Meine Erwiderung war kühl. „Nun, wenn Gott so deutlich zu Dir gesprochen hat, frage ich mich, warum er sich nicht an mich gewandt hat." Es war eine recht dumme Bemerkung, die aus meiner Angst geboren war, der Angst vor der Veränderung. Ich wusste, dass mir Veränderungen schwerfallen. So war es damals und so ist es heute noch. Ich glaube allerdings, dass die meisten von uns, wenn wir ehrlich sind, solche Angstgefühle kennen.

Meridels Erwiderung war liebevoll und voller Weisheit. Während sie den Braten aus dem Ofen nahm, sagte sie über die Schulter: „Liebling, Du hast so viel zu tun, dass Gott Mühe hat, Deine Aufmerksamkeit zu erregen." Ich war froh, dass sie mir den Rücken zudrehte und meine Reaktion nicht sehen konnte. Wie ein Pfeil trafen ihre Worte genau ins Schwarze, nicht nur in meinem Kopf, sondern auch in meinem Herzen. Sie hatte vollkommen recht. Ich war viel zu beschäftigt, mit meiner Arbeit, meinem Heim, meinem Auto und unserer Jugendgruppe. Mein Schöpfer aber wollte meine Ohren haben. Er wünschte sich, dass ich Sein zartes leises Säuseln höre. Wir ließen das Thema fallen und gaben uns entspannt dem Abend hin.

Als ich am nächsten Morgen kurz vor Sonnenaufgang im Schlafzimmer herumtappte, weckte ich Meridel versehentlich auf. „Was hast Du denn vor?" fragte sie schläfrig. Schließlich war Sonnabend der Tag, an dem wir ausschlafen konnten.

„Ich gehe in den Wald mit meiner Bibel und ich komme erst zurück, wenn der Herr zu mir gesprochen hat." Meine Entschlossenheit muss sie überrascht haben.

Es war ein kühler, klarer Herbsttag. Ich trat aus dem Haus und lief zu den naheliegenden Hügeln für meine Verabredung mit dem Schicksal. Und hier ist Meridels Schilderung der Situation.

Meridel:
„Gestern, während David seinen Mittagsschlaf hielt, saß ich an unserem Gartentisch unter den Ahornbäumen. Die Natur hatte ihren Farbkasten geöffnet. Alles leuchtete in herrlichen Farben und der Sonnenschein war am Nachmittag noch immer warm. Das Briefeschreiben an liebe Menschen war mir zur Gewohnheit geworden. Jay und ich waren 20 Monate lang verlobt gewesen, während er sein Studium beendete und ich als Krankenschwester mit CUSO[1] in Indien arbeitete. Das Schreiben und Empfangen von Briefen gehörte zu den Freuden meines Lebens.

---

[1] CUSO—Canadian University Services Overseas (Kanadische Universitätsdienste in Übersee)

Plötzlich und völlig unerwartet hörte ich leise Worte, so deutlich, als spräche jemand neben mir. „Meridel, wenn Du Mich liebst, liebe Mein Volk!" Ich begann zu zittern und lauschte angespannt. Seitdem weiß ich, wenn es die „Sanfte Leise Stimme"[2] ist.

Merkwürdigerweise beunruhigten mich diese Worte. Nahezu mein ganzes Leben lang hatte ich in dem sicheren Bewusstsein gelebt, dass Gott mich liebt, doch jetzt beunruhigte mich das Wort „wenn". In Gedanken versuchte ich mich selbst zu rechtfertigen: „Herr, Du weißt doch, dass ich Dich liebe...". Aber diese Worte schienen auf mich zurückzufallen. An sich sollte ich nicht überrascht sein. Hatte ich mich nicht seit Monaten danach gesehnt und darum gebetet, nach Israel gehen zu dürfen?

Ja, es stimmte schon: Jay und ich genossen unsere Ehe mit all ihren materiellen Segnungen. Doch ich wusste, dass ich nicht der Typ war, der den Rest seines Lebens glücklich in einem Vorort lebt. Mit Jay hatte ich kaum über diese Gefühle gesprochen. Als ich einen Monat zuvor den Herrn darüber befragte, warnte Er mich: „Tritt nicht die Tür ein. Ich werde sie auf meine Weise und zu meiner Zeit öffnen." Seitdem hatte ich mich bemüht, geduldig zu sein.

Jay:
Der reine, herbstliche Waldgeruch klärte meinen Kopf. Ich setzte mich auf einen Holzstamm und verfolgte den Flug eines goldenen Ahornblattes, das sich zur Erde drehend, zu dem Moospolster neben meinem Stiefel schwebte. Die Jahreszeit wechselte und ich begriff, dass das Gleiche auch auf mein Leben zutraf. Ich fühlte mich allein und irgendwie isoliert, als ich das Blatt vor meinen Füßen betrachtete. Ich fürchtete mich davor, den HERRN zu treffen. Der Versuch, mich zu entspannen und Ordnung in meine Gedanken zu bringen, schlug fehl. Der Tag verging ganz langsam, und je länger ich nichts hörte, desto ängstlicher wurde ich. Als ich an einem plätschernden Bach entlanglief, redete ich laut mit IHM, überzeugt, dass mich niemand sonst hörte. „Was möchtest DU für mich und meine Familie? Bitte, sprich zu mir, HERR."
Doch ich hörte nichts. Meridel hatte so deutlich Seine Stimme gehört. Warum hörte ich nichts?

---
[2] 1. Könige 19, 12

Als die Sonne langsam unterging, fiel ich auf meine Knie und bereute alles, was mir in den Sinn kam. Wenn ich heute daran zurückdenke, merke ich, dass es die Jahreszeit war, in der, dem jüdischen Kalender nach, der Tag des Fastens und Betens, *Yom Kippur* – Der Versöhnungstag, begangen wird. Ich brachte alles, was mich betraf, vor den Einen, der alles sieht und alles versteht. Ich stand da, fühlte mich nackt und bloß und bat um eine Audienz mit dem König aller Könige. Doch es blieb weiterhin still.

Eine tiefe Einsamkeit befiel mich. Jetzt wurde es dunkel und ich merkte, dass ich hungrig und durstig und mir kalt war. Verzweiflung übermannte mich, und beim letzten Licht öffnete ich meine Bibel und bat IHN, durch Sein Wort zu mir zu sprechen. Dann geschah es! Mein Blick fiel auf einen Vers in Jeremia und sofort spürte ich Seine Gegenwart. Wie ich sie spürte? Ich war wie elektrisiert. Auf Kopf und Schultern hatte ich eine Gänsehaut. Mir wurde heiß und aufgeregt spürte ich, dass ich einer Antwort näherkam. Die Worte des alten Propheten sprangen mir förmlich entgegen und fesselten mich. *„Ruft es unter den Völkern aus, alle sollen es hören! Schlagt es an allen Orten an, macht es überall bekannt! Verschweigt es nicht, damit alle es erfahren!"* (Jeremia 50, 2a)

Das war es! Der Herr sprach direkt zu mir durch Sein Wort. Sofort wurde mir alles klar. In diesem Moment kamen mir viele frühere Gedanken in den Sinn, die ich versucht hatte zu ignorieren. Ja, es war uns bestimmt, nach Israel zu gehen. Ja, wir waren dazu berufen, dem jüdischen Volk beizustehen und die Gute Nachricht über Israel in den Nationen, bei Gläubigen und Ungläubigen zu verbreiten. Ja, und ich sollte meine Stellung jetzt kündigen.

Die Wahrheit all dessen schoss mir durch den Kopf. Die Schriften hatten die bevorstehende Veränderung irgendwie bestätigt. Ich war aufgewühlt und füllte meine Lungen mit der feuchten Abendluft. Dann atmete ich langsam aus, bemüht, mich zu entspannen. Ich fühlte mich jetzt glücklich und merkte, wie mein Vertrauen größer wurde. In Sekundenschnelle begriff ich alles. Natürlich übersah ich nicht alle Folgen.

Doch ein Gefühl des Friedens überkam mich, eines stillen Friedens ganz tief in meinem Innern, an dem ich mich festhielt. Im Laufe der Jahre habe ich entdeckt, dass dies *„der Friede Gottes (ist), der ALLES menschliche Begreifen weit übersteigt."*

Sorgfältig überlegte ich, wie wir vorgehen sollten. Man hatte uns angeboten, am 20. Oktober 1969 mit einer Reisegruppe vom JFK Flughafen in New York nach Israel zu fliegen. Warum sollten wir nicht mitreisen und „das Land ausspionieren" wie Josua und Kaleb es in alten Zeiten getan hatten? Allerdings waren es nur noch 30 Tage bis dahin und ich musste schnell etwas unternehmen. Als erstes musste ich meine Kündigung schreiben, um sie noch an diesem Abend einzureichen. Als nächstes musste ich John, meinen Chef im Allgemeinen Krankenhaus in Hamilton, anrufen und ihm die Kündigung übergeben.

Ich lief durch den dunklen Wald zurück zu unserem warmen, gemütlichen Heim, mit seinem sanften Licht und den brennenden Kerzen. Noch bevor ich Meridel erklärte, was sich ereignet hatte, rief ich John an, der mir erlaubte, ihn kurz darauf zu besuchen. Danach setzte ich mich an meinen Schreibtisch und verfasste meine Kündigung. Meridel spürte, dass ich mich konzentrieren musste und brachte inzwischen David ins Bett. Doch für Euch, meine Damen, lasse ich jetzt Meridel zu Wort kommen.

Meridel:
Ich hatte mir Mühe gegeben, Geduld zu üben, indem ich mich den ganzen Tag lang mit David, den Ponys und unserer siamesischen Katze beschäftigte. Später am Morgen dachte ich, Jay würde hereingestürmt kommen, um sich seinen Kaffee zu holen. Doch der Vormittag verging und dann war es Mittag, der in den Nachmittag überging und die Teezeit kam. Als er auch nicht zum Abendessen erschien, wusste ich, dass er einen sehr ernsthaften Tag verbrachte.

Schließlich kam er gegen 20 Uhr leise durch die Hintertür herein. Ein kurzer Blick auf sein Gesicht sagte mir, dass ich ruhig sein musste. Seine Körpersprache verriet mir alles. Er sah entschlossen aus, sah weder nach rechts noch nach links und sprach mich nicht an.

Er sah aus wie ein Mann mit einer Mission, von der ihn niemand abbringen konnte. Auf geradem Weg ging er zu seinem Schreibtisch, nahm Papier und Füllfederhalter aus dem Schubfach und begann schweigend zu schreiben. „Was tust Du da?", fragte ich leise.
„Gib mir ein paar Minuten", erwiderte er mit einer Geste, die mich fortschickte.

Jay:
Meridel war verblüfft, als ich knapp eine halbe Stunde später sagte: „Schnell, hole David aus dem Bett. Wir fahren rüber zu Johns Haus, um ihm meine Kündigung zu geben. In einem Monat fliegen wir nach Israel!"
Sie sah mich entgeistert an. Natürlich war sie schockiert.

Meridel:
„Sag das noch mal!" Die Anordnung war erteilt worden, und nun war es vollkommen still. Vorsichtig nahm ich David aus dem Bett und wickelte ihn in eine warme Decke. Er öffnete nur kurz seine blauen Augen. Ich zog meinen Mantel an, während Jay mit dem Brief in seiner Brusttasche den Wagen vor der Tür warmlaufen ließ. Die Spannung zwischen uns steigerte sich. Ich verhielt mich ruhig und betete.

Jay:
Es dauerte nur 20 Minuten, bis wir Burlington erreichten. Sobald ich die Auffahrt zur Queen Elizabeth Highway hinauffuhr, begann mir die ganze Tragweite meiner Entscheidung bewusst zu werden. Ihre Schwere erdrückte mich fast. Ich warf einen kurzen Blick auf Meridel. Mit meinem Handrücken schlug ich auf das Lenkrad und rief in Schmerz und Ärger: „Was tue ich da? Ich werfe alles weg, wofür ich so hart gearbeitet habe!" Und leise, nur für mich selbst, wiederholte ich fast in Tränen: „Ich werfe alles weg, wofür ich so schwer gearbeitet habe."
Meridel sagte kein Wort. Alles, was man hörte, war der ständige Geräusch der Scheibenwischer und das Trommeln der Regentropfen auf dem Auto. Als wir ankamen, schaltete ich den Motor aus und legte den Kopf für einen Moment auf das Lenkrad, um meine Fassung wieder zu gewinnen.

Meridel:
Ich wusste, dass es völlig richtig war, was er gesagt hatte.
Es schmerzte ihn, aber wie konnte ich etwas darauf erwidern, wenn ich nicht wusste, was er im Wald erlebt hatte? Ich verhielt mich ruhig. David schlief auf meinem Schoß, deshalb blieb ich im Auto. Jay stieg aus. Ein Schauder überlief mich. Ich fühlte mich allein und ein bisschen ängstlich.

Jay:
Mein Herz klopfte, als ich auf die Klingel drückte. John war gleich da und öffnete die Tür. Das warme Licht ließ die tanzenden Regentropfen auf den Steinfliesen erstrahlen. Seine Begrüßung war freundlich: „Mann, komm herein und raus aus diesem Wetter."

Ich fühlte mich schwach und nackt, aber sein fester Griff an meiner Schulter gab mir Sicherheit. Ich beugte mich nieder, um meine Schuhe auszuziehen, bevor ich ins Wohnzimmer auf den weißen chinesischen Teppich trat. Aus dem Flurspiegel starrte ein blasses, angespanntes Gesicht mit traurigen Augen auf mich zurück. Schüchtern folgte ich meinem Chef zu dem mit hellgrünem Brokat bezogenen Sessel. Ich räusperte mich, holte tief Luft und begann: „John, es wird Dir merkwürdig vorkommen, aber ich gebe meine Stellung im Krankenhaus auf, weil ich glaube, dass der Herr uns nach Israel beruft."
Ich hatte es in einem Atemzug herausgestoßen.

Ihm blieb vor Überraschung der Mund offenstehen. Nach dem anfänglichen Schock setzte er sich aufs Sofa, zündete eine Zigarette an, tat einen tiefen Zug und atmete ihn aus, ehe er antwortete. „Tja, Jay, Du wirst uns fehlen in unserem Team. Obwohl Dein Entschluss, ehrlich gesagt, recht merkwürdig ist, muss ich Deine Entscheidung in der Sache respektieren. Über solche geistlichen Sachen weiß ich nicht Bescheid."

Ich war dankbar, dass er seine Unwissenheit so ehrlich zugab, und versuchte ihm zu erklären, was mir ein paar Stunden vorher bei meinem „Rendezvous" im Wald passiert war. Während ich redete, fühlte ich mich sehr allein. Ich fragte mich, ob ich mich komisch anhörte. Ich war doch auf dem richtigen Weg. Alles, was ich mit Sicherheit wusste, war, dass mir der Generaldirektor des Universums einen winzigen Einblick in Seinen Plan für mein Leben gegeben hatte. Mit meiner Kündigung sicher in Johns Hand gab es jetzt kein Zurück mehr. Es war eine kurze Begegnung, aber mit lange währenden Konsequenzen.

Als ich wieder im Auto saß, spürte ich eine große Erleichterung, dass ich getan hatte, was ich meinem Gefühl nachtun sollte. Mit einem erleichterten Seufzer blickte ich zum ersten Mal an diesem Tage Meridel in die Augen. „Es ist verrückt! Aber, wenn wir in dieser Sache einig sind, weiß ich, dass es in Ordnung gehen wird."

Sie sagte: „Jay, ich wünschte, Du würdest mir sagen, was sich draußen im Wald abgespielt hat."

Ich hatte mich so darauf konzentriert, meine Kündigung einzureichen, dass ich meine Frau völlig ignoriert hatte. Beschämt sagte ich: „Oh, Liebling, es tut mir leid." Ich ließ den Kopf hängen und holte tief Atem. „Weil die Zeit so sehr kurz ist, habe ich in meiner Eile an nichts weiter gedacht, als meine Kündigung zu schreiben und abzugeben." Ich wandte mich ihr wieder zu. „Der Herr hat zu mir durch Jeremia, Kapitel 50, Vers 2 gesprochen. Dieses Wort wurde plötzlich lebendig für mich.

„Dann lass es uns lesen," sagte Meridel.

„Ruft es unter den Völkern aus, alle sollen es hören! Schlagt es an allen Ortschaften an, macht es überall bekannt! Verschweigt es nicht, damit alle es erfahren." Aufgeregt sagte ich: „Ja, das ist es. Es bedeutet, dass wir das Wort in den Ländern verbreiten sollen, dass wir es predigen, es herausgeben und weit und breit über den Äther senden sollen. Ich will nicht so tun als verstünde ich es, aber ich weiß, dass Israel bei all dem im Mittelpunkt steht." Ich ließ den Motor an, lenkte den Wagen auf die Straße und wendete, um nach Hause zu fahren. Meridel war auf dem Rückweg sehr still. Ich habe gelernt, dass es einen sehr guten Grund dafür gibt, wenn mein redseliges Weib schweigt. Erst als wir unser Heim erreichten, legte sich die Spannung.

Meridel:

Jay machte ein gewaltiges Feuer im Kamin. Ich legte das schlafende Baby in sein Bettchen und ging in die Küche, um Kakao für uns zu machen. Meine Gedanken überschlugen sich. Ein Teil von mir war außer sich vor Freude. In den letzten Monaten hatte ich ständig dafür gebetet, dass wir nach Israel gehen. Doch jetzt, wo ich begann, eine Antwort zu sehen, bekam ich schreckliche Angst. Wir lichteten den Anker, setzten unsere Segel und lenkten unser kleines Schiffchen hinaus in unbekannte Weiten. Mächtige unsichtbare Strömungen und der Wind des Geistes Gottes würden uns vorantreiben. Je mehr ich darüber nachdachte, desto schwächer wurde mir zumute.

Ich betrat das Wohnzimmer, das vom Schein des prasselnden Feuers erhellt war, das die Kälte und die Feuchtigkeit vertrieb. Ich stellte die dampfenden Tassen auf den Couchtisch und zog eine warme Decke um unsere Schultern. In den weichen Polstern des Sofas geborgen, grub ich meine Füße mit den Socken tief in den Schaffellteppich. Jay rückte näher und zog mich in seine starken Arme. Ich begann mich zu entspannen. Wir saßen schweigend da und genossen die Wärme des Feuers.

Mit Überzeugung sagte ich ruhig: „Sich geistlichen Dingen zu öffnen, dauert bei Männern länger als bei Frauen, aber wenn sie erst einmal in Bewegung sind, übernehmen sie die Führung. Männer sind dazu bestimmt zu führen. Das habe ich immer geglaubt. Allerdings hätte ich niemals vermutet, dass Du eine so weitreichende, unser Leben verändernde Entscheidung so schnell triffst. Es ist eigentlich erstaunlich, mein Liebling." Meine Stimme zitterte vor Erregung. „Bitte, erzähle mir alles."

Jay:
„Irgendwie wusste ich einfach, dass ich diese Entscheidung treffen musste: Jetzt oder niemals." Wir kuschelten uns aneinander. „Meridel, ich verstehe es nicht, aber...", meine Stimme war ganz weich.
Ich pausierte, schluckte schwer und fuhr fort: „Ich glaube, wir sind hier in etwas verwickelt, das so inhaltsschwer ist, dass einem der Atem wegbleibt. Wir tun etwas zum Wohle Israels und der Juden der ganzen Welt, gerade im richtigen Augenblick. Ehrlich, das alles ist ein Mysterium für mich, aber ich bin willig zu lernen. Was hältst Du davon, Liebling?"

Meridel:

Ich gab ihm meine Antwort in Form eines zärtlichen Kusses. Wir hielten uns umschlungen und ich wiederholte meinen Hochzeitsschwur, den ich vor nur 18 Monaten geleistet hatte, als wir Mann und Frau wurden.

> *„Dränge mich nicht, dich zu verlassen. Ich gehe nicht weg von dir! Wohin du gehst, dorthin gehe ich auch; wo du bleibst, bleibe ich auch. Dein Volk ist mein Volk, und dein Gott ist mein Gott. Wo du stirbst, will ich auch sterben und dort will ich begraben werden. Der Zorn des Herrn soll mich treffen, wenn ich nicht Wort halte: Nur der Tod kann mich von dir trennen!"*
> **Ruth 1, 16—17**

Ich zitterte vor Erwartung, und dann überflutete mich ein Gefühl tiefster Dankbarkeit. Ich war dankbar und empfand einen enormen Respekt. Jay hatte seine Entscheidung getroffen und würde uns führen. Die verzierte Uhr auf dem Kaminsims schlug Mitternacht.

Zeitlose Geheimnisse

Die folgenden ‚fundamentalen 'Zeitlosen Geheimnisse' haben wir an unsere Söhne weitergegeben.

1. Übergib Dein Leben vollständig Deinem Schöpfer. Dann mache Dich auf die Abenteuer Deines Lebens gefasst!

„Ich bin der Herr, dein Gott!...Du sollst keine anderen Götter neben mir haben." 1. Mose 20, 2-3

2. Finde heraus, was Er mit Deinem Leben vorhat und dann steuere auf dieses Ziel zu.
„Wie steht es mit den Menschen, die den Herrn ernst nehmen? Der Herr zeigt ihnen den Weg, den sie gehen sollen. Sie leben in Glück und Frieden und ihren Kindern wird das Land gehören. Alle, die den Herrn ernst nehmen, zieht er ins Vertrauen und enthüllt ihnen das Geheimnis seines Bundes." Psalm 25, 12-14

3. Finde heraus, wen Er für Dich als Ehepartner vorgesehen hat. Lerne zu warten und heirate nur diesen Menschen. Das Leben mit dem richtigen Ehepartner ist der Himmel auf Erden, während die Ehe mit dem falschen Partner die Hölle auf Erden ist.

*„Wer eine Frau gefunden hat,
hat das Glück gefunden;
Gott meint es gut mit ihm."*
Sprüche 18, 22

Kapitel 2

Countdown

Als erstes traf ich mich am Montagmorgen mit Dr. Bill Noonan, dem obersten Direktor beider Krankenhäuser. Auch er war überrascht.
„Jay, ist Dir klar, dass wir diese Stellung extra für Dich geschaffen haben nach Deinem Praktikum bei uns?" Ich dankte ihm. Dann sagte er etwas, was ich nie vergessen werde. „Jay, ich bin kein religiöser Mensch, aber darf ich Dir einen Rat geben?" Er wartete auf meine Erwiderung und sah mich forschend an. Ich nickte und er fuhr fort:
„Du hast für uns im Krankenhaus gute Arbeit geleistet. Ziehe jetzt hinaus und leiste gute Arbeit für Gott."
In den vergangenen vierzig Jahren habe ich oft an seine weisen Worte und seinen Respekt für meine Berufung gedacht. Sie sind noch heute eine Ermutigung für mich.

Eine hektische Zeit begann, als wir uns auf unsere Abreise von Kanada vorbereiteten. Die geplante Reise würde uns innerhalb eines Jahres rund um die Welt bringen. Von Israel aus waren Indien und der Ferne Osten gebucht. Da die Flugtickets bestellt waren, widmete ich mich den unzähligen Aufgaben, die in den verbleibenden achtundzwanzig Tagen vor unserer Abreise gelöst werden mussten. Meridels Sorge als junge Mutter galt in erster Linie David, der am Tag unserer Abreise neun Monate alt wurde.

Meridel:
Ich hatte in Indien gelebt und als Krankenschwester gearbeitet und ich erinnerte mich daran, wie sterbenskrank ich dort geworden war. Tatsächlich machte damals mein Überleben medizinisches und göttliches Eingreifen nötig. Jetzt musste ich meine Furcht wegen der Gesundheit meines Babys überwinden. Ich sagte Jay nichts davon, sondern focht den Kampf allein mit mir aus. Es lief darauf hinaus, dass ich mein Kind dem Einen anvertrauen musste, der uns fort von dem ausgezeichneten kanadischen Gesundheitswesen rief. Mir wurde klar, ich benötigte dafür mehr Glauben als zuvor. Ein weiterer Faktor war die Familie.

Als ich meine Eltern anrief und ihnen unsere geplante Abreise mitteilte, waren sie sehr verständig und ermutigend. Meine Mutter hatte uns sechs Kinder so erzogen, dass wir daran glaubten, alles vollbringen zu können, was uns am Herzen liegt. Dank ihrer Weisheit leisteten all ihre Kinder bemerkenswerte Beiträge auf ihren Fachgebieten. Von keinem der Familienmitglieder hörten wir ein negatives Wort, was wirklich erstaunlich ist, wenn ich an das Ausmaß dessen denke, was sich ergab. Ich bin meinen Eltern heute noch dankbar, dass sie sich damals nicht eingemischt haben und darauf vertrauten, dass Gott mit uns ist und besonders mit ihrem kleinen Enkelsohn David. Doch heute, als Mutter von erwachsenen Söhnen, bin ich sicher, dass sie ständig für uns alle beteten.

Jay:
Als wir uns darauf vorbereiteten, unser bequemes Leben aufzugeben, lag es mit sehr am Herzen, jemand zu finden, der meinen teuren „Corvette" Sportwagen kaufte. Wir machten unser Haus leer, verkauften die Wohnzimmermöbel und den Rest unseres Eigentums verschenkten wir. Außerdem packten wir unsere Hochzeitsgeschenke in eine Kiste und schickten sie zur Aufbewahrung zu meiner Familie, die einen trockenen Keller hatte. Unsere Familie war wunderbar in diesen letzten Wochen und telefonierte laufend mit uns.
Unsere Freunde und Nachbarn machten sich wohl insgeheim Sorgen um unsere Zukunft.

Sympathisierende Herzen und lauschende Ohren fanden wir bei David und Norma Jean Mainse. David war zu der Zeit der Moderator des ersten landesweiten christlichen Fernsehprogramms Crossroads (Scheidewege), dem Vorläufer von 100 Huntley Street, das damals nur einmal in der Woche 15 Minuten lang gesendet wurde. David war der Pastor einer großen Gemeinde in Hamilton, dem Bethel Tabernacle. Als wir ihnen von unserer Entscheidung berichteten, begannen sie sofort für uns zu beten. David war erfrischend aufrichtig, nachdem er gebetet hatte.
„Ehrlich, ich erkenne an, dass Ihr beide von Gott berufen wurdet, das ist sicher, aber ich kann nicht sagen, dass ich diese Berufung verstehe!" Er betete noch einmal, dass wir gesegnet werden, und erzählte uns: „Als ich ein Junge war, wurde mein Vater nach Ägypten

berufen. Deshalb liegt mir der Nahe Osten besonders am Herzen. Wir werden euch auf jeden Fall mit Gebeten unterstützen."

Wenn ich heute zurückblicke, kann ich nur sagen: „Danke, David und Norma Jean. Ihr habt damals begriffen, dass wir wirklich berufen wurden, ein ganz besonderes Werk auf dieser Erde zu verrichten. Auch das verlangt Glauben. Ihr habt uns auf diesem Weg ermuntert. Eure Ermutigungen bedeuteten viel für unsere Familie im Lauf der Jahre.

Ich wurde oft direkt und oft nicht so direkt daran erinnert, dass wir unseren Weg im Glauben und nicht mit einem geregelten Einkommen machten. Für mich war das die schwierigste Hürde. Mein ganzes Leben lang hatte man mir beigebracht, hart zu arbeiten und ein guter Versorger zu sein, besonders jetzt, wo ich eine junge Familie hatte. Dieses Unternehmen war wirklich das Gegenteil von allem, was ich wusste. Wie heißt es doch? *„...denn als Glaubende gehen wir unseren Weg, nicht als Schauende."* (2. Kor. 5, 7)

Wie auf ein Stichwort kam eines Tages der Chefarzt der Chirurgie in mein Büro, noch in seinem grünen Gewand, die Gesichtsmaske baumelte an seinem Hals. Sein sorgfältig gestutztes weißes Bärtchen und die grauen Schläfen unter der grünen Chirurgenkappe ließen ihn wie den Inbegriff des Erfolges erscheinen. Er war ein „großes Tier", als Chef einer sehr beschäftigten chirurgischen Abteilung und verehrter Mentor vieler junger Assistenzärzte auf den verschiedensten Gebieten der Chirurgie. Er sah mich über die goldgerahmten Brillengläser an und sagte: „Na, Rawlings, den Gerüchten zufolge gehen sie nach Übersee. Stimmt das?"
Ich holte tief Luft und lächelte. „Ja," erwiderte ich, bemüht, überzeugt zu klingen.
Bevor ich ihm weitere Einzelheiten mitteilen konnte, schoss er zurück, die Arme über der Brust gekreuzt. „Und, wenn Sie mit Ihrer Familie in Timbuktu sind, wer bezahlt dann Ihre Rechnungen?"
Er hatte mich an meiner „Achillesferse", an meinem schwächsten Punkt getroffen. Mit dem ganzen, mir zur Verfügung stehenden Mut, sagte ich: „Natürlich wird der Herr unsere Rechnungen bezahlen".

Er betrachtete mich mit einem sadistischen Lächeln, drehte sich um und erwiderte im Weggehen: „Wir werden ja sehen, ob der Herr für euch sorgen wird."

Ich muss sagen, dass mir seine Bemerkung den ganzen Tag zu schaffen machte. Sie ärgerte mich und ich war ziemlich irritiert, als ich abends nach Haus kam. Abrupt sagte ich zu Meridel: „ Ich bin gespannt, wer unsere Rechnungen bezahlt, wenn wir nach Israel kommen." Soweit zu meinem großartigen Vertrauen und meinem unverbrüchlichen Glauben!
Sie lächelte, denn sie kannte mich gut und erwiderte ohne zu zögern: „Na, der Herr natürlich!"

Im Gegensatz dazu gab es im Krankenhaus zwei leitende Angestellte, die mich in diesen letzten Arbeitstagen wirklich trösteten. Der erste war Dr. George Woodward, außerordentlicher Direktor des Allgemeinen Krankenhauses in Hamilton, und die zweite war Frau Margaret Charters, Leiterin der Krankenstationen. Eines Tages, Mitte Oktober, rief mich George in sein Büro. Margaret saß auf der Kante ihres Stuhles. Offensichtlich hatten sie über meine Situation gesprochen, denn George fragte als erstes: „Nun, Jay, wie geht es mit Deinen Vorbereitungen, uns zu verlassen?"
Verlegen erwiderte ich: „Ganz gut, nehme ich an. Aber da sind noch eine Menge Einzelheiten in letzter Minute zu beachten".
Dr. Woodward fuhr fort: „Margaret und ich haben uns über Dein berufliches Vorhaben unterhalten und wir wollen Dich wissen lassen, dass Du immer wieder zurückkommen kannst, falls es für Dich und Meridel nicht klappt."

Seine väterliche Fürsorge rührte mich tief. George war ein alleinstehender Vater, der zwei Teenagesöhne großzog und Margaret hatte niemals geheiratet, doch beide gaben mir das Gefühl, zur Familie zu gehören. In diesem Moment musste ich mit den Tränen kämpfen. Ich werde es niemals vergessen. Doch trotz allen Respekts beschloss ich, mich an das Versprechen in der Bibel zu halten: *„Mein Gott aber wird euch durch Christus Jesus alles, was ihr nötig habt, aus dem Reichtum seiner Herrlichkeit schenken."* Philipper 4, 19

Ich nahm mir vor, fest daran zu glauben, dass wir nicht zurückkommen müssen. Später, als ich zu Haus war, entschuldigte ich mich beim Herrn und bei Meridel für meinen Mangel an Glauben.

Es blieb uns nur noch wenig Zeit und ich hatte mein Traumauto noch immer nicht verkauft. David und Norma Jean Mainse riefen ihre Gemeinde auf, für einen Verkauf zu beten. Ich hatte schon immer eine Vorliebe für Sportwagen. Während ich in Victoria in Britisch Columbia studierte, hatte ich einen Austin Healy gekauft und später, als ich an der Universität von Toronto promovierte, einen Triumph TR 4.

Als wir erst einige Monate verheiratet waren, hatte Meridel mir zugeredet, die Corvette zu kaufen. Ihre Einstellung überraschte mich, denn ich dachte, dass sie die Anschaffung eines so luxuriösen und extravaganten Autos für frivol halten würde.

Mein Triumph TR 4

Schließlich hatte sie die letzten zwei Jahre damit verbracht, die Ärmsten der Armen in Indien zu pflegen. Ihre Entlohnung als Volontärin betrug dort neun Dollar pro Monat! Deshalb behauptete ich scherzhaft, dass ich Meridel ihres Geldes wegen geheiratet hätte! Als ich mich nach einem neuen Wagen umsah, ermunterte sie mich. „Gönne ihn Dir." Und so kauften wir die Corvette.

Jetzt hatte ich nur das eine Anliegen, den Wagen so schnell wie möglich wieder loszuwerden. Ein paar Mal kamen Schaulustige, doch drei Tage vor unserer geplanten Abfahrt hatten wir ihn noch immer nicht verkauft. Der nächste Tag war ein Freitag und mein letzter Arbeitstag. Wir hatten bekanntgegeben, dass wir an diesem Sonnabend nach New York reisen würden, um am Montag weiter nach Israel zu fliegen. Da blieb uns weiter keine Zeit. Während unserer Kaffeepause in der Kantine erschien Dr. Herb Cohen[1], Chef der Urologie. Ein wenig von oben herab fragte er: „Na, Rawlings, was höre ich da. Sie wollen uns verlassen, um nach Israel zu gehen?"

„Das stimmt, Dr. Cohen. Ich habe das Gefühl, dass es richtig ist in unser ‚Gelobtes Land' zu gehen. Wie heißt es so schön: ‚Entweder jetzt oder niemals'."

„Und was ist mit Ihrem Auto? Ich hörte, Sie wollen es verkaufen."
Ich sah ihm direkt in die Augen und sagte: „Das ist richtig."
„Was verlangen Sie dafür?"
Ich nannte ihm meinen endgültigen Preis, von dem ich noch 100 Dollar abgezogen hatte, und erwähnte, dass ich gerade 1000 Dollar für eine Neulackierung ausgegeben hätte.

Er fragte: „Welche Farbe ist es?"
„Weinrot", erwiderte ich.
„Ich hasse diese Farbe! Ist es ein Automatikgetriebe?"
„Nein, mit Knüppelschaltung."
„Ich hasse Schalten," stöhnte er.
Mein Herz sank bei all seinen negativen Bemerkungen.
„Wahrscheinlich schluckt er unheimlich viel Benzin."
Ich wollte ihm gerade antworten, als er sagte: „Wissen Sie was, machen wir eine Probefahrt."

---

1 Der Name ist verändert, um die Identität der Person zu schützen.

„Gut," sagte ich, „probieren Sie ihn aus." Ich gab ihm die Schlüssel und wir gingen auf den Parkplatz. Es war ein regnerischer Tag und als wir einstiegen, brummte er: „Eigentlich mache ich mir nichts aus Sportwagen, besonders nicht bei solchem Wetter."

Wir fuhren einige Male im Karree herum, damit er sich an das Schalten mit Kupplung und an die Servolenkung gewöhnen konnte. Als wir wieder auf den Parkplatz einbogen, sagte er: „Eigentlich will ich den Wagen gar nicht, aber was ist Ihr letztes Angebot?"

Ich nannte ihm den Preis noch einmal. Er zog sein Scheckbuch heraus und brummte vor sich hin: „Ich weiß nicht, warum ich das tue." Damit gab er mir den Scheck. „Hier ist Ihr Geld."

Sofort fuhren wir los und ließen den Wagen auf seinen Namen umschreiben. Da konnte ich nur sagen: „Alle Achtung, Herr, und vielen Dank! Kannst Du es in Zukunft aber nicht etwas weniger stressig machen?"

An diesem Nachmittag ging ich zur Bank und zahlte zurück, was ich für den Wagen noch schuldete. Mit meinem letzten Gehalt bestritt ich alle ausstehenden Zahlungen. Der folgende Tag war Sonnabend und dank Dr. Cohen, der unser Auto gekauft hatte, waren wir in der Lage, Kanada wie geplant zu verlassen. Gott sei Dank für diesen jüdischen Mann.

Nach achtundzwanzig Tagen waren wir bereit, zum Flughafen von New York zu fahren. Allerdings gab es ein kleines Problem. Nachdem all unsere Rechnungen bezahlt waren, war nur noch Geld für einen Flugschein übrig. Für Meridel und David reichte es nicht mehr. Trotzdem begaben wir uns voller Glauben zum John-F.-Kennedy-Airport. Lest weiter und Ihr werdet herausfinden, was geschah, als wir dort waren. Kurz bevor wir abflogen, gab ich in allerletzter Minute gehorsam meine letzten paar Dollar weg. Ihr werdet erfahren, wie der Herr auf erstaunliche Weise „Berge" für uns versetzte.

In den nächsten Kapiteln blenden wir zurück und berichten Euch einiges von unserer Familiengeschichte. Ihr erfahrt, wie Meridel und ich uns trafen, wie wir unseren Weckruf und unsere individuellen Anweisungen für den Beginn des Abenteuers unseres Lebens erhielten.

Ihr werdet sehen, einiges ist merkwürdiger als in einem Roman. Zuerst wollen wir jedoch einige lebenswichtige Dinge überdenken, die wir bis jetzt gelernt haben.

Einigkeit mit dem Allmächtigen zu erzielen, mit Dir selbst und natürlich mit Deinem Ehepartner, ist wohl die größte Herausforderung...aber auch der größte Segen im Leben. In einem alten Sprichwort heißt es: „Es ist schwer zu sagen, was es ist, aber was es nicht ist, weiß man genau."
Wie erfolgreich seid Ihr zurzeit in diesem Streben nach Einigkeit oder Eins-Sein?

Erzwungene oder künstliche Einheit kann das Ergebnis einer jeden kontrollierenden Beziehung sein. Die meisten Menschen verstehen etwas von dieser Art der Uneinigkeit. Viele haben niemals mit einem wahren Gefühl der Einigkeit gelebt oder gespürt, was im 133. Psalm beschrieben wird.

Zeitlose Geheimnisse

„Wie wohltuend ist es, wie schön, wenn Brüder, die beieinander wohnen, sich auch gut verstehen! Das ist wie das gute, duftende Öl, aufs Haar des Priesters Aaron gegossen, das hinunterrinnt in seinen Bart, bis zum Halssaum seines Gewandes. Das ist wie erfrischender Tau vom Hermon, der sich niedersenkt auf den Zionsberg. Dort will der Herr seinen Segen schenken, Leben, das für immer besteht." Psalm 133, 1-3

Als Erstes lernen wir über den Gott Israels, dass Er eins ist und nicht geteilt werden kann. *„Höre, Israel! Der Herr ist unser Gott, der Herr und sonst keiner."* Mose 6, 4

Unser Schöpfer ist ein vereinigtes Ganzes und Du und ich sind nach Seinem Ebenbild geschaffen worden. Jesus sprach auch von der fundamentalen Notwendigkeit der Einigkeit und den Konsequenzen der Teilung. *„Jeder Staat, dessen Machthaber einander befehden, muss untergehen..."* Lukas 11, 17

Erst als Jay und ich individuell eine Begegnung mit der „Quelle des Lebens" hatten, wurde unser persönliches Nicht-Verbundensein offensichtlich. Nachdem wir Ihm einzeln begegnet waren, begannen wir, uns von innen nach außen zu verändern. Das Erleben und Akzeptieren der allumfassenden Liebe Gottes gab uns die Hoffnung und Kraft, das Leben voll zu leben. Diese „Liebe von oben" bewirkte damals und bewirkt auch weiterhin ständige Veränderungen in jedem von uns...wenn wir es zulassen! Dieser Vers wird in der jüdischen Tradition das *„Schma"* genannt und enthält die fundamentale Wahrheit des jüdischen Glaubens.

Gott ist eine vollkommene Einheit. Ich spreche hier nicht von irgendeiner kultischen Idee. Wenn Du Gottes Herzen und Seinem Wort Dein Leben öffnest, beginnst Du in der Einheit mit Deinem Schöpfer zu wachsen. Ich entdeckte, dass diese Einheit in mir wächst, wenn ich zulasse, dass Gott in mir wohnt. Wenn mein Geist und meine Seele mit Gott und miteinander auf gutem Fuß stehen, kommt Einheit in mein Leben.

Mein Verstand und meine Seele schenken meinem Körper Aufmerksamkeit, und mein Körper schenkt meiner Seele Aufmerksamkeit. Dann ist es möglich, den Frieden zu spüren, der alles menschliche Verständnis übersteigt.

Wenn Du Harmonie in Deiner Ehe oder in jeder anderen Beziehung hast, werden die Früchte allmählich lebensspendend und auch süß sein. Du wirst in der Lage sein, ehrlich zuzustimmen oder nicht zuzustimmen, bis Übereinstimmung schließlich erzielt ist. Dann wirst Du die wahre Einigkeit erfahren, wie sie in diesem Psalm beschrieben wird.
Die Aufgabe, mit Gott, mit uns selbst und miteinander übereinzustimmen, ist die Berufung unseres Lebens. In der Ehe ist es notwendig, dass beide Partner sich dazu verpflichten. Das bedeutet: Tiefe Ehrlichkeit und Durchschaubarkeit Deinem Ehepartner gegenüber.
Bitte um Geduld, Langmut, Durchhaltevermögen, Hoffnung und den Willen zu überwinden, dann ist alles möglich!

Kapitel 3

Neuanfänge

Meridel:
Im 1. Band von *Zeitlose Geheimnisse* handeln verschiedene Kapitel von Jays Familie, von seinen Großeltern und sogar seinen Urgroßeltern. Langweilig? Vielleicht. Jemand schlug uns vor, ‚all das' wegzulassen und direkt zu den ‚richtigen Goldklumpen' unseres gegenwärtigen Lebens zu kommen.

Mir gefiel diese Idee nicht. ‚Das ist typisch für unsere moderne Zeit', dachte ich. ‚Wir wollen die besten Lebenserfahrungen eines Menschen in dreißig Sekunden zwischen zwei Fernsehwerbespots hören! Wir wollen alles in einer hübschen, kleinen Verpackung haben, möglichst in der kürzesten Zeit, ohne an die Wichtigkeit des ermüdenden, riskanten Prozesses zu denken, der notwendig war, um dorthin zu gelangen.'

Wir haben nichts dazu zu sagen, in welche Familie wir geboren werden oder über die Form, Farbe oder Verpackung, in der wir auf dem Planeten Erde eintreffen. Waren es die Gene oder ein göttlicher Plan - oder vielleicht beides? Wir finden in Nordamerika ganz allgemein einen deutlichen Mangel an Interesse, die Beziehungen zwischen den Generationen zu pflegen. Da sind Menschen, die so tun, als hätte ‚es' alles mit ‚uns' begonnen, als würden ‚wir' die totale Summe unseres Seins ausmachen. Wie kurzsichtig und unwahr diese Denkweise ist! Es ist traurig, dass anderen das Gefühl vermittelt wird, mit fünfundfünfzig alt und überflüssig zu sein.

Jay und ich nehmen uns jetzt Zeit, die Familie zu beschreiben, denn es war daheim bei ihr, wo wir all die fundamentalen Dinge lernten, die uns durchs Leben gebracht haben. Da wir aus Kanada sind, mussten wir zuerst unsere vorsichtige, Konfrontationen vermeidende, kanadische Art überwinden.

Als wir in dem lebhaften, unter Druck stehenden und enorm ehrlichen Israel lebten, mussten wir uns mit der bisherigen Einstellung auseinandersetzen, uns nur um unsere eigenen Dinge zu kümmern und politisch korrekt und „nett" zu sein.

Unsere Nachbarn und Freunde finden es völlig selbstverständlich, uns die persönlichsten Fragen zu stellen. Wo sind Eure Kinder zur Schule gegangen? Wieviel hat es gekostet? Wie lange habt Ihr an Eurem Haus gebaut? Woher kommen Eure Vorfahren? Warum lebt Ihr hier? Haben Eure Jungs in der Armee gedient? Welchen Mädchennamen hatte Deine Mutter? Für wen habt Ihr bei den letzten Wahlen gestimmt? Wohin fahrt Ihr in den Ferien?

Vielleicht zieht Ihr die Augenbrauen hoch und sagt: „Wie unhöflich," oder „Wie neugierig". Wir sehen das anders, denn Israel ist eine einzigartige „Völkerfamilie", deren Angehörige aus 104 verschiedenen Ländern der Welt hierher emigriert sind. Wir **alle** wurden entweder durch den Druck der Verfolgung oder das Ziehen des Geistes Gottes hierher gebracht. Jeder einzelne hat eine Geschichte, die, wenn man sie sorgfältig untersucht, in den meisten Fällen Tragödien, Schmerzen, Zurückweisung, Verluste und viel Leiden aufweist. Wenn ein Israeli getötet wird, spüren wir es **alle**. Wenn ein Soldat entführt wird, sind wir **alle** betroffen. Wenn eine Bombe explodiert, rufen wir **alle** unsere Angehörigen an, um zu sehen, ob sie in Sicherheit sind. Wenn Krieg am Horizont droht, rücken wir **alle** dichter zusammen!

Versteht bitte, liebe Leser, in Israel sind ‚wir' alles, was wir haben. Da ist niemand sonst, denn niemand will uns haben. Wir sind ein Volk des Leidens und vertraut mit der Trauer. Niemand fragt nach unseren Seelen. Insgesamt sind wir 7,5 Millionen, mit der ältesten Christengemeinde in der Welt. Jeder Fünfte von uns ist Araber, und die Araber erfreuen sich ihrer eigenen Repräsentanten in der Knesset. Obwohl alles andere als vollkommen, ist die Knesset oder das Parlament etwas Unnormales im Nahen Osten. Es besteht aus Arabern und Juden, Atheisten und Orthodoxen, Männern und Frauen und macht Israel zu einer einzigartigen liberalen Demokratie, tatsächlich der Einzigen im Nahen Osten.

Etwa 10% von uns glauben aktiv an den Allmächtigen. Der Rest ist allem anderen geöffnet…nur zur Beschneidung, für Hochzeiten und Beerdigungen findet sich jeder ein und zitiert die uralten hebräischen Gebete. Wir alle lieben unseren Sabbat oder den ‚Siebten Tag' und natürlich die Feste des Herrn. 97% von uns feiern das Passafest in der einen oder anderen Form, obwohl 90% von uns nicht religiös sind. Wir versuchen, Gott nicht zu belästigen und hoffen gegen alle Hoffnung, dass Er sich zur Abwechslung einmal jemand anderen auswählt!

Was will ich damit eigentlich sagen? Die Familie ist es, worum sich bei uns alles dreht. Wir alle freuen uns darauf, zum wöchentlichen Sabbatmahl zusammen zu kommen, von der Urgroßmutter bis hin zum jüngsten Baby. Da ist Platz für jeden, Platz zum Gedeihen, Raum für Unterschiede und die Gelegenheit, andere Meinungen offen zu äußern. Wir wären nicht hier ohne die endlosen Opfer unserer Vorfahren. Wir vergessen sie nicht, wir können sie nicht vergessen und wir werden sie niemals vergessen! Bitte, denkt daran, wenn Ihr Euch durch die nächsten Kapitel hindurcharbeitet, die von der Familie handeln.

Jay:

Der Beginn meines Lebensweges war steinig und liegt in Victoria, Britisch Columbia, in Kanada. Mein Vater, Vic Rawlings, diente bei *den Kanadischen Bewaffneten Streitkräften* in Übersee, und so war meine Mutter Sheela bei meinem Eintreffen auf dieser Erde allein. Es sollte recht turbulent zugehen. Glücklicherweise hatte ihre älteste Schwester, Netta Chattel, eine ausgebildete Operationsschwester, an diesem Tage Dienst.

Am 22. Februar 1944 wehte ein frischer Südwestwind vom Pazifischen Ozean, der großartig zum Wäschetrocknen war. Alle waren zur Arbeit gegangen. Meiner hochschwangeren Mutter oblag die Aufgabe, Wäsche zu waschen. Das Waschen war ein langer und mühsamer Prozess, der viele Stunden dauerte. Großvater hatte sich vergewissert, dass der Holzkasten ausreichend mit trockenem Brennholz gefüllt war. Der alte, schwarze Küchenherd Marke „Kanadischer Stolz" mit seinen glänzenden Nickelbeschlägen verschlang ein Stück Holz nach dem anderen. Die Männer hatten Regenwasser eimerweise von der Regentonne, die unter der Dachrinne stand, ins Haus getragen und den großen, rechteckigen Wasserbehälter auf dem heißen Herd damit gefüllt. Meine Mutter Sheela schöpfte das heiße Wasser in die runde Öffnung der Waschmaschine, die auf Metallbeinen mit Holzrädern stand, damit man sie hin und her bewegen konnte. Die Kurbel für die Welle der Maschine musste mit der Hand gedreht werden.

Sobald die Wäsche gewaschen war, wurde sie durch eine Mangel gezogen, die aus zwei Holzrollen bestand. Die Wäschestücke wurden ausgewrungen, indem man die Handkurbel betätigte. Die ausgewrungenen Stücke fielen dann in eine andere Wanne mit frischem, kalten Wasser. Nach dem Spülen wurden sie ein zweites Mal ausgewrungen.

Wenn das Wetter es zuließ, wurden die Waschkörbe mit den nassen Kleidern und Tüchern nach draußen geschleppt und die Wäschestücke mit Holzklammern auf die Leine gehängt. Der warme Sonnenschein und die leichte Brise besorgten das Trocknen.

Während sie die Kurbel an der Waschmaschine drehte, fühlte meine Mutter, wie tief in ihr etwas nachgab. Gegen Mittag wurde sie von den ersten Wehen überrascht. Sie war ein naives unschuldiges und lustiges Menschenkind, das später die Familie damit unterhielt, mit ihrem ungewöhnlichen Humor die Ereignisse dieses Tages zu schildern. Als die Wehen stärker wurden und schneller aufeinander folgten, sagte sie in ihrem schottischen Dialekt: „Oi! Oi! Du kostbares kleines Ding. Du bist da hineingekommen, aber auf dieselbe Weise kommst Du nicht wieder raus."

Diese Bemerkung sollte sich bald als prophetisch erweisen. Gegen 13.30 Uhr rannte sie zum Telefon an der Wand. Das Blut lief ihr die Beine hinunter und füllte ihre Schuhe. Sie musste auf Zehenspitzen stehen, um die Telefonkurbel zu erreichen.

„Bitte, verbinden Sie mich mit dem St. Josephskrankenhaus. Es ist ein Unfall passiert," sagte sie mit Panik in der Stimme. Sie sprach laut in den Hörtrichter, als sie mit der Telefonzentrale des Krankenhauses verbunden war, und verlangte, dass man sie mit der diensthabenden Operationsschwester verband.

Sie wartete darauf, dass das Krachen und Knattern im Telefon aufhörte, als die Stimme ihrer großen Schwester sagte:

„Operationssaal…"

„Netta, Netta", und, indem sie ihre Tränen zurückdrängte, rief sie: „Das lütte Baby kommt, aber ich stehe in einer Blutlache!"

Meine Tante begriff sofort die Gefahr, in der meine Mutter schwebte. „Sheela, lege Dich hin. Nimm ein Kissen zwischen die Beine. Ich komme mit einem Krankenwagen und hole Dich."

Heulende Sirenen und das Aufleuchten roter Warnlampen verrieten jedem in dieser stillen Straße, dass es einen Notfall gab. Die Begleiter des Krankenwagens hoben die blasse, schwache Sheela mit dem blutdurchtränkten Kissen auf die Trage. Nachdem der begleitende Arzt sie untersucht hatte, benachrichtigte er über Sprechfunk das Krankenhaus: „Wir kommen gleich mit einer *Placenta Previa*." Da er die Gefahr für Mutter und Kind erkannt hatte, ordnete er an: „Bereitet den Operationssaal für einen Kaiserschnitt vor und haltet Bluttransfusionen bereit."

Wenige Minuten später wurde sie in den Operationssaal geschoben. Der Chirurg untersuchte meine Mutter kurz und begann mit der Bluttransfusion. Eine Drahtmaske mit einem Wattebausch voller Äther wurde ihr über das Gesicht gestülpt und sie schlief ein. Ihr Bauch wurde mit Jod bepinselt und die Operation begann.

Schon nach kurzer Zeit wurde ich buchstäblich aus dem Leib meiner Mutter gehoben, und schon bald besserte sich ihr Zustand.

Ich sah blau aus, reagierte auf nichts und weigerte mich zu atmen. Tante Netta hatte sich gründlich gewaschen und übernahm nun das Kommando. Sie weigerte sich, aufzugeben und steckte mich abwechselnd in warmes und kaltes Wasser, um mich zum Atmen zu bewegen. Nichts schien zu helfen. Sie bemühte sich weitere zwanzig Minuten, und schließlich begann ich zu schreien. Sie wuschen mich, wickelten mich ein und legten mich neben meine Mutter. Nach einer gut durchschlafenen Nacht sang sie am folgenden Morgen so laut sie konnte: *„Oh, what a beautiful morning. Oh, what a beautiful day. I've got a wonderful feeling everything is going my way."* (Oh, was für ein herrlicher Morgen. Oh, was für ein herrlicher Tag. Ich habe das wunderbare Gefühl, alles läuft wie ich es will.)

Später fanden wir heraus, dass zu dieser Zeit gewöhnlich beide, Mutter und Kind, bei solchen Komplikationen starben, weil die Mutter zuviel Blut verloren hatte. Ich danke Gott für das Geschenk des Lebens.

An diesem Punkt ist es angebracht, Euch meine Mutter vorzustellen. Sie wurde als Jean Duncan Naismith Sneddon am 15. Januar 1915 in einem kleinen Ort in der Nähe Glasgows geboren, der Kirkintilloch hieß. Das Motto dieses Ortes lautete im Gälischen: *„Caw canny but caw awa"*, was soviel heißt wie: „ Mach's Dir nicht zu schwer, aber gib auch nicht auf." Dieses Motto erwies sich als ausgesprochen passend für den Sneddon-Clan.

Kirkintilloch war eine Industriesiedlung, die an einem Hügel lag und von schmalen, gewundenen, grauen Straßen mit Kopfsteinpflaster durchzogen war. Gaslaternen verbreiteten flackerndes Licht vor dem Morgengrauen und in der frühen Dunkelheit des Winters. Unablässig hörte man das Klipp-Klapp der Pferdehufe und das Quietschen der Wagen, die die Fabrikerzeugnisse transportierten. Ordentlich aussehende kleine Läden und Häuser, die aus grauen und schwarzen Granitblöcken gebaut waren, machten einen Eindruck von Dauerhaftigkeit aber auch Strenge. Es war ein „trockenes" Dorf, was bedeutet, dass Alkohol nicht erlaubt war. Die Teestuben und Konditoreien waren die beliebten Treffpunkte einiger weniger Leute.

Ihre Spezialität waren warme *Scones*[1] mit Schlagsahne und Erdbeerkonfitüre. Auf der Straße liefen müde Arbeiter vorbei, die durch die Scheiben auf die einladenden Tische vor dem geheizten Kamin schauten. Diese hart arbeitenden Männer, Frauen und Teenager waren eingemummt gegen die Windstöße, während der Nebel mit dem Nieselregen flirtete. Mit leerem Magen trotteten sie auf ihre spärlich geheizten Wohnungen zu.

Für die Arbeiterklasse war das Leben sehr schwer in diesen Jahren. Schrille Pfeiftöne von den örtlichen Fabriken verkündeten das Ende einer Schicht und den Beginn einer anderen. Das tägliche Brot war davon abhängig, dass die Runden von Schichtarbeit in der Gießerei und

---

[1] Berühmtes schottisches Gebäck

den Kleiderfabriken nicht endeten.

Große Familien von Arbeitern hatten zu kämpfen, um durchzukommen und waren dazu verdammt, auf der übervölkerten Ostseite des Ortes zu leben.

Meine Mutter erblickte das Licht der Welt in einem vollgepferchten Gebäude, das am Luggiefluss lag. Da ihre Nachbarfamilien der Arbeiterklasse angehörten, wurde ihr Leiden noch dadurch verstärkt, dass die meisten Männer im ersten Weltkrieg kämpften. ‚Sheena', wie meine Mutter auf Gälisch gerufen wurde, war das vierte lebende Kind von William Sneddon und Janet (Jen) Christie. Eine ortsansässige Hebamme half bei den meisten Hausgeburten. Sie war auch bei Sheenas Geburt dabei und Netta, die älteste Tochter durfte ‚helfen'. Da gab es keine Geburtskliniken, gesetzlichen Ruhetage oder Mahlzeiten für die frisch entbundenen Mütter.

Sieben Tage nach der Geburt machte die Krankenschwester einen Routinebesuch bei dem Neugeborenen. Die ausgetretenen Treppenstufen ächzten unter ihrem Gewicht, als sie zum zweiten Stock hinaufstieg. Die ausgeblichene Tapete blätterte von den Wänden im Flur. Das gellende Geschrei eines kleinen Kindes erscholl aus der Nachbarwohnung, gefolgt von den Drohungen einer ungeduldigen Männerstimme. Die erfahrene Schwester, berührt von dem Klang von Schlägen, dem schließlich ein herzzerreißendes Weinen folgte, dachte müde bei sich: ‚Wieder ein Mann ohne Arbeit. Die Wände hier sind dünn'.

Sie klopfte bei den Sneddons an die Tür. Meine Großmutter Jen, die für ihre Herzlichkeit bekannt war, bat sie einzutreten und sagte mit ihrer tiefen, ein wenig rauhen Stimme: „Komm herein, meine Liebe. Ich geb' der Kleinen gerade frische Windeln." Die Schwester trat in den ungeheizten Raum. Sie entdeckte Windeln auf einem hölzernen Trokkengestell neben dem leeren Kamin. Das aufrechtstehende Steinway-Klavier war auf Hochglanz poliert. Obenauf lagen Stöße von Noten und auch die nahen Bücherregale quollen davon über. Neben dem Klavier standen ein schwarzer Cellokasten und ein Notenständer. Es war das bescheidene Heim begabter Musiker.

„Sie ist heute sieben Tage alt. Dann wollen wir sie uns mal ansehen." Die Schwester machte eine Routineuntersuchung bei Mutter und Kind. Das Neugeborene zappelte mit Armen und Beinen, als die kalte Luft seinen Körper traf. Die Schwester prüfte die Reflexe des Babys und die trocknende Nabelschnur. „Jetzt müssen wir sie noch wiegen. Ah, Du hast noch nicht wieder Dein Geburtsgewicht erreicht... So, das war's schon." Sie zog ihr die winzigen, handgestrickten Wollsachen über. Wie nebenbei sagte sie: „Es ist kalt hier, Jen, und sie ist ein zartes kleines Ding." Die Schwester wickelte das Baby fest in eine gestrickte Wolldecke und drückte sie der Mutter in den Arm.

„Unsere Kohle ist rationiert. Bis zum Nachmittag sind wir ohne Wärme. Ja, es ist wirklich feucht hier. Sieh nur, wie beschlagen die Fenster sind. Unser Vermieter ist ein harter Mann. Der unternimmt nichts, um etwas reparieren zu lassen," beklagte sich die müde, berufstätige Mutter.

„Wie geht es mit dem Stillen?"

„Gut. Sie trinkt nicht viel, aber ich lege sie öfter an."

Die Schwester sah sie prüfend an. „Du siehst elend aus, tiefe dunkle Ringe unter den Augen und blass. Isst Du genug Melasse? Ich weiß schon. Du hältst Dich wahrscheinlich mit Haferbrei aufrecht."

„Ja, es sind schwere Zeiten. Ich war die ganze Nacht wach. Beide Jungen haben einen schrecklichen Husten, aber der ältere ist heute zur Schule gegangen. Ich habe zwei neue Stellen angenommen. Nur mit dem Streichquartett verdiene ich nicht genug. Der Krieg, Du weißt ja. Mein Mann, der Cellist, ist in Übersee. Wir müssen Ersatz für ihn finden. Wir kriegen noch Aufträge, aber es ist schwierig für mich, nachts wegzugehen mit den Kleinen, das kannst Du Dir denken."

„Tja, es ist nicht leicht", stimmte die Schwester zu.

„Ich habe gerade Teilzeitarbeit gefunden. Im Kino spiele ich Klavier für die Stummfilme. Da bekomme ich zwei Schillinge für den Nachmittag. Das hilft."

„Denke dran, dass Du gut auf Dich achten musst. All Deine Kleinen sind abhängig von Dir." Der Ton der Schwester war ernst.

„Ach, Du machst es schlimmer als es ist. Es geht schon in Ordnung. Vielen Dank für den Besuch." Jen Sneddon war eine selbstbewusste und unabhängige, berufstätige Frau.

Die Schwester wechselte das Thema. „Was hast Du von der Front gehört? Mein Sohn wurde vorige Woche nach Übersee verschifft. Aber mein Mann ist zu krank. Er hat TB."

„Ich höre nur wenig Neuigkeiten und die höre ich im Radio. Dieser Krieg ist die Hölle für unsere Jungen in Frankreich und für uns, die zu Haus geblieben sind. Meine Musik tröstet mich ein bisschen. Sie versetzt uns alle in eine andere Welt. Und die Kinder scheinen sie ebenso zu lieben wie ich. Wenn ich zu Haus bin, singe und spiele ich abends, bis sie eingeschlafen sind."

„Und," sagte die Schwester, „wer kümmert sich um sie, wenn Du arbeiten gehst?"

„Ich habe eine blinde Nachbarin. Die kommt herüber. Und Dick ist sieben und Netta ist fünf; die helfen schon mit. Unser kleiner Jim dort im Spielkasten ist ein gutartiges Kind. Er ist jetzt drei. Komm, gönne Dir eine kleine Pause und trink eine Tasse Tee."

„Nein danke, Mädchen, ich muss weiter," sagte die Schwester. Sie zog sich ihren Mantel an. „Sag mal, Dein Nachbar hört sich schlimm an, mit dem Kleinen."

„Ja, jeder im Haus weiß es, aber was können wir tun?" Ihre verständnisvollen Blicke trafen sich für einen Moment, dann verabschiedeten sie sich. Als die Schwester die Treppe hinunter ging, ertönte die Fabrikpfeife. Es war Mittag.

Meridel und ich haben uns bei dieser Episode an die Gespräche mit meiner Mutter gehalten, doch ich wundere mich, warum meine Großmutter in so ärmlichen Verhältnissen lebte. Vor einigen Jahren erhielten wir ein bräunliches Familienfoto aus der alten Zeit. Es zeigt meine Großmutter als das jüngste Kind der recht gut situierten Gartshore-Christie-Familie. Mein Urgroßvater trägt eine Kippa, ein jüdisches Käppchen, auf seinem Kopf. Meine Großmutter, das winzige Mädchen, das sich dicht an seinen Vater schmiegt, hat große braune Augen und ist wunderhübsch in Seide gekleidet, mit geknöpften Stiefelchen. Ihr Haar ist eine kastanienbraune Wolke von Locken.

Wir wissen, dass ihr älterer Bruder, James Christie, mein Großonkel, Direktor der Wasserwerke von Glasgow war, aber das ist auch das Einzige, was von diesen Vorfahren gesagt wurde. Mehr als hundert Jahre später kann ich mir nur ausmalen, wie schwierig es für meine Großeltern gewesen sein muss, als unabhängige junge Musiker ihren Unterhalt zu verdienen, ohne ‚milde Gaben' von der Familie anzunehmen. Da stellen sich die Fragen: Wer waren ihre Eltern und älteren

Geschwister? Wodurch hatten sie sich entfremdet? Hatte Jen ‚unter ihrem Stand' geheiratet oder wandte sie sich gegen ihre jüdischen Wurzeln? War es der Grund, dass sie ‚gewöhnliche' Musiker waren?

Schließlich wurde der Waffenstillstand unterzeichnet und der blutige 1. Weltkrieg kam zum Stillstand. Wer gewinnt eigentlich in einem Krieg? Gott sei Dank, Großvater William Sneddon kehrte zu seiner kleinen Familie zurück. Wie die anderen Heimkehrer, war auch er dünn und ausgemergelt. Er hatte seine Truppe durch die grausige Realität des Gaskrieges in den Schützengräben begleitet. Für den Rest seines Lebens litt er an Asthma. Alle waren dankbar, dass er überlebt hatte, wo doch so viele andere in der Welt nicht mehr zurückkehrten.

Das erlittene Trauma der Überlebenden dieser Generation hinterließ ein Erbe von Schmerz und Funktionsstörungen. Am Tag, nachdem er seine geliebte Kompanie, die Schottischen Argyle und Sutherland Highlanders, als Sergeant Major verlassen hatte, war er arbeitslos. Er war ein guter Cellist, der fast alle Saiteninstrumente spielen konnte, doch die tagtägliche Realität des Lebenserwerbs für seine wachsende Familie war in Schottland nach dem 1. Weltkrieg grausam. Über die erfolglosen Versuche, Arbeit zu finden, tröstete er sich mit seiner Musik.

Hier noch einige kurze Bemerkungen über die Familie Sneddon. Man sagt, dass sie als Hausierer aus Rumänien kamen und Ladino sprachen, dessen Wurzeln bei den Juden in Spanien liegen. Das ist mündliche Überlieferung. Wenn es sich um jüdische Vorfahren handelt, wird die Herkunft von einer Generation zur anderen immer mehr vertuscht, aus Angst vor weiteren Verfolgungen. Sie hatten dunkle Augen und olivfarbene Haut. Doch lasst euch von ihrem schüchternen Auftreten und ihrer Armut nicht täuschen. In dieser Familie waren alle begabte Musiker.

Bill Sneddons Mutter unterrichtete alle Holzblas- und Saiteninstrumente. In den Augen der Welt war es ‚gewöhnlich', wie sie sich ihren Lebensunterhalt verdienten, doch aufgrund ihrer musikalischen

Begabungen lebten sie ein Leben voll von verborgenem Reichtum. Als mein Großvater ein kleiner Junge war, zog die Familie nach Arizona, um in Amerika ein neues Leben zu beginnen. Doch die Hitze und schwierige Umstände, sowie ein Unfall, bei dem einer seiner Brüder ein Auge verlor, veranlasste sie, nach Schottland zurückzukehren. Aber erst besuchten sie noch einen Freund, der nach Vancouver Island, an die Westküste Kanadas ausgewandert war.

Mit drei Jahren begegnete meine Mutter Sheena ihrem Vater, den sie vollständig vergessen hatte, weil er in den Krieg gezogen war. Sie war sehr schüchtern und es dauerte eine Weile, ehe sie begriff, dass das ihr Papa war. Sie erinnerte sich gern daran, wie sie ihm beim Rasieren zusah und, wie er seinen Schnurrbart beschnitt. Er liebte es, sie hoch in die Luft zu heben und auf seinen Schultern reiten zu lassen.

Jeden Freitagmittag kam er mit einem in Zeitungspapier gewickelten, gesalzenen Räucherhering nach Haus, den er mit der Familie teilte. Er war anspruchsvoll in seiner Kleidung und seinen Essmanieren, ein sehr schlanker und sensibler Mensch. Eine der liebsten Erinnerungen an ihren Vater war es, wenn er sie beim Gutenachtsagen in seinen Armen hielt und kitzelte, bis sie keine Luft mehr bekam, und dabei seinen rauhen Bart an ihrer Wange rieb. Sie liebte das. Schließlich fand er Arbeit und spielte in einem Streichquartett. Das spielte in beliebten Restaurants und auch im örtlichen Lungensanatorium. Es reichte für das Nötigste, doch es brachte nicht genug, um sieben hungrige Mäuler zu füttern.

Da er keine zusätzliche Arbeit fand, schloss sich Großvater Bill 1919, mit dem Einverständnis seiner Frau, seinen Brüdern an und fuhr auf einem Dampfschiff von Glasgow nach Montreal in Kanada. Seine Hoffnung war es, Arbeit zu finden und seiner Familie ein neues Leben ermöglichen zu können. Zu der Zeit hatte Sheena bereits einen kleinen Bruder, der John hieß, und ihre Mutter Jen erwartete ein weiteres Baby.

Zu Anfang hatte Bill keinen Erfolg und er fand, dass es schwer war, in Kanada zurecht zu kommen. Er schlug sich nach dem Westen durch, wo er in Victoria, Britisch Columbia, Arbeit als Eisengießer fand. Nach mehreren Monaten leistete er eine Anzahlung für ein zweistöckiges Backsteinhaus für seine weit entfernte Familie. Begeistert schrieb er an Jen von ihrem neuen Heim, 2944 Bridge Street. Der Kauf verschlang seinen mageren monatlichen Lohn völlig.

Bald zeigte es sich, dass er nicht genug verdiente, um die Hypothek für das Haus zu bezahlen und Geld für die Schiffsüberfahrt seiner Familie zu sparen. Es war ein Dilemma. Großmutter spielte im Glasgower Symphonieorchester, wenn sie jemand brauchten, doch sie konnte kaum ihre wachsende Familie versorgen. Sie erwartete ihr sechstes Kind. Mit dem unmöglichen finanziellen Stress und keinem Ende in Sicht gab sie ihr neugeborenes kleines Mädchen, Peggy, zu ihrer wohlhabenden Schwester Margaret, die kinderlos war.

Offensichtlich war das damals recht üblich. 1921 musste Großmutter Janet einen herzzerreißenden Entschluss fassen. Gezwungen durch die wirtschaftliche Lage, gab sie ihre ältesten fünf Kinder in ein kirchlich geleitetes Waisenhaus, dem Quarryman's Home. Es war beschämend für die weitere Familie und furchtbar für die Kinder. Das Waisenhaus wurde von strengen Presbyterianern geleitet, die unnachgiebig ihre starren religiösen Ansichten durchsetzten.

Ihr könnt euch die Szene am Tage der Trennung vorstellen. Nach zweijähriger Abwesenheit ihres Mannes unterzeichnete Jen Christie Seddon die Papiere und übertrug damit das Erziehungsrecht für ihre fünf Kinder auf die Verwalter des Waisenhauses.

Als das traurige kleine Häuflein auf den Steinstufen des düsteren Verwaltungsgebäudes stand, umarmte und küsste sie jedes Kind zum Abschied. Mit grenzenlosem Schmerz sahen die Kinder, wie ihre einzige Sicherheit langsam die runde Auffahrt entlang ging. Meine Mutter erzählte mir, wie sie und ihr junger Bruder John vor Schmerz geschrien haben und sich gegen den festen Griff der Aufseherinnen wehrten. Als sich die schweren, mit Ornamenten geschmückten Eisentüren endgültig hinter Jen schlossen, ließ sie ihre Schultern hängen und weinte herzzerreißend über ihren Verlust. Sie zog den Schleier über den Hutrand, um ihre Tränen zu verbergen. Ihr Schmerz war unbeschreiblich.

Jedes Kind wurde, seinem Alter entsprechend, in einem anderen grauen Steingebäude untergebracht. Die Häuser waren über das weitläufige, gepflegte Grundstück verstreut. Meine Mutter, die damals fünf Jahre alt war, vermisste ihre Mutter so sehr, dass sie sich oft nachts in den Schlaf weinte. Trotzdem erwachte sie immer fröhlich. Die Brüder und Schwestern sahen sich in den nächsten sieben langen Jahren nur selten. Es war eine Waisenhausregel, Geschwister zu trennen.

Meine Mutter hat oft in ihrem Leben mit tiefem Gefühl die folgende Geschichte erzählt. Als sie zum Waisenhaus kam, war sie so unterernährt und winzig, dass sie in die großen Brei- und Suppenkessel kriechen konnte. Sie wusste, dass ihr geliebter Bruder Jim, oder Jimmock, wie sie ihn auf Gälisch nannte, morgens um 7 Uhr die Milch für den Frühstücksbrei der Kinder brachte. Sie schlich sich aus dem Haus und wartete hinter einem Drahtzaun, wo die Milchkannen aufbewahrt wurden. Wenn sie ihre kleinen Finger durch den kalten Metallzaun zwängte, konnte sie ihren Jim berühren, der nur zwei Jahre älter als sie war. Für einen kurzen Augenblick ergriff er ihr kleines Patschhändchen und drückte es. Mit einem liebevollen Lächeln flüsterte er: „Sheena, mein süßes kleines Mädchen."

Ihren Bruder zu sehen, mit seinen rosigen Wangen und seinem hellblonden Haarschopf, der unter der wollenen Mütze oder der karierten Kappe hervorquoll, wurde zur Hoffnung und zum Höhepunkt ihrer Tage. Sie gestand, dass diese langersehnten Berührungen sie am Leben erhielten.

Sie schrubbte die Töpfe nach Herzenslust und wurde von der Oberaufseherin ausgewählt, in der Küche zu bleiben und beim Saubermachen zu helfen. Das Scheuern der riesigen Kessel, in denen für die Waisenkinder gekocht wurde, gehörte dazu.

Oft konnte sie, wenn sie in der Küche war, neben dem Warmluftschacht sitzen und an dem Schachtgitter lauschen.
Der Schacht war mit dem Auditorium verbunden, wo ältere Kinder zur Morgenandacht Kirchenlieder sangen, begleitet von einer guten Pianistin, die auf einem Flügel spielte.

Wenn die Kinder in ihre verschiedenen Klassen zurückgeschickt wurden, blieb die Pianistin oft noch dort und spielte klassische Musik zu ihrem eigenen Vergnügen. Die vertraute Musik erfüllte das kleine Mädchen mit solcher Sehnsucht nach ihrer Mutter, dass sie sich vor dem Schacht zusammenkauerte, die Musik in sich hineinsog und sich ihren Erinnerungen überließ.

Als sie an einem dieser Tage nicht in ihrem Klassenzimmer erschien, schickte ihre ärgerliche Lehrerin eine Gruppe aus, um sie zu suchen. Als sie entdeckt wurde, kanzelte man Sheena vor der ganzen Klasse ab und bezichtigte sie des Schule Schwänzens. Das machte sie noch öfter durch. Ihre Seele hungerte so sehr nach den tröstenden Klängen der Klaviermusik, dass sie nicht widerstehen konnte. Wieder und wieder wurde sie erwischt und geschlagen.

Das Waisenhaus gab den Sneddonkindern genug zu essen, um ihre Körper am Leben zu erhalten, doch es wurde tragisch versäumt, ihre verwundeten Seelen zu nähren. Diese verhungerten unter der harten, puritanischen Religion, die ihnen mit Ungerechtigkeit, eisernen Regeln, Isolierung, Herabsetzung und Schlägen eingebläut wurde. Meine Mutter wurde so sehr verletzt, dass sie sich noch als Kind vornahm, ihre Kinder vor der Religion zu beschützen, sollte sie jemals Kinder haben. Sie schwor, sie davor zu bewahren, von solchen Praktiken jemals verletzt zu werden. Für sie war Gott streng, gehässig und verletzend, während sich ihre Seele nach einem Leben sehnte, das wunderbar, voller Hoffnung, Freude und Familienleben war.

Vierzig Jahre später spielte meine Mutter oft Klavier, wenn ich abends für meine Examen lernte. Ich denke gern daran, wie sie die Mondschein-Sonate von Beethoven und ausgewählte Stücke von Chopin, Bach und anderen klassischen Komponisten spielte. Sheena glaubte immer, ein schlechtes Abbild ihrer Mutter zu sein, was das Klavierspielen anbelangte. Doch die Geschichte wiederholte sich. Bis zum heutigen Tag finde ich klassische Musik sehr beruhigend. Vielleicht liegt es auch daran, dass meine Mutter, als sie mit mir schwanger war, im Haus von Großmutter Jen lebte und ich schon im Mutterleib Hunderte von Stunden der feinsten Musik für Piano und Cello hörte.

1926 schickte mein Großvater alles Geld, das er sich hatte absparen können, zu meiner Großmutter in Schottland. Wir waren dankbar, als die von der Kirche beauftragte Heimleitung des Waisenhauses das notwendige Geld dazulegte, um die arme Sneddonfamilie in Kanada zu vereinen. Stellt euch die Freude der Kinder vor, als sie erfuhren, dass die Gefangenschaft der letzten sieben Jahre ein Ende hatte. Die kleine Schar der Sneddons packte ihre mageren Habseligkeiten zusammen und wartete darauf, dass ihre Mutter eintreffen würde. Ihren Vater hatten sie seit neun Jahren nicht gesehen. Den Rest könnt ihr euch wohl vorstellen. Als sie später am Dock zwischen Schiffstruhen standen, die darauf warteten, verladen zu werden, sahen sie auch einen Steinway-Flügel. Es war eine Überraschung des Glasgower Philharmonischen Orchesters für Jen, für ihre langjährigen Dienste.

Die Schiffsreise von Glasgow nach Halifax war ein aufregendes Abenteuer. Sobald sie auf See waren, richteten sie sich ein und gingen glücklich mit ihrer Mutter an Deck spazieren. Runde um Runde gingen sie untergehakt, warm verpackt gegen das Wetter und sie redeten unaufhörlich. Wieder und wieder umarmten und küssten sie sich, als wollten sie die Tage und Nächte nachholen, die sie ohne den Trost von Eltern und Geschwistern überleben mussten. Wenn sie in ihren Kojen lagen, teilten sie einander Begebenheiten aus den vielen verlorenen Jahren ihres Lebens mit. Geschichten des Leides und des Sieges, unterbrochen von Gelächter über die Streiche, die sie gespielt hatten. Das Schiff suchte sich schwankend und ächzend seinen Weg durch den eisigen, rauhen Atlantik, dem neuen Leben in Kanada entgegen.

An einem späten Nachmittag entdeckten die Jungen die steinernen Klippen von Neufundland, die wie Gold in der untergehenden Sonne glänzten. Eine Wolke von Seevögeln folgte ihnen, in der Hoffnung, Essensreste aus ihrer Hand zu empfangen. Seelöwen bellten von den Klippen der östlichsten Grenze ihres neuen Landes. Langsam verließen sie in Halifax das Schiff. Jeder Junge war für eine der kleinen, abgeschabten Truhen verantwortlich. So erging es Millionen von Einwanderern, die in dieser Zeit in Nordamerika eintrafen.
Dampfwolken stiegen fauchend von der mächtigen, schwarzen Lokomotive auf und füllten den Bahnsteig des Nova Scotia-Bahnhofs.

Dick sprang hoch und zog die Kleineren die hohen Metallstufen hinauf. Alle sechs stiegen ein und fanden den ihnen zugewiesenen Schlafwagenplatz auf dem CNR-Zug[2] für die sechstägige Reise nach dem Westen. Ein weiteres Abenteuer begann. Sie erforschten den Zug und schliefen nachts in ihren Wandbetten mit gestärktem weißen Leinen, grauen Decken und kleinen Handtüchern. Sie schliefen ein, beim Klickedieklack der eisernen Räder, die sie quer über das damals größte Land der Welt beförderten. Ihr Ziel war der westlichste Punkt auf der Landkarte von Kanada, Victoria in British Columbia, auf Vancouver Island. Mutter erzählte mir, dass ihr die Reise als ungeduldige Zwölfjährige endlos erschien. Die unendlichen, goldenen Weizenfelder der Prärie zogen langsam vorbei. Als die Rocky Mountains in Sicht kamen, wurde es aufregender. Und bald lag die Stadt Vancouver vor ihnen.

Mein Großvater wartete im Hauptbahnhof von Vancouver. Er trug seinen besten Anzug, blankgeputzte Schuhe und er hatte eine Schirmmütze auf, die die kahle Stelle auf seinem Kopf verdeckte. Er lief auf und ab und rauchte ohne Pause. Durch seine dicke, runde Schildpattbrille sah er blinzelnd die Schienen entlang und versuchte, den Zug zu entdecken, den man in der Ferne hören konnte. Er hielt einen Strauß roter Rosen in der Hand, Jens Lieblingsblumen. Neun Jahre waren vergangen!

Mit dem Kreischen von heißem Metall auf Metall und einem schrillen Pfiff kam die schnaufende Lokomotive zum Stehen. Die Jungen waren die ersten, die ihren überschlanken Vater zwischen den Dampfwolken in der wartenden Menge entdeckten. Jen schlug ihre Augen nieder, als sie ihren Mann sah. Eine unbehagliche Fremdheit stand zwischen ihnen. Dann folgten eine wortlose Umarmung und Tränen. Die schlaksigen Teenager, die plötzlich schüchtern waren, umringten ihre Eltern. Jen stellte ihren Kindern, dem Alter nach, ihren langentbehrten Vater vor. Unzählige Umarmungen folgten. Sie durchbrachen die unsichtbare Mauer des Schweigens, die sie gefühlsmäßig und geografisch schon zu lange getrennt hatte.

---

[2] Canadian National Railway (Kanadische Nationale Eisenbahn)

Der Stationsvorsteher versicherte ihnen, dass ihr Gepäck innerhalb einer Woche nach Victoria geliefert werden würde. Bill Sneddon sammelte seine müde Familie zusammen und mietete eine Pferdekutsche, die bald gefüllt war. Ein feiner Regen fiel und durchnässte sie, doch das konnte ihrer guten Laune keinen Abbruch tun. Sie fuhren in die Innenstadt zum inneren Hafen. Bill hatte Überfahrten auf der „Princess Margarethe" gebucht, die über Nacht nach Victoria, der südlichsten Spitze von Vancouver Island, fuhr. Als sie am frühen Morgen dort ankamen, rief Bill ein Taxi. Schnell wurden die Fenster heruntergedreht, denn die Jungen wollten unterwegs alles sehen. Als sie sich ihrem neuen Heim näherten, verkündete er stolz: „Uns gehört das große rote Backsteinhaus da vorn, Nummer 2944."

„Bitte, bitte halte das Taxi an," rief Jim mit seinem starken schottischen Akzent. „Kommt Kinder, wir steigen aus, wir finden es schon selbst." Das Taxi fuhr an den Straßenrand. Zuerst stürzten die Jungen hinaus, gefolgt von den Mädchen. Alle rannten die Straße hinunter.

„Es ist Nummer 2944," erinnerte sie Netta, die mit den Jungen Schritt hielt. Als das Taxi mit Bill und Jen ankam, waren die neuen Einwanderer bereits eingetroffen und saßen auf den weißen Stufen ihres neuen Heims. Strahlende Gesichter sagten alles: „Endlich sind wir zu Hause!"

Das Haus der Sneddons wurde bald zu einem anziehenden Mittelpunkt. Die Kinder gewöhnten sich allmählich ein und entfalteten ihre individuellen Persönlichkeiten. Alle waren zugänglich und freundlich von Natur. Ihr breiter schottischer Dialekt war angenehm und unterhaltsam. Schon bald waren sie das Gespräch der Nachbarschaft. Es fiel ihnen leicht, Freunde zu machen, die sie, einen nach dem anderen, mit nach Hause brachten. Jeder wurde von Großmutter willkommen geheißen. Immer stand der Teekessel auf dem großen Kohlenherd bereit und im Handumdrehen backte sie ihre berühmten *Scones*. Mutter ging in die nahe gelegene Burnside-Schule, und dort nannten die Kinder sie Sheila, weil sie den gälischen Namen Sheena nicht aussprechen konnten.

Sie war ein kleiner Komiker, begeisterungsfähig und immer breit, etwas Neues auszuprobieren. Da sie gern mit den Jungen mithalten wollte, lernte sie bald Schwimmen und Tauchen. Ihr Sprungbrett waren die unbehauenen Balken unter der nahen Point Ellis-Brücke. Sie folgte den Jungen, wenn sie an der schmalen, hölzernen Struktur hinaufkletterten, die den Kanal überspannte, der „Die Schlucht" hieß.

Geld für frivole Dinge wie Badeanzüge gab es nicht, deshalb setzte sich Großmutter schnell hin, um aus einem alten Wollpullover ein Badekostüm zu machen. Sobald es nass war, dehnte es sich und reichte Sheila vom Hals bis an die Knie. Die Kinder der Nachbarschaft lachten sich kaputt darüber, doch sie waren beeindruckt von ihrem Mut, mit dem sie von der Brücke sprang. Sie erzählte mir, wie sie einmal aus dem kalten Wasser auftauchte und ein paar Stichlinge mitbrachte, die sich in dem Gesträuch verfangen hatten und in ihrem Badeanzug zappelten. Es war niemals langweilig, wenn Sheila anwesend war.

Das Haus der Sneddons war ein Haus der Musik. Oft versammelte sich die Familie mit ihren Instrumenten nach dem Abendessen um den Flügel im Wohnzimmer. Musik war eine Lebensnotwendigkeit. Großmutter saß am Flügel, Großvater in seinem Lieblingssessel spielte Cello. Sehr schnell organisierten sie Instrumente für die Kinder; Gitarre, Banjo, Geige, Flöte und Trommeln gehörten zu ihrem Ensemble. Sheila saß auf der Pianobank neben ihrer Mutter. Sie wollte Pianistin werden. Die fröhlichen Klänge schottischer Musik wurden nicht eingeschlossen, sondern schwebten hinaus durch Fenster und Türen. Schon bald kamen die Nachbarn, um zuzuhören, und es dauerte nicht lange, bis sie mitsangen, klatschten und sogar die Highlandtänze tanzten. Das alte Backsteingebäude war ein gastfreundliches Haus, mit Gelächter und Spaß für alle.

Großmutter hatte immer eine offene Hand und ein warmes Herz, besonders aber für neue Einwanderer. Das Klipp Klopp von Hufen verkündete die Ankunft eines Karrens vollbeladen mit frischem Gemüse und Früchten, mit dem ein unternehmungslustiger junger Chinese die Nachbarschaft belieferte. Jack Leung sprach nicht viel Englisch und hatte Schwierigkeiten, den schottischen Akzent meiner Großmutter zu verstehen. Sie nannte ihn Jack Louis. Zum Sneddonhaus kam er immer am Ende seiner Tour, damit er ihr das übriggebliebene Gemüse zu Schnäppchenpreisen geben konnte.

Er freute sich, dass ihm das Haus immer offenstand, und liebte den Spaß und das Gelächter. Kulturelle Unterschiede verschwanden, wenn er am Küchentisch seine Zauberkünste vorführte. Alle Aufmerksamkeit war auf ihn gerichtet, wenn er den Kindern mit einer geschmeidigen Geste Murmeln aus den Ohren zog. Sein breites Lächeln wurde noch breiter, wenn sein Publikum vor Freude quietschte und um mehr bat. Er willigte ein. In jeder Woche führte er einen neuen Trick vor, und wenn er sich auf den Heimweg machte, rief er über die Schulter: „
Keine Sorge, ich komme wieder. Keine Sorge, ich komme wieder. Neuer Trick nächstes Mal!" Jack und seine Familie blieben unsere Freunde in all den Jahren, in denen wir in der Bridgestraße lebten. Er war ein Engel in Verkleidung. Seine Großzügigkeit ernährte die Sneddons und viele andere während der großen Depression.

Sikh Raj Singh lieferte Feuerholz für den Küchenherd und Sägespäne für die Heizung. Die Sägespäne wurden von draußen durch einen Holzschacht in einen riesigen Kasten unter dem Haus geschüttet, um verbrannt zu werden. Die heiße Luft stieg durch ein verzweigtes Schachtsystem bis zu den äußersten Winkeln des Hauses hoch. Da sie von Schottland kamen, wo es niemals warm gewesen war, hielt die Familie es für ein modernes Wunder. Raj Singh kam an die Hintertür des Hauses und klopfte, wenn er seine Lieferung brachte. Wurde er aufgefordert, hereinzukommen, trat er zurück, obwohl Großmutter ihn herzlich einlud. Nach mehreren Jahren kam er an einem nasskalten Wintertag schließlich in die Küche. Bei einer Schüssel heißer Suppe und einigen Scones, die Netta ihm anbot, entspannte er sich und sah sich um.
„Wo ist die Misses?"
Netta erwiderte: „Sie ist im Krankenhaus."
„Oh, oh, ist sie krank? Das wusste ich nicht. Tut mir so leid," sagte Mister
 Singh.
„Nein, nein," lachte Netta. „Mutter hat ein Baby bekommen."
„Ein Baby?", erwiderte er, seine Augen erstaunt aufgerissen.
„Ja, wir haben jetzt eine kleine Schwester. Sie heißt Catherine," sagte Netta.
„Oh, sag Mama, sie soll schnell nach Haus kommen," sagte er.

Meine Mutter erzählte mir später, dass Großmutter immer lose, weite Kleider trug, weshalb kaum jemand es bemerkte, wenn sie schwanger war. Das Geschäft der fleißigen Familie Singh entwickelte sich zu einer der größten Bauholzfirmen in Victoria, während die Familie Leung eine der größten Großhandelsfirmen betrieb, die verschiedene große Kaufhallenketten mit frischem Gemüse und Früchten belieferte.

Im Laufe der Jahre gewöhnten sich die neuen schottischen Einwanderer an das kanadische Leben. Vater und Mutter Sneddon freuten sich, junge Leute im Haus zu haben, und genossen die Kameradschaft, mit der sie die tägliche Routine bereicherten. Alle arbeiteten und halfen beim Bezahlen der Rechnungen, was eine große Erleichterung war. Dick wurde Verkäufer in einem Konfektionsgeschäft, Netta wurde Krankenschwester, John begann eine Karriere in der Armee und James verdingte sich zeitweise als Hafenarbeiter auf den Docks von Victoria. Sheila arbeitete in der Wäscherei des Krankenhauses, während Catherine, die Jüngste, zur Schule ging.

James Christie, oder Jimmock, wie er von allen liebevoll genannt wurde, war ein richtiger Spaßvogel. Mit seinen Geschichten und Streichen brachte er die Familie und Freunde zum Lachen. Er war bei allen beliebt, besonders bei den Damen, egal ob jung oder alt. Seine Fröhlichkeit zog jeden an. Eines Tages verkündete Jim, dass er endlich einen gutbezahlten Job gefunden hätte. Alle freuten sich für ihn. Der einzige Nachteil sei, dass die Arbeit gefährlich ist. Er war früh auf, an seinem ersten Arbeitstag. „Sei vorsichtig," dämpfte Mutter Sneddon seine Begeisterung.
Er beugte sich nieder und drückte einen Kuss auf ihre Augenbraue. „Mach dir keine Sorge, Mutter. Es geht alles in Ordnung. Das ist wirklich ein gut bezahlter Job." Jen schüttelte den Kopf und lächelte.
Jim griff seine Brotbüchse vom Küchentisch, rannte aus der Vordertür, warf die Fliegentür hinter sich zu, sprang die Stufen hinunter und landete auf dem Gehsteig. Er war bereit!
Später, am selben Tag, erhielt die Familie einen Besuch von Jims grimmig dreinblickendem Vorarbeiter. Er brachte die tragische Nachricht, die alle in Schock versetzte.

Ihr Jimmy, so voller Leben und Hoffnung, traf am Dock ein, gewillt, alles zu tun, was die erfahrenen Hafenarbeiter brauchten. Aber er war ein Neuling, ohne Schutzhelm und ohne ein ordentliches Training für die gefährliche Arbeit. Es war ein verrückter Zufall, dass ein großer Haken, der an einem Krankabel hing, sich in seinem Handschuh verfing, ihn hoch hob und in die Seite eines Schiffes schleuderte, wodurch er bewusstlos wurde. Er fiel ins Wasser zwischen Schiff und Dock und ertrank. Mit 23 Jahren war er auf einmal gegangen.

Die Familie erholte sich niemals ganz von diesem Schock. Ihr kostbarer James Christie, der geliebte kleine Bruder, der immer wusste, wie er die anderen in schweren Zeiten aufheitern konnte, war plötzlich nicht mehr da! Wie gelähmt von der Nachricht, gaben sie sich ihrer tiefen Trauer hin. Das Haus füllte sich bald mit Trauergästen. Mama Sneddon, betäubt vom Schmerz, ließ den Teekessel leer.

Das Licht in ihrem Leben war irgendwie dunkler geworden und sie wurde ‚zu still'. Oft schüttelte sie den Kopf und murmelte: „Es gab niemals so einen feinen lieben Jungen wie unseren Jim!" Auch Papa war sehr ernst. Für eine Weile verstummte die Musik völlig und er griff zum Whisky, wenn es Nacht wurde. Kummer und Schmerz besucht alle Familien, wenn sich etwas Tragisches ereignet, doch schließlich muss das Leben weitergehen.

Netta und Sheila entwickelten sich zu sehr hübschen optimistischen jungen Frauen, die, wie die meisten Mädchen, davon träumten, den „Richtigen" zu finden. Diejenige, die eine Verabredung hatte, durfte sich in ihrem gemeinsamen Kleiderschrank zuerst etwas auswählen. Nylonstrümpfe kannte man nur aus Filmen, und der Trick war, dass eine Schwester ihren Augenbrauenstift nahm und der anderen eine Linie auf der Rückseite ihres Beines zog. Aus einiger Entfernung sah es aus, als wären es tatsächlich Strümpfe. Die Mädchen, von ihren Eltern dazu angehalten, gingen meistens mit zwei jungen Männern aus, sodass sie zu viert waren.

Tanzen war eine der Lieblingbeschäftigungen.
Zu den Liedern der Hitparade gehörte: *„Mares eat oats and does eat*

oats and little lambs eat ivy...I love you. (Pferde fressen Hafer und Rehe fressen Hafer und kleine Lämmer fressen Efeu...Ich liebe dich!" Dann kam Weihnachten und Bing Crosby sang schmachtend: „*I'll be home for Christmas...*" (Ich werde Weihnachten zu Haus sein).

Inzwischen war die ganze Welt in Aufruhr und horchte auf die Drohungen Hitlers. In kurzer Zeit waren Millionen von Familien wieder einmal vaterlos und Eltern ohne ihre Söhne. Es wird geschätzt, dass im zweiten Weltkrieg bis zu 120 Millionen Menschen umkamen; ein Drittel davon gehörte zum Weltjudentum. Ihre einzige Sünde bestand darin, dass sie Juden waren.

Zeitlose Geheimnisse

"Ich bin überzeugt: Was wir in der gegenwärtigen Zeit noch leiden müssen, fällt überhaupt nicht ins Gewicht im Vergleich mit der Herrlichkeit, die Gott uns zugedacht hat und die er in der Zukunft offenbar machen wird." **Römer 8, 18**

Es ist eins der grundlegenden Prinzipien, dass das Leben Leiden bringt. Wir alle leiden auf die eine oder andere Art. Es kommt darauf an, das Leiden als Sprungbrett und nicht als Hindernis zu sehen. Egal, was Du gerade durchmachst, verhalte Dich einen Moment still und blicke zurück. Mit der Zeit siehst Du hoffentlich, dass sich ein gutes Muster zeigt. Erniedrige Dich niemals dazu, anderen die Schuld zu geben. Leben kommt aus dem Tod, und wir wissen, dass den Schmerzen der Geburt die Freude folgt. Schwierigkeiten überwinden zu lernen mag länger dauern als Du denkst, doch nachdem wir gelitten haben, sind Veränderungen und Wachstum immer möglich. Ein williges Herz, das mit den Augen des Glaubens sieht, wird Dich stärken und Dir den Willen geben, weiterzugehen.

Gott liebt Dich und hat einen wundervollen Plan für Dein Leben. Suche danach und Du findest ihn.

„Bittet und ihr werdet bekommen! Sucht und ihr werdet finden! Klopft an und es wird euch geöffnet!" Matthäus 7, 7

Du wirst erstaunt sein, was Er mit Dir vorhat. Merke Dir das folgende Versprechen:

> *„Was kein Auge jemals gesehen und kein Ohr gehört hat, worauf kein Mensch jemals gekommen ist, das hält Gott bereit für die, die ihn lieben."* **1. Korinther 2, 9**

Kapitel 4

Begeisterung und Agonie

Jay:
Hier eine Kurzfassung der Geschichte meines Vaters und seiner Familie, den Rawlings. Sie waren auch neue Einwanderer und lebten nicht weit von den Sneddons in der Rock Bay Avenue in Victoria. Auch sie hatten sechs Kinder. Mein Großvater väterlicherseits, Frank Rawlings, hatte in der britischen Armee im Burenkrieg in Südafrika gekämpft. Er hatte sich älter gemacht um angenommen zu werden und befand sich 1899 im zarten Alter von siebzehn auf einem Schiff, das nach Kapstadt fuhr.

Als er 1902 nach England zurückkehrte, traf er eine große, dunkelhaarige Schönheit, Miriam (Cohen) Cannon, eins von zehn Kindern einer Familie, die so arm war, dass mehrere Kinder bei Verwandten lebten und von ihnen großgezogen wurden. Miriam wuchs bei zwei Stiefschwestern auf. Sie wurden ihre Pflegeeltern in London. Sie war fast 1,80 Meter groß und bewegte sich mit anmutiger Würde. Ihre weiße Haut und ihre tiefdunklen Augen bildeten einen starken Kontrast zu ihrem rabenschwarzen, gewellten Haar. Sie war eine schüchterne, graziöse Dame, die von meinem Großvater „Pidge" genannt wurde. Sie hatte eine weiche, tröstende Art. Miriams jüdische Großeltern waren Mitte des 19. Jahrhunderts von Frankreich nach England emigriert. Um weiteren antisemitischen Vorurteilen aus dem Wege zu gehen, änderte die Familie ihren Namen von Cohen zu Cannon und nahm die britische Staatsbürgerschaft an.

1908 heiratete der fünfundzwanzigjährige Frank die dreiundzwanzigjährige Miriam nach einer sehr kurzen Brautzeit. Das verliebte Paar träumte davon, nach Kanada zu ziehen und fing an, Pläne zu machen. Lois, ihr erstes Kind wurde 1910 geboren.

Um ihre Träume zu verwirklichen, emigrierte Frank im Frühjahr 1912 nach Kanada, um seine Halbschwester Kate zu treffen, die in Victoria in British Columbia wohnte. Es schien ihm ein guter Ort zum Leben zu sein. Er fand Anstellung als Maler in der Bamberton Zementfabrik in der Nähe Victorias und arbeitete schwer, um seine junge Familie bald nachholen zu können.

Frank buchte die Überfahrt für Miriam, die zum zweiten Mal schwanger war, auf der Titanic, dem modernsten und großartigsten Schiff, das man bis dahin jemals gebaut hatte. Es war der Frühling 1912, aber die kleine Lois erkrankte nur ein paar Wochen vor der Abfahrt an Scharlach. Miriam stornierte ihre Buchung auf dem schicksalhaften Schiff. Es sank am 14. April 1912, was die ganze Welt erschütterte und die prahlerischen Worte ihrer Eigentümer zunichte machte. Ihr erster Sohn wurde am 8. Oktober 1912 in Essex, England geboren.

1913 fuhr Miriam schließlich mit ihren beiden Kindern sechs Tage lang als Passagiere der 3. Klasse von Southampton nach Halifax, Nova Scotia. Sie lebten von belegten Broten, Büchsennahrung und Keksen. Miriam fand in der 2. Klasse eine warmherzige Passagierin, die ihr anbot, die Fläschchen für das Baby anzuwärmen. Nachdem sie auch noch die fünftägige Zugreise quer durch Kanada, von Halifax nach Vancouver, erduldet hatten, gab es für Miriam und Frank ein freudiges Wiedersehen.

Victoria war dafür bekannt, englischer als England zu sein. Es hat ein ähnliches Klima wie London, was den Rawlings gleich gut gefiel. Frank war ein „Alleskönner". Er arbeitete als Küchenchef in dem eleganten Hotel „The Empress", während Miriam als ruhige Hausfrau Zeit hatte, ihr neues Leben in Kanada als eine fast völlig integrierte Jüdin zu überdenken. Im Laufe der Jahrhunderte wurde es bei den Juden üblich, ihre Identität zu verbergen, um Verfolgungen aus dem Weg zu gehen. Viele heirateten Nichtjuden und glichen sich ihnen an.

Die junge Familie gewöhnte sich schnell an das kanadische Leben, so sehr, dass Frank sich 1916 patriotisch dafür entschied, in der kanadischen Armee zu dienen.

Miriam erwartete zu der Zeit ihr drittes Kind. Von England wurde er nach Frankreich geschickt - ins Zentrum des 1. Weltkrieges.
An der Front erlitt er eine Senfgasvergiftung, mit der er in Frankreich ins Krankenhaus kam. 1918 wurde er entlassen und mit dem Schiff über England zurück nach Kanada gebracht. Sein Körper blieb so geschwächt, dass er lebenslang eine Behindertenpension beziehen musste. Mein Vater, Victor Alloway Rawlings wurde am 25. November 1916 geboren, als Frank in Europa auf dem Kriegsschauplatz diente. Ihr werdet sehen, wie sich die Geschichte in meiner Familie wiederholt.

Offensichtlich hatte mein Großvater eine tiefe Sehnsucht, den Zusammenhang zwischen der Weltgeschichte und den prophetischen Versen der Bibel zu verstehen. Er war ein ‚selbstgestrickter' Philosoph, der sich unter der Woche seine Einsichten und Inspirationen durch fleißige Studien erwarb. An den Wochenenden versammelte er seine Familie um den Esstisch im Wohnzimmer und erklärte seine neuesten Gedanken über einen speziellen Bibeltext.

1933 schrieb er Testtube – Fortschritt in unserer Welt[1]. Ich zitiere:
"Die ersten drei Prinzipien der menschlichen Existenz sind die folgenden: Die geistlichen, physischen und materiellen Elemente des Lebens. Unser Interesse gilt nicht uns allein, sondern auch unseren Kindern, indem wir ihnen ein würdiges Erbe ermöglichen. Das Leben ist kein Zufall und die tragischen Zustände heute sind das Ergebnis menschlichen Regierens und der Reihenfolge menschlicher Irrtümer. Eine Berichtigung ist möglich, wenn die universellen Gesetze der Werte vollständig realisiert und anerkannt werden. Es sind natürliche Gesetze, die ein vollkommenes Gleichgewicht aller Dinge erfordern."

Meiner Großmutter gefiel sein ständiges Nachforschen, weil sie jüdischer Abstammung war und weil bei ihrer Familie das traditionelle, wöchentliche Studium eines Toraabschnitts, im Hebräischen Parasha Shavuah genannt, im Mittelpunkt stand. Diesem Kalender des

---

[1] Frank S. Rawlings „Test Tube – Our World's Progress"(Testtube – Der Fortschritt unserer Welt), Einleitung, Seite 1 unveröffentlichtes Manuskript 1933

biblischen Lesens folgen die Juden überall in der Welt. Die Abschnitte der Schriften sind auch heute noch eine ständige Quelle der Inspiration und werden von Rabbinern und Nichtstudierten gleichermaßen gelehrt. Offensichtlich besaß meine Großmutter einen tiefen geistlichen Hunger und eine Sehnsucht nach ihrem jüdischen Erbe. Sie glaubte an den Gott Israels und Seinen Messias.

In vieler Hinsicht glich sie der Taube in Noahs Arche, die über die mit Wasser bedeckte Erde flog und nach einem trockenen Platz zum Landen suchte. Schnell kehrte sie zur Arche zurück, um Sicherheit zu finden. Miriam war zurückhaltend und verschwendete ihr Leben an ihren Mann und ihre Kinder. George, ihr jüngster Sohn, erinnert sich daran, wie sie am Klavier saß und dem Herrn ihre Musik vortrug. Man könnte sagen, dass sie durch die Maschen fiel, weil sie keiner organisierten Glaubensgemeinschaft oder Kirche angehörte.

Interessant im Leben meines Großvaters war, wie sich sein Familienname ‚Rawlings' erhalten hatte. Sein Vater starb bald nach seiner Geburt in England. Seine junge Mutter heiratete danach einen Mister Boulter, mit dem sie weitere fünf Kinder hatte, die natürlich alle seinen Namen trugen. Um die Einheit in der Familie aufrecht zu erhalten, wurde der Name meines Großvaters inoffiziell zu Boulter geändert. Als er sich jedoch zur britischen Armee meldete, sahen die Militärbeamten sofort auf seinem Geburtsschein, dass er eigentlich Rawlings hieß. Von da an hieß er Frank Sidney Rawlings. Dieser Teil meiner Geschichte ist wichtig, wenn ihr lest, wie es mir mehr als sechzig Jahre später erging.

Ich glaube, es war Schicksal, dass sich die Rawlings und die Sneddons in Kanada nur durch ein paar Straßen getrennt ansiedelten. Die Jungen spielten Straßenhockey zusammen und die Mädchen vergnügten sich in dem milden Klima von Victoria mit Springseil und Murmeln. Während der Weltwirtschaftskrise wurde mein Onkel, John Sneddon, ein begeisterter Spieler im American Football-Team, den Victoria All Blacks. Einer der besten Spieler des Teams war Vic Rawlings, ein schüchterner, gutaussehender junger Mann.

John lud Vic ein, mit nach Haus zu kommen und sich an dem Spaß dort zu beteiligen. Vic wurde oft rot vor Verlegenheit, wenn er bei den Sneddons war und die Familie ihn drängte zu tanzen oder mitzusingen. Allmählich bahnte sich eine Freundschaft zwischen Vic und Sheila an. In den späten Dreißiger und den frühen Vierziger Jahren wurde die Beziehung von Sheila Sneddon und Victor Alloway (Bei den französischen Juden war es üblich, zum Namen eines Kindes den Namen einer Blume oder Pflanze hinzuzufügen. Aloe ist eine Heilpflanze, die auch in der Kosmetik verwendet wird) Rawlings immer inniger. Doch erst möchte ich noch näher auf das Leben meines Vaters eingehen.

Vic war in seiner Nachbarschaft sehr beliebt. Die Kinder sahen zu ihm auf. Für das örtliche Seifenkistenrennen, baute er für seinen kleinen Bruder George einen Wagen. Fünfundsiebzig Jahre später teilte mir Onkel George die Einzelheiten davon mit. Ich glaube, George war ebenso erpicht von Vic zu erzählen, wie Meridel und ich es waren, Neues über ihn zu hören. Jedes Mal, wenn wir nach Victoria kamen, bestand er darauf uns zum Essen auszuführen.

Diese Treffen sind uns unvergesslich. Bei einer dieser Gelegenheiten bemerkte er lachend: „Ich kannte Vic besser als alle anderen. Das sollte ich auch, denn wir haben zehn Jahre lang im selben Bett geschlafen. Damals gab es fast immer mehr Kinder als Betten." George fuhr fort: „Da war Lois, meine älteste Schwester, eine zärtliche Person, die ihre drei Brüder liebte, doch Vic liebte sie besonders. Alex, mein älterer Bruder, war vergnügt und spielte uns gern Streiche. Er war ein guter Arbeiter, der sich schon als Junge alle möglichen Arbeiten suchte, um der Familie auszuhelfen. Gladys, meine nächste Schwester, war gewöhnlich sehr still, doch sie kicherte vergnügt, sobald Vic in der Nähe war. Ruth, unsere kleinste Schwester, war ein richtiger Draufgänger. Sie spielte am liebsten mit uns Jungen. Vic und ich waren ihre Helden." Onkel George erzählte sehr bildhaft, wie er mit seinem Bruder, meinem Vater, aufwuchs.

„Vic bezog mich immer mit ein. Das ging sogar soweit, dass er mich zu den Verabredungen mit Deiner Mutter mitnahm." Er schwieg einen Moment und sah mich liebevoll an: „Als wir die Seifenkiste bauten, verwendeten wir nur Teile, die wir fanden oder selbst anfertigen konnten. Vic war erfinderisch, und schon bald kamen alle Kinder aus der Nachbarschaft in unsere Garage. Wir wohnten nicht weit von dort, wo Deine Mutter lebte. Jeder war willkommen, an dem Projekt mitzuarbeiten. Vic war der Anführer. Später, als er bei den Victoria All Black spielte, fertigte er die Trikots für das Team an. Erst zeichnete er die verschieden großen Zahlen auf Zeitungspapier, dann übertrug er sie auf den Stoff, schnitt sie aus und nähte sie, mit der Nähmaschine seiner Mutter, auf die Trikots.

George legte die Gabel auf den Teller, warf den Kopf zurück und lachte schallend. „Vic entwarf sogar eine besondere Tasche vorne auf den Shorts, wo man eine Zeitung hineinstecken konnte, die als Schutzpolster diente."

Als er eine Pause machte, um seinen Lachs weiter zu essen, ermutigte ich ihn: „Onkel George, es ist fabelhaft, dass Du uns das erzählst. In meinen fünfundfünfzig Jahren hat niemand so mit mir über meinen Vater gesprochen. Das ist Musik in meinen Ohren: "Ich wusste, dass meine vier Söhne froh sein würden, mehr über ihren Großvater zu erfahren. In meinem Herzen existierte ein Bild von meinem Vater, das wie ein Filmnegativ war. Ja, ich konnte mir meinen Vater vorstellen, doch während Onkel tief in seinen Kindheitserinnerungen kramte, entwickelte sich das Negativ langsam zu einem Farbfilm von einem vergnügten, intelligenten, schöpferischen und liebevollen Menschen.

Er fuhr fort. „Vic trat beim Victoria Ruderclub ein. Das war ein großes Zugeständnis, seine Freizeit und Energie betreffend, und das Team gewann viele Medaillen und Pokale mit seinem fabelhaften Rudern. Ich erinnere mich noch daran, wie er von seinen Teamkameraden zum Steuermann ernannt wurde.

„Der Steuermann ist der Kapitän, der beim Rudern den Rhythmus angibt, so dass sein Team im Gleichklang rudert und somit die Konkurrenz überholt." Onkel George dachte einen Augenblick lang nach. „Ich glaube, Vic war so erfolgreich, weil er sich nie davor fürchtete, etwas Neues zu beginnen. Er lernte auch Basketball zu spielen und trainierte mit Art und Chuck, den berühmten Chapman-Brüdern aus Victoria, die ausgewählt wurden, 1936 bei den Olympischen Spielen in Berlin in der Kanadischen Basketballmannschaft zu spielen und die

Silbermedaille gewannen. Dieser Sieg ist bis heute das Höchste, was ein kanadisches Basketball-Männerteam in Olympischen Wettbewerben je erreicht hat."

Mein Onkel räusperte sich und fuhr fort. „Vic liebte die Natur. Er, Alex und ich gingen oft fischen. Wir angelten Bachforellen und natürlich den berühmten Coholachs der Westküste und seinen größeren Cousin, den Springlachs."

Es war ein Segen für mich, endlich weitere Einzelheiten aus dem Leben meines Vaters zu hören. Mein Durst war unstillbar, mehr über diesen Mann zu erfahren, dem zu begegnen ich niemals die Freude hatte und den ich niemals kennenlernen durfte.

Bei Nachtisch und Kaffee erzählte George weiter: „Trotz all dieser Talente war Vic unheimlich schüchtern, genau wie Miriam, unsere ruhige und sehr damenhafte Mutter. Er liebte es, wenn er zu Hause war, sich in ihrer Nähe aufzuhalten. Als Junge verschlang er ihr selbstgebackenes Brot. Oft hatte er in jeder Hand eine dicke, gebutterte Schnitte. Zwischen Mutter und Vic herrschte ein besonderes Einverständnis. Sie verließ sich darauf, dass er der Familie aushalf. Da er sehr sparsam war und umsichtig mit seinem Verdienst umging, konnte Vic immer ein bisschen Geld zum Familienbudget beisteuern.
Er zog sich gern gut an und hatte einen Sinn für Mode.

„1935 machte Vic sein Abitur an der Victoria-Oberschule. Er belegte einen Abendkursus und wurde ein begabter, technischer Zeichner. Tagsüber arbeitete er in dieser Zeit mit Alex in jedem Job, den sie finden konnten. Schließlich begann Alex eine Klempnerlehre und gründete später die Firma Rawlings Klempnerei und Heizungen, die sich zur größten Firma dieser Art in Victoria entwickelte.

Ab 1940 hatten Sheila und Vic eine feste Beziehung zueinander. Sheila hatte niemals wirklich andere feste Freunde gehabt. Vic mit seiner Schüchternheit war erfinderisch in romantischer Hinsicht. Als er um die Hand meiner Mutter anhielt, ließ er sich etwas Besonderes einfallen. Sie trafen sich oft an Sonnabenden und machten in seinem Auto, einem Ford Modell A, Ausflüge in die schöne Umgebung von Victoria.

An einem Frühlingsnachmittag fuhr er mit ihr zum Mount Douglas Park, was zur damaligen Zeit eine beachtliche Strecke war. Sie gingen unter den Douglasien und Rotzedern spazieren. Vater war der erste, der eine Schaukel entdeckte und Sheila zu einem Wettrennen dorthin aufforderte. Lachend setzten sie sich auf die Schaukel, umarmten sich und träumten wie Verliebte träumen. „Komm, ich schwinge Dich hoch hinauf," sagte Vic. Er sprang von der Schaukel und stellte sich breitbeinig wieder darauf. Allmählich schwang er sie immer höher. Meine Mutter schrie vor Vergnügen, wenn sie den höchsten Punkt erreichten und es in ihrer Magengegend kitzelte. Genau in diesem Augenblick, mitten in der Luft fragte er: „Willst Du mich heiraten?"

Die Schaukel schoss wieder nach unten und atemlos rief sie: „Ja, ja, ich will!"

Sheilas Vater, Bill Sneddon, dieser schwer arbeitende Schotte, konnte ziemlich rauh und unzugänglich sein. Auf jeden Fall wusste er Disziplin zu halten. Tatsache war, dass er von Sheila, ‚seinem süßen kleinen Mädchen', verlangte zeitig nach Haus zu kommen, besonders, wenn sie sich mit ihrem Freund traf. An diesem Abend verriet sie nichts von ihrem Geheimnis. Sie gesellte sich zur Familie im Wohnzimmer um wie üblich Musik zu machen und Spiele zu spielen. Als es Zeit wurde schlafenzugehen, flüsterte sie: „Gute Nacht, Papi."

Eine ihrer liebsten Erinnerungen kam ihr in den Sinn, wie er sie als Kind gekitzelt und seinen rauhen Bart an ihrer Wange gerieben hatte. Doch in dieser Nacht lief sie nach oben und ging in dem Bewusstsein zu Bett, dass sie ihr Herz jetzt einem anderen gegeben hatte.

Vic erschien am nächsten Tag, um ‚Pop' um ihre Hand zu bitten. Er nahm seinen ganzen Mut zusammen und sagte:
„Ich bitte um die Erlaubnis, Ihre Tochter heiraten zu dürfen."
Der strenge Schotte lachte über das ganze Gesicht. „Sie ist eine der Besten und wir wissen, dass Du es auch bist, Vic. Willkommen in der Familie."

In dieser Zeit war es schwer, Arbeit zu finden, und Mutter nahm eine Stellung in der Wäscherei des Royal Jubilee-Krankenhauses an.

Das Arbeitsteam dort wurde von dem Vorarbeiter Bill Haslam geleitet. Dieser hellhaarige, anständige junge Mann hatte sich den Respekt seiner Mitarbeiter erworben, aller, außer Sheila Sneddons.

Eines Tages fragte der überaus schüchterne Bill, ob sie mit ihm ausgehen würde. Sofort antwortete sie: „Oh, nein! Ich bin mit Vic Rawlings verlobt."
Bill war zutiefst verletzt, denn Sheila war das erste Mädchen, in das er sich verliebt hatte. Er hatte keine Ahnung, wer Vic Rawlings war. Überstürzt stieß er hervor: „Eines Tages heirate ich Dich!"
„Oh, nein, das tust Du nicht," erwiderte sie bestimmt. „Ich bin bereits vergeben."
„Wir werden es sehen," sagte Bill. Das Arbeitsverhältnis war von da an ziemlich kühl zwischen den beiden, bis er 1940 in die kanadische Armee eintrat und nach England geschickt wurde.

Schon vor dem Krieg hatte sich Vic als Reservesoldat der Kanadischen Princess Patricia-Leichten Brigade angeschlossen. Jetzt wurde er Ausbilder der örtlichen Rekruten, denen er die notwendigen Dinge beibrachte, ehe sie nach Übersee verschifft wurden. Sheila und Vic hatten inzwischen am 18. September 1942 ohne großes Aufsehen geheiratet. Der Trauung folgte ein intimer, fröhlicher Empfang für die Familie und engen Freunde im Haus in der Bridgestraße.

Der örtliche Kommandeur seines Regiments hatte Vic gebeten, mit ihm in Victoria zu bleiben, wo er ihn zum vollwertigen Ausbildungsunteroffizier befördern wollte. Als es im 2. Weltkrieg jedoch immer heißer zuging, entschloss sich Vic zum aktiven Dienst und lehnte das Angebot eines sicheren Postens ab. Er nahm seinen ganzen Mut zusammen und erzählte seiner jung vermählten Ehefrau von seinem Plan. Um die schwerwiegende Nachricht leichter zu machen, machte er ihren schottischen Akzent nach, als er sagte: „Ich gehe nach Übersee für die Verwandtschaft und Freunde."
„Oh, nein, Vic!" Sie war entsetzt und sprachlos. Sie begann zu weinen und konnte nicht getröstet werden.
„Ich werde schneller wieder zu Haus sein, als Du denkst" versuchte er sie zu trösten, doch seine Worte stießen auf taube Ohren.

Sie hatte eine Vorahnung und konnte es nicht fassen. Ihre Gedanken gingen zurück zu den verlorenen sieben Jahren im Waisenhaus in Schottland. Dieses Trauma hatte sie empfänglich für Angstzustände und tiefe Einsamkeit gemacht. Vic nahm ihren zitternden Körper fest in die Arme und versuchte, sie zu beruhigen.

Nachdem sie bei ihrem Hausarzt waren und erfuhren, dass sie im Februar 1944 Eltern werden würden, bereitete er sich auf die Mobilisierung vor. Angesichts dieser Neuigkeit und der bevorstehenden Trennung bemühte sich Sheila stark zu sein, doch tief im Herzen fragte sie sich, wie sie mit allem fertig werden sollte, wenn Vic in Übersee war.

Ende 1943 ging er nach Saskatchewan zu seinem neuen Regiment, den Regina Rifles. Dort begann er ein rigoroses Training als Fernmeldespezialist. Diese Soldaten haben die schwierige Aufgabe, an den Flanken der Infanterie vorzugehen, die Positionen des Feindes aufzuspüren und ihren Kameraden zurückzumelden, wie sie am besten angreifen können. Sheila machte sich weiterhin die größten Sorgen über seine Entscheidung. Äußerlich erschien sie tapfer und wie Tausende von anderen kanadischen Frauen und ihren Schwestern weltweit, betätigte sie sich an der ‚Heimatfront', selbst während ihrer Schwangerschaft.

Die Arbeit in der Wäscherei kam jetzt nicht mehr infrage, sie war körperlich zu anstrengend. Doch sie konnte einen Lieferwagen fahren. In der Abwesenheit der Männer, die beim Militär dienten, wurde diese Arbeit als ‚wichtiger Dienst' bezeichnet. Sie fand eine Anstellung in Dad's Keksfabrik und fuhr stolz mit einem der Ford Lastwagen Modell A zu verschiedenen Schiffswerften im Bereich von Victoria.
Sie brachte Essen, sowie Kuchen und Kekse zu den Arbeitern, die für die kanadische Kriegsmarine Schiffe bauten. Wo sie auch hinkam, war sie bei ihren Kunden beliebt. Ihre lustigen Bemerkungen und ihre aufrichtige Herzlichkeit bildeten einen Höhepunkt im Arbeitstag dieser Menschen. Sie trieben ihren freundlichen Spaß mit ihr und liebten ihren schottischen Akzent. Sie arbeitete für Jack Burridge, einen richtigen ‚Yekkie'. Diese hebräische Abkürzung wird für jemand benutzt, der anspruchsvoll ist und alles überaus ordentlich, sauber und übersicht-

lich haben muss. Heute nennen wir es Ordnungszwang. Jack polierte ständig an seinem neuesten Auto herum; diesmal war es ein schwarzer Personenwagen, Marke Packard.

Eines Tages fuhr meine Mutter einen Hügel hoch, der neben dem Lagerhaus der Keksfabrik lag. Sie hatte gerade eine Ladung Lebensmittel in der Hafengegend abgeholt. Hinter ihr, am Fuß des Hügels, befand sich ein hölzernes Dock des inneren Hafens, wo Jack gewöhnlich sein Auto in sicherer Entfernung von allen Lieferwagen parkte. Als meine Mutter fast oben angelangt war, versagte der Motor und der Wagen begann rückwärts zu rollen. Sie betätigte die Gangschaltung und trat auf die Bremse. Obwohl sie das Bremspedal völlig durchdrückte, spürte sie keinen Widerstand. Immer schneller rollte sie rückwärts. Zwei Möglichkeiten schossen ihr durch den Sinn: Sie konnte den Wagen entweder in das eiskalte Seewasser rollen lassen oder Jacks nagelneuen Packard als Bremsklotz benutzen. Sie drehte das Steuerrad scharf nach rechts und krachte in die Seite des kostbaren Packard. Man hörte das Geräusch von brechendem Glas und reißendem Metall und dann...Stille!

Jack und die anderen Arbeiter kamen herausgerannt, um zu sehen, was passiert war. Mit zusammengebissenen Zähnen sagte er: „Na, ich bin froh, dass es mein Auto war, das Dir das Leben gerettet hat."
„Es tut mir so leid," stammelte sie, „aber ich bin sehr froh, dass Dein schönes Auto genau da war, wo es sein sollte!"
Alle lachten, außer Jack. Zu der Zeit wussten bereits alle, dass sie schwanger war.

Inzwischen war mein Vater nach Aldershot in England berufen worden. Eins meiner Lieblingsbilder von ihm wurde gemacht, als er in seiner Drillichuniform auf einem Baumstamm im Wald saß und seinen Kameraden Kunstunterricht erteilte. Er sah so gut und kräftig aus. Er schrieb an meine Mutter und meine Großmutter liebevolle Briefe nach Haus , die er mit Skizzen und Aquarellen illustrierte.

Victor Alloway Rawlings (r) - Aldershot, England

Der einzige Brief, den ich besitze, wurde in dieser Zeit geschrieben. Meine Namen John und Victor wurden zu J. V. (JayVi) abgekürzt, als ich erst ein paar Monate alt war, wegen der vielen Briefe, die von Kanada nach Europa an die Front und wieder zurück gingen. Da Vater den Namen Victor hatte und Mutters Bruder John hieß, war es weniger verwirrend, mich JayVi zu nennen.

Ihr könnt einen seiner Briefe sehen, der mich zutiefst berührt, wenn ich ihn lese. Viele andere waren mit Blumen illustriert, die er zeichnete und mit den Farben des kleinen Aquarellkastens ausmalte, den er immer in der Brusttasche trug.

Am 6. Juni 1944, bekannt als D-Day, hatte das Regiment meines Vaters, die Regina Rifles, den ersten Fronteinsatz. Sie landeten unter dem Kugelregen der Nazis am Juno-Strand der Normandie und eroberten als erstes kanadisches Regiment die erste Befestigung. Später schlugen sie die 12. SS-Hitlerjugenddivision zurück und räumten damit den Weg frei.

May 16, 1944

My Darling:

Have just finished a letter to Nette thanking the kids for the lovely parcel but I must say a few words to my cutest, loviest wee wife. Hope you are not feeling so "browned off" today my pet and will have a laugh or two at the wee sojer. I copied this from the original, done by one of the boys, and added those all too familiar words (Thanks for the memories darling). His left eye is supposed to be winking, in case you are interested. Dig dig. Took a trip to Windsor with a friend while on 24 hr. pass last week-end. Had to travel by bus as the trains are now out of bounds for us. Had a swell time and saw many interesting sights, both new and historic. By chance we were invited to stay at a livery home which I surely enjoyed after so much dreary camp life. Our hosts were a Mr & Mrs. Blake who have a son serving in the middle east with the R.A.F. They were real nice people and Mrs. Blake couldn't do enough to make us feel right at home. I had quite a talk with "the Missus" telling her many things about Canada and also showed her your snaps. She thought I was a nice boy (if she only knew)

"I'M NOT EVEN GOIN'!"

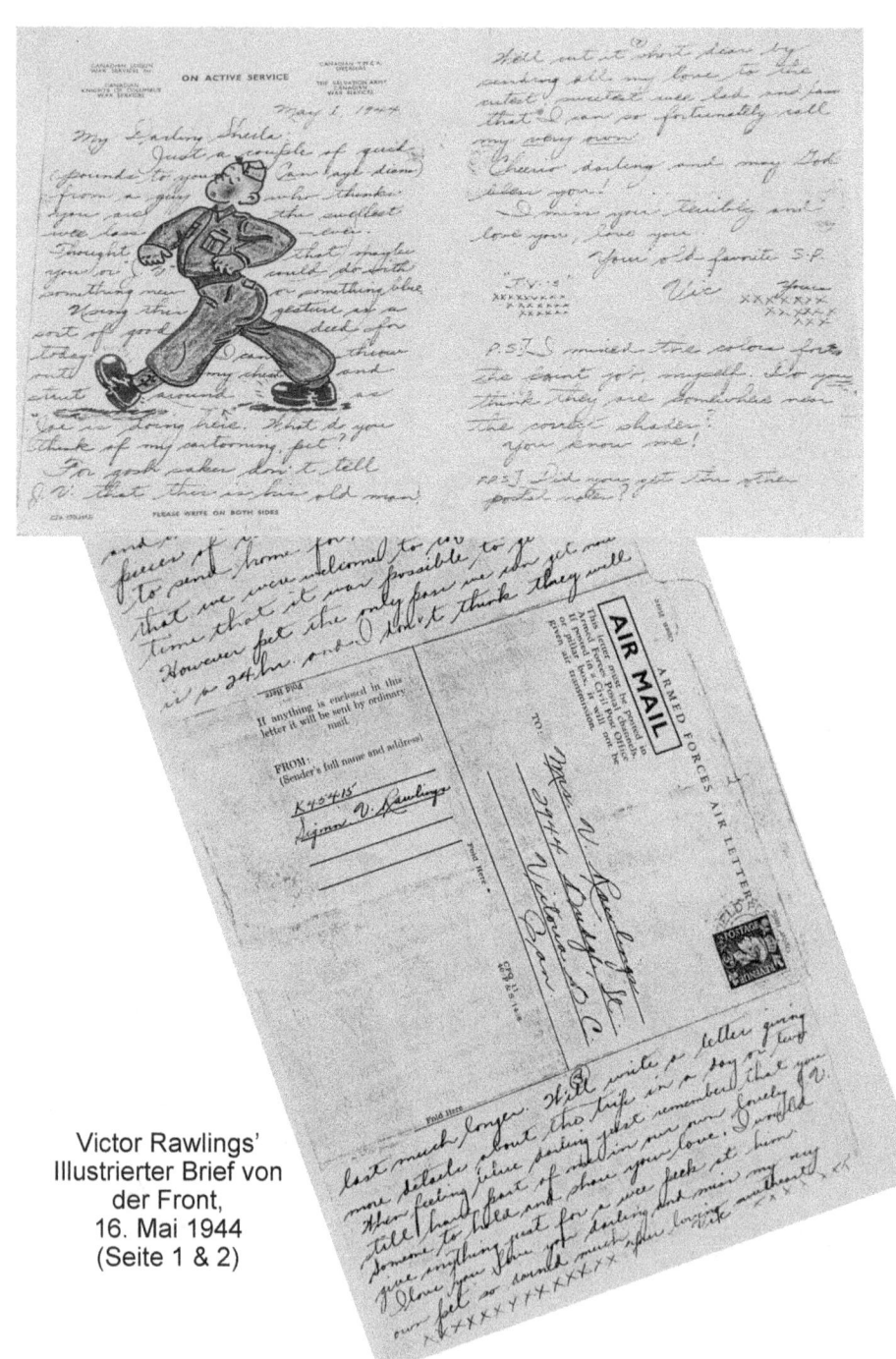

Victor Rawlings' Illustrierter Brief von der Front, 16. Mai 1944 (Seite 1 & 2)

Ausschnitte aus Vic Rawlings Brief an seine Frau Sheila

Brief vom 1. Mai 1944

Meine Lieben,
gerade habe ich einen Brief an Netta (Sheilas ältere Schwester) beendet, um den Kindern für ihr liebevolles Paket zu danken.
Jetzt will ich noch schnell ein paar Worte an mein hübschestes, liebstes Frauchen schreiben. Ich hoffe, Du bist heute nicht mehr verstimmt und kannst über den kleinen Soldaten lachen.
Sage um Himmels Willen JayVi nicht, dass diese Karikatur sein Papa ist....
Ich habe die Farben selbst gemischt, meinst Du, ich habe sie richtig getroffen? Du kennst mich ja...Ich habe mich nach dem Original gerichtet...
Letztes Wochenende, als ich einen 24 Stunden-Passierschein hatte, habe ich mit einem Freund einen Ausflug nach Windsor gemacht. Wir mussten den Bus nehmen, da wir Züge jetzt nicht mehr benutzen dürfen. Wir hatten viel Spaß und sahen viel Interessantes, neue Sachen und auch Historisches. Es ergab sich zufällig, dass wir eingeladen wurden, in einem englischen Privathaus zu übernachten. Das hat gutgetan, nach all dem öden Lagerleben. Unsere Gastgeber waren Herr und Frau Blake, deren Sohn bei der Königlichen Luftwaffe im Nahen Osten diente. Sie waren sehr nett und Frau Blake gab sich alle Mühe, damit wir uns wie zu Hause fühlten...

In ein oder zwei Tagen berichte ich Euch mehr Einzelheiten von dem Ausflug. Wenn Du Dich entmutigt fühlst, mein Liebling, denke daran, dass Du in unserem entzückenden Sohn, Jay Vi, einen Teil von mir bei Dir hast, jemand, den Du halten und mit dem Du Deine Liebe teilen kannst. Ich würde alles dafür geben, ihn wenigstens kurz sehen zu können.
Ich liebe Dich, liebe Dich so sehr, mein Liebling und vermisse Dich unendlich.

Dein Liebster Vic xxxxxxxxxxxxxxxxxxxxx(21 Küsse)

Am D-Day stürmten 30.000 tapfere Kanadier gegen die Nazis an. Sie gehörten zu den 150.000 Männern, die auf 2.154 Schiffen für die erste Phase dieser Aktion dorthin transportiert wurden. Am Ende waren es 6.483 Schiffe und 2.000 Flugzeuge, die an der größten Offensive teilnahmen, die eine konventionelle Armee jemals in der Ge-schichte durchgeführt hat. Am 6. Juni verlief die Invasion wie es vom Oberkommando der gesamten Aktion, dem amerikanischen General Dwight D. Eisenhower, geplant worden war. Jede der alliierten Armeen hatte einen anderen Teil der freiliegenden Küste Nordfrankreichs zu erobern.

Das erste Batallion der Regina Rifles hatte lange auf diesen Augenblick gewartet. Ehemalige Bankangestellte, Bauern und Studenten, Arbeiter, Drucker, Klempner, Rechtsanwälte und von der Weltwirtschaftskrise zur Arbeitslosigkeit Verdammte waren zu einem stahlharten, physisch abgehärteten Batallionverschmolzen. Sie hatten sich für den schwierigsten Moment ihres Lebens gestählt, der begann, als die Landungsklappen ihrer Boote ins Wasser schlugen und sie ungeschützt dem Kugelhagel der deutschen Artillerie, der Maschinengewehre und Gewehre preisgegeben waren.

Es war die Hölle auf Erden. Kanadische Soldaten waren unter den ersten, die am Strand landeten. In den folgenden Monaten trieben die Alliierten Truppen, gemeinsam mit den Regina Rifles, die wohlausgerüstete Naziarmee zurück und auf die deutsche Grenze zu. In menschlicher Hinsicht war es ein sehr teurer Feldzug. Kanada verlor im 2. Weltkrieg im Verhältnis zu seiner Bevölkerungszahl mehr Männer als alle anderen Länder der Welt. Zehn Prozent aller Kanadier kämpften zu der Zeit im Verteidigungsdienst. [1]

Im September 1944 fand eine größere Mobilisierung der alliierten Truppen statt, für einen Angriff, der Operation Market Garden hieß. Diesmal nahmen sich die britischen und amerikanischen Luftstreitkräfte die Kriegsmaschine der Nazis an mehreren Stellen zum Ziel, wozu auch eine Brücke gehörte, die in der holländischen Stadt

---

[12] see website: www. ca/regiment/50/the-Regina-rifles

Arnhem über den Niederrhein führte. Es war der größte Luftangriff aller Zeiten mit konventionellen Waffen.

Inzwischen hatte das Regiment meines Vaters den Befehl, die deutschen Truppen aus Belgien und Holland zu vertreiben. Es war ein sehr harter Winter. Die Nazis wurden schließlich im April 1945 über die deutsche Grenze zurückgedrängt, mit Ausnahme einiger deutscher Soldaten, die sich in Holland festgesetzt hatten. Es waren sehr alte und sehr junge Soldaten, die abgeschnitten von ihrer Truppe mit jedem Tag ihrer Isolation verzweifelter wurden.

Die kanadischen Militärhistoriker haben generell den Kampfhandlungen der 1. Kanadischen Armee im April 1945 wenig Beachtung geschenkt. Es ist fast, als hätten die großen Schlachten, die im Februar und März im Rheinland stattfanden, die Historiker ebenso erschöpft, wie die Männer, die 1945 dort gekämpft haben. Der April in dem Jahr wird als der schönste Frühling bezeichnet. Es war der Monat, in dem Holland befreit wurde, aber es war auch der grausamste Monat, denn obwohl der Krieg so gut wie gewonnen war, hörte das Töten nicht auf. Die Militärfriedhöfe in Holland bergen die Gräber von 1.191 kanadischen Soldaten, die im April getötet wurden und 114, die ihr Leben in den letzten Tagen vor dem Sieg am 8. Mai 1945 verloren. Ihre Geschichte und die Aufzeichnungen von der wiedervereinten 1. Kanadischen Armee sind es wohl wert, untersucht zu werden.

Was meinen Vater betrifft, hatte sich das Regina Rifles Batallion bis zum 8. April 1945 nach Norden durchgeschlagen und Stellung an der Südseite des Schipbeckkanals bezogen. Seine Aufgabe war es, den Sektor vor der nahegelegenen holländischen Stadt Deventer zu verteidigen, während die Royal Winnipeg Rifles einen Brückenkopf bilden sollten. Aus Aufzeichnungen weiß ich, dass die Umgebung meines Vaters verhältnismäßig ruhig war, bis auf zwei Patrouillen, die über den schmalen Fluss geschickt wurden und die von Scharfschützen vereinzelt beschossen wurde. In dieser Nacht kam die A-Kompanie durch das Gebiet der Winnipeg Rifles, die den Wald am nördlichen Ufer des Flusses säubern sollten. Der deutsche Widerstand war gering, und 35 Nazi-Soldaten wurden gefangengenommen.

Victor Alloway Rawlings (re.), Jays Vater mit der Kanadischen Princess Patricia Leichte Brigade. Holland 1945

Einige waren nur Teenager und einige alte Männer. Alle waren ausgehungert, halb erfroren und verzweifelt.

Am nächsten Tag wurde dem Batallionmeines Vaters befohlen, den Zykanaal Waterway nahe des Dorfes Oesterbroek zu überqueren. Die Gegend liegt nordöstlich vom Hauptzugang zu Deventer. Gegen Mittag hatte die A-Kompanie eine feste Startlinie für die C-Kompanie, die Brigade meines Vaters und die D-Kompanie gesichert, die sich um 15 Uhr gemeinsam auf ihr Ziel zubewegen sollten. Die angreifenden Kompanien wurden durch Panzer und ‚Krokodil'- Flammenwerfer unterstützt. Sie kämpften sich erfolgreich bis auf zweihundert Meter an den Kanal heran. Unglücklicherweise wurde der Mittelpfeiler der Brücke, die sie sichern sollten, von den zurückweichenden Deutschen in dem Moment gesprengt, als die B-Kompanie dort eintraf. Während des Gefechts hatten weitere achtzig deutsche Soldaten es vorgezogen sich zu ergeben, anstatt sich den Flammenwerfern auszusetzen. Auch der D-Kompanie war es gelungen, näherzukommen, unterstützt von alliierten Flugzeugen vom Typ Typhoon. Die Flugzeuge flogen so niedrig, dass sie ein deutsches Maschinengewehrnest nur ein paar Meter neben der führenden Truppe zerstören konnten.

Es war dieses letzte, schwere Feuergefecht am 9. April 1945, das meinem Vater das Leben kostete. Die C-Kompanie meines Vaters hatte einen Vorposten erkämpft und sich eingegraben, und um 22 Uhr wurden weitere 25 Kriegsgefangene gemacht. Es ist tragisch, dass es das letzte größere Gefecht für dieses Regiment bis zum Kriegsende war. Ein paar Tage später, am 16. April 1945, nur drei Wochen bevor sich Deutschland ergab, erhielt meine Mutter ein kurzes, sachliches Telegramm mit den folgenden Worten:

" Wir bedauern zutiefst, dass K45415, Infanterist Victor Alloway Rawlings am 9. April 1945 offiziell als im Kampf gefallen gemeldet wurde. Stop. Einen Brief mit weiteren Einzelheiten werde Sie direkt von der Einheit am Kriegsschauplatz erhalten. Um mögliche Hilfe für unsere Feinde zu vermeiden, bitten wir Sie, weder das Todesdatum noch den Namen der Truppe weiterzugeben.
　　　　Direktor der Registratur der Kanadischen Streitkräfte."

Kanadisches Beileidstelegramm vom 16. April 1945:
"Infanterist Victor Rawlings gefallen am 9. April 1945"

Jay und seine Mutter einige Monate vor dem tragischen
Tod seines Vaters

Mutter war völlig gebrochen. Sie weinte tagelang. Da wir im Haus ihrer Eltern in der Bridge Street wohnten, konnten diese während der schlimmsten Phase ihrer Trauer auf mich aufpassen. Sie stillte mich und jedes Mal, wenn sie die Sirenen in Victoria heulen hörte, weil sich japanische Flugzeuge über dem Pazifik befanden, fing sie herzzerreißend an zu schluchzen.

Noch Jahre später wurde ich ängstlich und verstört, wenn irgendwo eine Sirene heulte. Das Signal eines Krankenwagens, einer Feuerwehr oder eines Polizeiautos versetzte mich in Panik, und ich wusste nicht warum. Später wurde mir klar, dass ich Angst, Verlust und ein Gefühl des Verlassenseins mit der Muttermilch eingesogen hatte. Das Heulen einer Sirene war einfach ein unbewusster Auslöser für mich. Später hat sich das gelegt. Ein paar Tage später erhielt sie einen Beileidsbrief vom englischen König, George VI, der am 21. Mai 1945 datiert war, in dem es hieß:

"Die Königin und ich möchten Ihnen unser herzlichstes Beileid zu Ihrem großen Verlust ausdrücken. Wir hoffen, dass Ihnen die Dankbarkeit Ihres Landes für ein Leben, das in seinem Dienst gegeben wurde, einen gewissen Trost bringt."
George R.I.

Telegramm und Beileidsschreiben von König Georg VI, der in dem Film, ‚The King's Speech' (Die Rede des Königs) porträtiert wurde.

BUCKINGHAM PALACE

The Queen and I offer you our heartfelt sympathy in your great sorrow.

We pray that your country's gratitude for a life so nobly given in its service may bring you some measure of consolation.

George R.I.

Zeitlose Geheimnisse

„Den Tod wird er für immer vernichten und von jedem Gesicht die Tränen abwischen. ... Der Herr, der mächtige Gott, hat es versprochen!"
Jesaja 25, 8

Mit dem Tod eines geliebten Menschen fertigzuwerden, ist wohl einer der schwierigsten Prozesse, die jemand durchmachen kann. Wir alle leiden heftig und unterschiedlich. Nur die Zeit und die Liebe von Familie und Freunden, verbunden mit der Tröstung des Geistes Gottes können uns in solchen Zeiten helfen.

Die Hoffnung auf ein Leben nach dem Tode verringert den Schmerz irgendwie. Der Glaube an die Auferstehung der Toten ist eine der fundamentalen Säulen des Judentums und des Christentums. Doch die Trauer ist ein empfindlicher andauernder Prozess, der Zeit braucht. Das Gefühl des Verlustes kann ein Leben lang dauern, wie es bei meiner Mutter der Fall war.

Kein Glaube und keine Doktrin kann dem aufgezwungen werden, der trauert. Zuhören und anwesend sein sind wirksame Wege zu helfen. Trauern braucht Zeit und wieviel Zeit, das ist bei jedem unterschiedlich.

Das Erinnern spielt eine große Rolle. Wenn in Israel jemand stirbt, bleibt die Welt stehen. Das Haus des Betreffenden wird zu einem Haus der Trauer. Freunde und Angehörige kommen, um den Leidtragenden zu trösten. Sie bringen Mahlzeiten und ihre liebevollen Erinnerungen, die sie mit den Hinterbliebenen teilen. Sieben Tage und sieben Nächte lang steht der Verstorbene im Mittelpunkt. Das ist eine gesunde Tradition. Es ist auch Brauch, ein Kleidungsstück zu zerreißen, wenn man trauert, womit das Zerreißen des Herzens versinnbildlicht wird. Dann folgt ein Jahr des Trauerns. Das gibt denen, die dem Verstorbenen am nächsten standen, Zeit, langsam zu einem normalen Leben zurückzukehren.

Die Juden zitieren bestimmte Psalmen während der Trauerzeit, womit sie dem Allmächtigen danken und Ihn an sein Versprechen erinnern, unsere Gebeine nicht in der Erde zu lassen. Das ist der Glaube der Auferstehung.

Moderne Beerdigungen haben andere Bräuche, zum Beispiel das Einbalsamieren, wie im alten Ägypten, doch damit wollen wir uns nicht aufhalten. Tränen sind ein Geschenk für alle, die einen solchen Verlust durchmachen. Das Wissen um die Auferstehung ist wunderbar, doch nur der Trost, der uns durch unser eigenes persönliches Verhältnis mit dem Herrn zuteil wird, heilt das gebrochene Herz. Hier ist die Tröstung des Geistes Gottes so wertvoll.

„Nähert euch Gott, und er wird sich euch nähern." Jakobus 4, 8

„Er heilt alle, deren Herz zerrissen ist, und verbindet ihre Wunden." Psalm 147, 3

„... damit alle, die sich im Glauben ihm zuwenden, durch ihn ewiges Leben bekommen." Johannes 3, 15

> *„Alles, was auf der Erde geschieht,*
> *hat seine von Gott bestimmte Zeit:*
> *Geboren werden und Sterben,*
> *Weinen und Lachen,*
> *Klagen und Tanzen,*
> *Töten und Heilen."*
> **Prediger 3, 1, 2, 4, 3**

Nachsatz:

Diese Geschichte ist von besonderem Interesse für unsere vier Söhne, die in Israel aufgewachsen sind. Jeder von ihnen hatte gewisse Prüfungen während seines Dienstes in den IDF, der Israelischen Armee, zu bestehen. Einige dienten mit ihren Kampfeinheiten in Gaza und dem Libanon. Drei Großväter und viele Großonkel kämpften während des 2. Weltkrieges in der Kanadischen Armee.

Mein Vater ruht auf dem Kanadischen Ehrenfriedhof in Holten, Holland, etwa zwanzig Kilometer von Deventer entfernt, wo er gefallen ist. Bis heute ist dieser Friedhof ein sorgfältig gepflegter Garten mit sauber beschnittenen Rasenflächen und farbenprächtigen Blumenrabatten.

Die Gräber und weißen Grabsteine werden sorgsam gepflegt. Die 1.343 Kanadier, die hier beerdigt sind, gaben ihr Leben, um Holland zu befreien. Das holländische Volk hat ihre Opfer niemals vergessen. An jedem 5. Mai, dem holländischen Unabhängigkeitstag, wird es auf dem Friedhof lebendig, wenn Schulkinder die Gräber mit Blumen schmücken und örtliche Persönlichkeiten der kanadischen Soldaten gedenken. Jedes Grab wird auch zu jedem Oster- und Weihnachtsfest bedacht, wenn lange finnische Kerzen vor jedem Grabstein angezündet werden. Sie brennen vierundzwanzig Stunden lang, bei jedem Wetter! *Lasst uns niemals vergessen.*

Es war unendlich tröstlich für uns, als wir erfuhren, dass unser geliebter Vic und seine Kameraden nicht vergessen sind. Zweimal hatten wir Gelegenheit, sein Grab zu besuchen, und jedes Mal war es für Meridel und mich ein höchst ergreifendes Erlebnis. Wir wurden beide von dem Gefühl eines tragischen Verlustes und der Trauer übermannt, als wir über den Friedhof von Holten gingen. Der Schmerz war so intensiv, dass wir eine Zeitlang nicht sprechen konnten.

Wir waren ermutigt, als wir an den bleibenden Respekt dachten, der den Soldaten von der holländischen Bevölkerung gezollt wird. Ein örtlicher Friedhofsverwalter sah, wie ergriffen wir waren und nahm uns mit nach Haus. Seine Frau bewirtete uns mit Kaffee und er hörte zu, als ich von meinem Schmerz und meiner Trauer sprach. Er erzählte uns: „Die kanadischen Soldaten in Holland waren anders als die anderen alliierten Truppen. Als der Krieg zu Ende war, verbrachten einige noch Wochen, Monate und sogar ein Jahr mit uns als Hausgäste und wir waren wie eine Familie." Er war ein Experte in der Militärgeschichte des 2. Weltkriegs, und weil wir Nachforschungen für einen Film anstellten, wies er uns auf mehrere Militärarchive hin, die im Jahr 2000 gerade erst eröffnet worden waren.

Es ist mein Traum, eines Tages und hoffentlich bald, meine vier Söhne und vier Enkelsöhne mit nach Holland nehmen zu können, um Großvater Vic unsere Achtung zu erweisen.

Zum ersten Mal besucht Jay das Grab seines Vaters auf dem Soldatenfriedhof in Holten in Holland 1975

KAPITEL 5

Das Beste für meinen kleinen Jungen

Nach dem Verlust ihres Ehemanns widmete sich meine Mutter der Aufgabe, ihren Sohn allein großzuziehen. Sie entschied sich für einen Sekretärinnenkurs, um eine besser bezahlte Stellung zu finden und uns ernähren zu können. Sie absolvierte den Kursus in acht Monaten, während der sie bei ihren Eltern in der Bridgestraße im Obergeschoss wohnte.

Jay:
Meine Großeltern waren gern bereit, auf mich aufzupassen, während Mama studierte. Zu meinen frühesten Erinnerungen gehört, wie Großmutter mich mit Haferbrei füttert und Großvater den Tee in die Untertasse gießt und pustet, um ihn abzukühlen. Das Haus in der Bridgeroad war ein Kinderparadies. Die blankpolierten Fußböden eigneten sich wunderbar, Spielautos darauf fahren zu lassen, und draußen gab es einen Sandkasten und einen großen Garten, sowie einen Holzschuppen, in dem ich herumstöbern konnte. Und natürlich gehörte Musik zu unserem täglichen Leben.

Ich erinnere mich, dass ich eines Morgens hinten im Garten spielte und beschloss, mit meiner kleinen roten Schubkarre auf Abenteuer zu gehen. Ich wollte meine Mama finden. Ohne das Wissen meiner Großeltern begab ich mich auf eine ziemlich riskante Reise. Ich wusste, dass sie vorübergehend als Kellnerin in einem nahegelegenen Café arbeitete, das einem Freund der Familie gehörte. Es hieß Mac's Kaffeestube und war in Victoria sehr beliebt. Um sie zu finden, musste ich die Bridgeroad überqueren, auf der Lastwagen verkehrten, hundert Meter weit die Gorgeroad hinuntergehen, rechts abbiegen und mehrere Straßenblöcke weit laufen, um Mac's Kaffeestube zu erreichen. Ich erinnere mich, dass bei meinem Eintreffen die Klinke der Eingangstür zu hoch für mich war und ich warten musste, bis ein Gast herauskam. Jemand hatte Mitleid und half mir mit meiner Schubkarre, reinzukommen. Ich trug einen alten Pullover, Latzhosen, die vom Spielen im Sandkasten an den Knien schmutzig waren, und zerschrammte Stiefel.

Meine Mutter war entsetzt, als sie mich sah, ein zweieinhalbjähriges Kleinkind, das allein diese gefährliche Strecke zurückgelegt hatte! Ihr war unklar, wie ich wissen konnte, wo sie zu finden sein würde. Meine schockierten Großeltern achteten von da an sehr darauf, dass ich ein derartiges Kunststück nicht wiederholte. Vermutlich ist die Fähigkeit, unseren Weg zu finden, in unserem DNA gespeichert. Ich hätte mir nie vorgestellt, dass man unseren Sohn David, fünfzig Jahre später in der Israelischen Armee, für seinen Orientierungssinn als Hayal Mitztayen (hervorragenden Soldaten) auszeichnen würde.

Zu dieser Zeit war Bill Haslam, der Kollege von der Wäscherei, aus dem Krieg heimgekehrt und wieder in Victoria. Er kam und sprach Sheila Rawlings sein Beileid aus. Dann, einige Monate später, als es schicklich war, fragte er meine Mutter, ob sie mit ihm ausgehen würde.
„Auf gar keinen Fall," wies sie ihn bestimmt zurück. „Wie kommst Du auf die Idee, dass ich überhaupt ausgehen möchte?", sagte sie ärgerlich. „Ich bin an niemand interessiert." Sie ließ ihn über ihre Gefühle nicht im Unklaren und sah ihm dabei fest in die Augen.
Diese zweite Abweisung war für Bill niederschmetternd. In den folgenden Monaten fiel er in eine tiefe Depression.

Wochen später besuchte meine Mutter eine Patientin im Royal-Jubilee-Krankenhaus. Als sie die Krankenstation verließ, beschloss sie, unten in der Wäscherei vorbeizugehen, um einige ihrer alten Kolleginnen wiederzusehen. In der Unterhaltung mit den Mädchen erfuhr sie, dass Bill seit sechs Wochen nicht zur Arbeit erschienen war. Niemand schien zu wissen, woran es lag, doch meine Mutter hatte über die Angelegenheit ihre eigenen Gedanken. Auf dem Heimweg beschloss sie, einen Umweg zu machen und Bill zu besuchen. Sie hielt mit ihrem Ford Model A vor dem Haus der Familie. Bills Mutter, Frau Clarissa Haslam, eine zierliche, fröhliche Dame aus Yorkshire in England, öffnete die Tür und bat sie sofort einzutreten.

Sie unterhielten sich flüsternd. Sheila erfuhr, dass Bill seit ihrer Abweisung ein apathischer Einsiedler geworden war. Sie hatte nicht geahnt, welche tiefen Gefühle er für sie hegte. Als sie über die Situation sprachen, sagte Sheila zu Clarissa: „Ich will ja nur das Beste für meinen kleinen Jungen."

Worauf Clarissa erwiderte: „Und ich will nur das Beste für meinen kleinen Jungen."

Das wirkte! Meine Mutter überlegte es sich und stimmte zu, wenigstens mit Billy zu sprechen. Während der nächsten achtzehn Monate sahen sie sich oft. Die guten Ratschläge von Familie und Freunden, der Lauf der Zeit und der Wunsch meiner Mutter, einen Vater für ihren kleinen Sohn zu haben, bewirkten, dass sie allmählich die wertvollen Qualitäten Bill Haslams sah.

Sie heirateten am 12. Oktober 1947. Eigentlich war der Ehebund für die gesamten Klans der Sneddons, Rawlings' und Haslams eine Gelegenheit, sich anzupassen. Jeder half dabei, die Trauung und die anschließende Feier zu einem Erfolg zu machen. Es wurde Zeit für Mama, ein neues Kapitel in ihrem Leben zu beginnen, und alle gaben sich Mühe, das Heim der Familie so schön wie möglich zu schmücken. Ich war fast vier Jahre alt und durfte ganz vorn auf den Stufen sitzen und bei der Trauung zusehen.

Beide, mein neuer Stiefvater und meine Mutter, wollten wieder ein normales Leben haben. Wir bezogen ein eigenes Haus. Das Leben für mich als Einzelkind war recht einsam.

Die Hochzeit muss auf mich einen tiefen Eindruck gemacht haben. Etwa ein Jahr später, als Mutter mich eines Abends ins Bett brachte, sagte ich zu ihr: „Mama, ich möchte jemand haben, mit dem ich spielen kann! Ich möchte einen Bruder haben oder...", nach einer Pause, „vielleicht eine Schwester oder ...." nach einer noch längeren Pause „...eine Frau!"

Traurigerweise bemerkte in dieser Zeit niemand, dass es bei meiner „zweiten Mutter", Großmutter Sneddon, mit der Gesundheit rapide bergab ging. Sie hatte Schwierigkeiten beim Laufen und Atmen. Eines Tages begann ihr Herz auszusetzen und sie blieb im Bett. Das war sehr ungewöhnlich, denn sie war sonst immer mit irgendwelchen Hausarbeiten beschäftigt. Der Hausarzt bestätigte die schlimmsten Befürchtungen der Familie. Sie hatte chronisches Herzversagen, ihre Arterien waren verstopft. In einer Zeit, in der es noch keine Bypass-Operationen und Gefäßstents gab, war das eine schlimme Prognose. Alles was man tun konnte, war, ihr viel Ruhe zu gönnen und abzuwarten. Eines Morgens rief sie ihre Kinder zu sich, um ihnen zu erzählen, was sie in der Nacht erlebt hatte.

Sie strich die Bettdecke glatt und versuchte, ihr altes, unbekümmertes Selbst zu sein. „Heute Morgen ganz früh war mein Zimmer mit Licht erfüllt. „Zuerst fürchtete ich mich," ihre Stimme wurde fast unhörbar. „Ihr wisst, ich bin kein religiöser Mensch, aber," sie hielt inne. Ihre tiefe, ein wenig rauhe Stimme begann zu schwanken, „ich will, dass Ihr alle es wisst. Ich spürte die Anwesenheit von etwas Übernatürlichem...das ist mir noch nie passiert. Obwohl ich ganz überwältigt war, wagte ich dieses lebendige Licht zu fragen: ‚Wer bist Du?' Die Antwort erstaunte mich und nahm mir alle Unsicherheit und Einsamkeit."

Sie drückte ihre zitternde Hand auf ihr Herz und fuhr fort: „Ich hörte die Antwort in meinem Herzen, „ICH BIN der ICH BIN!" Dann begann das Licht langsam immer schwächer zu werden, doch der Friede blieb zurück und beruhigte mich. Ich fühlte mich völlig angenommen. Es war ICH BIN, der ihn gebracht hatte...ich werde nie wieder dieselbe sein." Sie begann zu weinen. „Jetzt bitte ich euch alle, macht euch keine Sorgen um mich, und denkt daran, dass wir hier nicht allein sind. Alles wird sich regeln. Sorgt euch nicht, alles ist in Seinen Händen!"

In stummem Einverständnis nickten die gesenkten Köpfe und ihre Kinder und Pop gingen auf Zehenspitzen, um die Frau zu ehren, die trotz aller Schwierigkeiten niemals aufgegeben hatte. Sie hatte gekämpft und verloren und wieder für sie alle gekämpft. „Dem Alter entsprechend, ging einer nach dem anderen zu ihr - Vater ging zuletzt -, um sich zu verabschieden. Ein letztes Mal sahen wir in ihre müden

Augen und küssten ihre feuchten, blassen Wangen. Unsere Tränen," erzählte mir Mutter Jahre später, „vermischten sich mit ihren Tränen, und nur ein paar Tage später verließ sie uns friedlich im Schlaf."

Finanziell hinterließ Jen uns nichts, doch diesen Augenblick, den sie mit uns geteilt hatte, wurde zu einem ewigen Schatz, und der ist mein Erbe," erzählte mir Mutter, als ich schon viel älter war. „JayVi, ich möchte, dass er von Generation zu Generation weitergegeben wird. ICH BIN muss für uns alle zu einer Realität werden, damit wir uns Tag für Tag und in Zeiten der Not daran festhalten können."

Nur ein paar Monate nach Billy und Sheilas Hochzeit wurde das Haus in der Bridgestraße wieder zu einem Treffpunkt. Diesmal öffneten sich die Türen für die Familie und die vielen Freunde, die Janet Sneddon, der Musikerin, Ehefrau, Mutter, Großmutter und Freundin ihre letzte Ehre erweisen wollten. Die Jungen wie die Alten vermissten Jen. Angehörige aller Gesellschaftsschichten, Sprachen und Kulturen kamen, um ihr Andenken zu ehren.

Großmutter hatte nie jemanden als Fremden behandelt. Sie war zugänglich und akzeptierte jeden, der seinen Weg zu ihrer Tür fand. Herzen erwärmten sich, egal, wen sie traf. Ihr musikalisches Talent, ihr liebevolles Herz und ihre weisen Worte des Trostes bei einem Tässchen Tee und *Scones* (Gebäck), ließen sie unvergesslich sein.

Bill Haslam war ein echter Gentleman und entpuppte sich als ein wunderbarer Ehemann und Ernährer für meine Mutter und ein hingegebener Vater für mich. Er war sehr männlich und liebte es, mich für alle Arten von Sport zu begeistern. Einmal kaufte er mir einen neuen Baseball. Nach dem Abendessen fanden wir ein paar alte Baseballhandschuhe und gingen in den Garten. Dort zeigte er mir, wie man werfen und fangen muss. Dann lernte ich von ihm, wie man einen niedrig fliegenden Ball fängt und einen Baseballschläger richtig schwingt.

Wir zogen in ein neues Haus, das meine Eltern in der Oak-Crest-Street bauten, nahe dem Cedar Hill. Es war ideal für Kinder, da es einen herrlichen Garten und viel Platz zum Baseballspielen gab. Dicht am Wäldchen befand sich mein zweistöckiges Fort, das wir aus Abfallholz gebaut hatten. Meine Freunde aus der Nachbarschaft waren David Davies, Rick Gough, Ricky Gilman und Bruce Morley, die beim Sammeln des Holzes und beim Bauen geholfen hatten. An Regentagen zogen wir in unseren geräumigen Keller, in dem wir Rollschuhhockey und Tischtennis spielten.

Großvater „Pop" Sneddon zog zu uns. Ich erinnere mich nicht, dass er noch Cello spielte. Er litt unter einem schweren Emphysem, das von der Gasvergiftung im 1. Weltkrieg zurückgeblieben war. Ich habe niemals einen seiner Brüder getroffen. Die hatten sich in den USA niedergelassen. Seine Eltern verließen Schottland nie wieder. Pop wurde schwächer und schwächer und eines Morgens, ganz früh, starb er im Schlaf. Wir haben ein Foto von ihm, wie er vor dem Empress-Hotel sitzt und sein schönes Cello im Arm hält. Durchdringende Augen schauen aus einem faltigen, wettergegerbten Gesicht. Es ist wichtig, dass wir ihn nicht vergessen!

Ich lernte bald, die mir übertragenen Aufgaben zu erledigen. Als erstes hatte ich morgens meinen Hund „Sporty" und meine Katze „Buttons" zu füttern. Im Winter musste ich nach der Schule Holz hacken, außerdem mein Zimmer sauber halten, den Tisch decken und nach dem Abendessen abwaschen. Meine beiden Eltern arbeiteten, und da ich ein Einzelkind war, musste ich im Haus tüchtig helfen. Von den Sommerarbeiten mochte ich das Rasenmähen am liebsten, weil Papa mir dafür fünfzig Cents bezahlte. Das reichte gerade, um mir am Sonnabendnachmittag zur Matineevorstellung mit meinen Freunden einen Wildwestfilm anzusehen und so viel übrig zu haben, dass ich mir ein mit Schokolade überzogenes Eis am Stiel kaufen und mit dem Bus hin und zurückfahren konnte. Ich genoss meine Freiheit.

Eines Tages, als ich acht Jahre alt war und im Haus spielte, wurde mir bewusst, dass ich anders als meine Freunde war. Alle hatten zwei Großmütter und zwei Großväter, doch ich hatte von jedem drei!
Ich rannte zu meiner Mutter und sagte: „Mama, ich habe eine Frage."
Sie sah von ihrer Nähmaschine auf und fragte: „Was ist es denn, Kind?"

„Wie kommt es, dass Ricky und David und Bruce nur vier Großeltern haben und ich habe sechs?"

Sie sah mich verblüfft an. Einen Augenblick lang verschlug es ihr die Sprache. Sie stand auf, ging ins Wohnzimmer und rief: „Komm her, JayVi, setze Dich zu mir. Ich muss Dir etwas erzählen."

Ich ging zu ihr und ließ mich auf die Couch fallen. Sie strich ihre Schürze glatt und sagte mit leiser Stimme, während Tränen über ihr Gesicht liefen: „Mein geliebter kleiner Junge, Dein richtiger Vater ist Vic Rawlings, nicht Billy."

Ich sah sie verwirrt an. „Warum sagst Du das? Ich bin JayVi Haslam."

Sie schlug die Augen nieder und sah dann weg, als wollte sie sich an etwas erinnern. „Dein richtiger Vater wurde im Krieg getötet, und dann habe ich Billy geheiratet, damit Du einen Vater hast. Wir beide haben seinen Namen angenommen."

„Okay, Mama, kann ich jetzt gehen?"

Später, als die Familie beisammensaß, sagte Billy zu mir: „Ja, JayVi, Dein richtiger Name ist J.V. Rawlings, aber mir ist es egal, wie sie Dich nennen, für mich wirst Du immer mein Sohn sein." Ich sprang auf, lief zu ihm und umarmte ihn.

Während ich heranwuchs und auch in der Oberschule behielt ich den Namen J. V. Haslam. Als ich mich bei der Universität von British Columbia anmeldete, verlangte man eine Abschrift meiner Geburtsurkunde, und mit 20 Jahren wurde plötzlich die Frage meines Namens akut. An meiner Geburtsurkunde war ein vom Notar beglaubigtes Schreiben befestigt, in dem bestätigt wurde, dass ich auch als J. V. Haslam bekannt bin, doch dass mein richtiger Name J. V. Rawlings ist. Ich fühlte, es war jetzt Zeit für mich, als Mann und für meine zukünftigen Kinder, meinen rechtmäßigen Namen zu haben. Der Entschluss fiel mir nicht leicht, denn ich liebte meinen Stiefvater Billy sehr. Ich bat ihn um eine Unterredung „von Mann zu Mann".

„Papa, es fällt mir nicht leicht, mit Dir darüber zu sprechen, aber ich wollte Dich um die Erlaubnis bitten, dass ich von jetzt an wieder meinen richtigen Namen benutzen kann."

Er warf den Kopf nach hinten und lachte schallend. „JayVi, mir wäre es egal, wenn sie Dich Mac Gillicuddy nennen würden. Du wirst immer mein Sohn sein!"

Ich war froh über seine Erwiderung, denn ich hatte ihm nicht wehtun wollen. Es tröstete mich auch, dass sich mein eigener Großvater Rawlings, sechzig Jahre zuvor, mit dem gleichen Problem herumschlagen musste. Man erzählte mir, dass mein Urgroßvater Rawlings starb, als mein Großvater Frank ein Baby war. Seine Mutter heiratete wieder und gab ihm den Namen ihres neuen Ehemannes. Erst als Frank 1897 in die Britische Armee eintrat, wurde ihm der Name Rawlings zurückgegeben. Wieder war der Kreis geschlossen und der Name Rawlings bewahrt. In den folgenden Jahren wurden Meridel und ich mit vier Söhnen und vier Enkelsöhnen gesegnet, die jetzt den Namen an ihre Generationen weitergeben werden.

1954 wurde mein Leben ausgesprochen interessant. Örtliche Sportfans gründeten einen Jugend-Baseball-Club in meiner Gegend. Ich weiß noch, wie ich die Anzeige in der Tageszeitung „Times Colonist" las. Darin hieß es: Am Sonnabend finden im Rotarypark der Schülerliga von 9 - 12 Uhr Eignungsprüfungen für Jungen im Alter von 10 - 12 Jahren statt. Bringt eure Geburtsurkunden mit. Ich war so aufgeregt, dass ich kaum schlafen konnte und an den Tagen vor der Eignungsprüfung meinen alten Baseballhandschuh sogar mit ins Bett nahm.

An dem Sonnabend stand ich ganz früh auf und fuhr mit meinem Fahrrad zum Park. Ich war um 9 Uhr dort und stellte verblüfft fest, dass der Park bereits von Jungen wimmelte, die Fangen übten. Sehr zuversichtlich war ich nicht mit meinem alten Handschuh, der ausgeblichenen Baseballmütze und den ausgetretenen Turnschuhen.
Ich stellte mein Fahrrad ab.
An einem Tisch saßen einige Erwachsene. „Ich habe die Anzeige in der Zeitung gelesen, was soll ich tun?", fragte ich nervös.
Jemand zeigte auf einen Tisch, an dem ein paar Frauen aus der Nachbarschaft saßen. Sie hatten sich gemeldet, unsere Geburtsurkunden zu prüfen und uns eine Nummer zu geben.

Einer von ihnen gab ich meine Papiere. Sie las laut meinen Namen: „John Victor Haslam," und betrachtete mein sommersprossiges Gesicht.

„Ja, das bin ich," erwiderte ich.

„Dreh Dich um, Junge. Ich hefte Dir die Nummer 322 auf den Rücken. So jetzt bist Du registriert."

Die Trainer waren alle auf dem Feld. Einige Kinder pitschten, andere schlugen Grounders, während wieder andere weiter draußen abwechselnd die Fly Balls fingen. Als ich zum Spielfeld kam, fragte mich ein väterlich aussehender Mann: „Welche Position spielst Du?"

„Zweite Base," stieß ich hervor.

Er zeigte mit dem Finger und sagte: „Gut, gehe da drüben hin und schlage einige Ground Balls." Ich war froh, dass mein Vater mit mir geübt hatte und ich nicht zu viele Fehler machte. Wir mussten abwechselnd auf allen Positionen spielen, und um 12 Uhr war die Eignungsprüfung zu Ende. Ich war müde.

„Okay, Jungs, hört zu," rief der Haupttrainer laut. „Nächsten Mittwoch werdet Ihr erfahren, ob Ihr für eine der vier Hauptmannschaften gewählt worden seid. Es wird in der Zeitung auf der Sportseite stehen. Das wär's für heute."

Ich konnte es nicht erwarten. Jeden Morgen horchte ich schon ganz früh auf das Geräusch der Zeitung, die zusammengerollt gegen unsere Eingangstür geworfen wurde. Würden sie mich wählen? Meine Gedanken überschlugen sich vor Erwartung. Am Mittwochmorgen war ich bereits aufgestanden und wartete im Schlafanzug auf den Zeitungsjungen.

Ich griff die Zeitung, rannte in mein Zimmer, sprang wieder ins Bett und öffnete die Sportseite. Meine Hände zitterten. „Hatte ich es geschafft oder nicht? Den Spielern der Hauptteams wurden sogar Uniformen gegeben und sie spielten in dem neuen großen Park, wo es Zuschauerbänke gab. Oder hatten sie mich in ein Entwicklungsteam gesteckt? Ich prüfte die Mannschaftslisten. Fünfzehn Jungen waren für jedes Team ausgewählt worden, fünf Zehnjährige, fünf Elfjährige und fünf Zwölfjährige. Da war er! Mein Name J. V. Haslam stand auf der Liste der Zehnjährigen! Ich gehörte jetzt zum Oak Bay Hauptliga-Team, das vom Kiwani-Club gesponsert wurde. Ich war außer mir vor Freude und weckte Billy mit der Neuigkeit.

„Papa, Papa, ich habe es geschafft, ich habe es geschafft. Ich gehöre zum Team!", schrie ich.

Verschlafen erwiderte er: „Das freut mich Junge. Dann müssen wir weiter üben."

Aufgeregt sagte ich: „Ja, ja, komm, wir gehen jetzt gleich raus und üben."

Billy sah auf die Uhr. „Es ist 5.30 Uhr. Ich muss zur Arbeit gehen, aber, wenn ich nach Haus komme, fangen wir gleich damit an."

Ich rannte aus dem Schlafzimmer, warf dabei einen Ball in die Luft und fing ihn wieder auf. Ich liebte das befriedigende vertraute Geräusch eines Balls, der in meinem geliebten alten Handschuh landete. Papa bot sich an, beim Trainieren unserer Mannschaft zu helfen, was ihn viel Zeit kostete, da er auch bei den offiziellen Spielen und dem Training dabei sein musste und außerdem noch mit mir zu Haus trainierte. Aber es schien ihm Spaß zu machen. Ich werde nie vergessen, wie er mir einmal nach einem Spiel, bei dem ich als Elfjähriger mitgespielt hatte, die Leviten las. Ich war mit Schlagen dran und einer der örtlichen Radiosender hatte einen bekannten Reporter geschickt, der die Kommentare zum Spiel sprechen sollte. Man versuchte damit, mehr Zuschauer anzulocken. Als ich aufstand, um zu schlagen, hörte ich, wie der Reporter mit tiefer, erwartungsvoller Stimme seinem Hörerkreis verkündete: „Und der nächste Batter ist JayVi Haslam, der heute Shortstop spielt. Sein Trefferdurchschnitt ist gegenwärtig 455. Er ist ein sehr gefährlicher Hitter."

Ich war so interessiert zu hören, was er über mich sagte, dass ich mich in Visionen der Großartigkeit verlor und mich nicht auf den Pitcher konzentrierte. Ich verpasste den Ball! Mutter und Vater erinnerten mich immer wieder daran. Jetzt verstand ich, was Effekthascherei bedeutet.

Insgesamt spielte ich vierzehn Jahre lang Baseball. Es waren ausgezeichnete Jahre des Lernens. Ich machte unbezahlbare Erfahrungen und lernte, wie man sich als Teamspieler verhält. Als ich zwölf war, gewann unser Team die Meisterschaft, und ich wurde in die Auswahlmannschaft aufgenommen. Einmal spielten wir gegen ein sehr gut trainiertes amerikanisches Team und verloren. Ich hatte versucht, in dem letzten Inning beim Tying Run die Homebase zu stehlen.

"Du bist out!", schrie der Umpire.

Ich war so enttäuscht, dass ich meine Mannschaft im Stich gelassen hatte. Es dauerte lange, bis ich darüber hinwegkam, doch es zeigte mir, wie wichtig Teamgeist ist, und ich lernte mehr über das Prinzip ‚in Einheit zum Ziel'. Es war nicht ‚mein' Spiel, es war ‚unser' Spiel.
Mein Verhalten hatte der ganzen Mannschaft geschadet und wir verloren das Spiel.

Nur fünf Jahre später wurde ich in die Auswahlmannschaft unserer Colt Liga in Victoria gewählt. In dem Jahr gewannen wir die Kanadischen Meisterschaften. Es waren viele von den jungen Männern dabei, mit denen ich schon in unserer ersten Liga gespielt hatte.

Im nächsten Jahr, als ich achtzehn war, wurde ich aufgefordert, in der Mannschaft der Senior A Herren Baseball-Liga zu spielen, die in dem alten Königlichen Sportpark spielte. Das Spielfeld war fabelhaft gepflegt und die hölzernen Bänke konnten bis zu 5.000 Zuschauer aufnehmen. Wir spielten gegen Teams von verschiedenen Orten auf Vancouver Island. Gelegentlich spielten wir auch gegen Clubs vom Staat Washington und einmal sogar gegen ein japanisches Team.

Als ich in der Männerliga spielte, kamen Onkel Alex Rawlings und sein Sohn James oft, um zuzuschauen, was mich sehr ermutigte.

Durch das Sponsern von lokalen Mannschaften hatten örtliche Geschäftsleute die Gelegenheit, Reklame für ihre Firmen zu machen. Alex hatte einen der größten Klempner und Installationsbetriebe in Victoria, und ich war froh und fühlte mich geehrt, dass er unser Team sponserte. Unser Trainer Herb Wetherall war ein Mann, der die Fähigkeit besaß, aus einem Trupp von Kerlen im Alter von achtzehn bis vierzig Jahren eine siegreiche Mannschaft zu bauen. Er hatte Humor und einen Hang zu freundlichen Ausfällen, die uns zum Lachen brachten und auflockerten. Es schien zu wirken. Wir gewannen viele Spiele.

Ein vielversprechender junger Spieler in unserer Liga war George Hemming. Er war ein großer, kraftvoller Linkshänder, der eine hohe Strike-out-Rate hatte. Talentsucher von den Hauptbaseball-Ligen kamen öfter unangemeldet zu unseren Spielen, um junge Talente zu suchen. Schon seit seinem sechzehnten Lebensjahr hatten sie George im Auge behalten. Schließlich wurde er mit neunzehn von der Entwicklungsmannschaft der New York Yankees nach Toledo, Ohio verpflichtet. Es war eine große Ehre für George und auch für unsere Liga.

Trainer Herb, unser „rauher Bursche", heiratete später eine reizende, sanfte Christin. In den letzten fünfundvierzig Jahren haben wir unsere Freundschaft hauptsächlich durch Briefe aufrechterhalten.

Als Teenager stellte ich fest, dass ich mich nach etwas Anderem sehnte. Mein Leben war ausgefüllt, denn ich hatte viele Freunde. Ich hatte eigentlich alles, was ich mir wünschte, und doch vermisste ich etwas. Was war es nur? Ich vermisste meine Großmütter, die beide, jede auf ihre ganz persönliche Weise, einen erstaunlichen Glauben besaßen. Beide hatten mich wissen lassen, dass das Leben mehr ist als Essen und Schlafen. Im Stillen fragte ich mich, was wohl an meinem Herzen zog. Meine Mutter wollte mich aufgrund der Qualen, die sie in ihrer Jugend in dem strengen, kalvinistischen schottischen Waisenhaus erlitten hatte, vor Religion und Gott ‚beschützen'. In unserem Haus war dieses Thema tabu. Merkwürdigerweise bewirkte diese Regel bei mir genau das Gegenteil.

Mein geistlicher Hunger wurde immer stärker. Es tat mir leid, dass ich so wenig Verbindung zu meiner jüdischen Großmutter hatte, die einen Teil meines geistlichen Erbes verkörperte. Manchmal besuchte ich sie allein. Zu der Zeit war sie schon krank und still geworden und ihre Kräfte ließen nach. Ich konnte ihr nicht helfen und fühlte mich unwohl. Sie war sehr lieb zu mir und glücklich, dass ich mir die Zeit nahm, sie zu besuchen, aber ich musste die Unterhaltung allein bestreiten. Ich merkte, dass sie zu schwach war, um noch einmal in den Seiten ihres Lebens zu blättern, damit ich hineinsehen konnte. Trotz dieser Umstände war der Schöpfer durch den Sport am Werk.

Ich hatte auch eine Vorliebe für Basketball und spielte in all meinen Schulmannschaften, zuerst in der Doncaster-Grundschule, dann in der Landsdown- Mittelschule und schließlich in der Mt. Douglas-Oberschule. Wie bei allen Sportarten ist gutes Coachen der Schlüssel zum Erfolg. Mit vierzehn trat ich der Jungen-Basketball-Liga der Ersten Vereinigten Kirche bei. Ihre gut ausgerüstete Turnhalle wurde durch ein Team ausgezeichneter Trainer ergänzt. Ich freute mich darauf, dort zu spielen. Diese Beschäftigung brachte junge Männer aus dem gesamten Bereich von Victoria zusammen, die unter der Anleitung von Trainern ihre Fähigkeiten verbessern wollten.

Und es kostete nichts. Die einzige Bedingung, welche die Gemeinde für die Benutzung ihrer Turnhalle stellte, war unsere wöchentliche Teilnahme an der Sonntagsschule. Unsere Trainer prüften, ob die jeweiligen Sonntagsschullehrer unseren Anwesenheitszettel unterschrieben hatten. Wenn das der Fall war, konnten wir weiterspielen.

Ich ging also allein zur nahegelegenen St. Anselms Kirche. Verschlafen kroch ich jeden Sonntagmorgen um 9 Uhr aus dem warmen Bett und fuhr, so schnell es ging, mit dem Rad zur Gemeinde, um pünktlich um 9.30 Uhr dort zu sein. Wir studierten die Bibel und sollten die geistlichen Prinzipien, die wir lernten, in unserem täglichen Leben anwenden. Es war eine gute Idee, nur schien ich die Einzelheiten nicht zu verstehen und konnte sie auch nicht einfach annehmen. Wenn ich heute zurückblicke, wird mir klar, dass ich mich in nichts von den anderen Jungen meiner Basketballmannschaft unterschied. Wir gingen nur zur Gemeinde, um unsere Unterschrift zu bekommen, damit wir in der folgenden Woche in der von der Kirche gesponserten Turnhalle und auf dem Baseballfeld spielen konnten.

Etwas muss jedoch hängengeblieben sein. Als ich in die Oberschule ging, trat ich dem H-Y-Club bei. Diese Vereinigung für Oberschüler war mit dem YMCA [1] verbunden. Wir waren eine Handvoll Jungen, die sich freiwillig gemeldet hatten, in der Schule wichtige Aufgaben zu übernehmen.

Wir verwalteten den Kiosk, wo Schüler zusätzlich zu ihren Schulbroten Milch, Kekse, Schokolade und Chips kaufen konnten, und verdienten damit Geld für die Schule.

An Schultagen wechselten wir uns als Schülerlotsen ab, um den jüngeren Schülern vor der nahegelegenen Grundschule über die Straße zu helfen. Wir betrieben auch den Bockwurst- und Getränkestand beim jährlichen Frühlingssportfest, zu dem oft auch die Eltern kamen. Da ich ein Einzelkind war, machte mir der Kontakt mit anderen Jugendlichen Spaß. Alle Einnahmen aus diesen Aktivitäten wurden an die Schule abgeliefert, die damit neue Sportgeräte kaufen konnte.

---

1   Young Men's Christian Association. In Deutschland: Christlicher Verein Junger Männer

So halfen wir, Sporttrikots für die Mannschaften und andere Dinge anzuschaffen, für die im Budget der örtlichen Schulbehörde kein Geld vorgesehen war.

Als Anerkennung für unsere harte Arbeit und das Geld, das wir damit verdienten, erlaubte der Direktor der Oberschule, Herr Muir, unserem H-Y-Club einmal im Monat in der Turnhalle Sport zu treiben, was eine besondere Vergünstigung war. In der 12. Klasse wurde ich zum Präsidenten unseres Clubs gewählt. Eines Abends während wir Volleyball spielten, kam ein junger Mann auf mich zu und sprach mich an. Als Gruppenleiter war es meine Aufgabe, Fragen zu beantworten und mich um Besucher zu kümmern. Er stellte sich vor: „Hi, Jay, ich heiße Doug Kirk."

„Freut mich, Dich kennenzulernen," erwiderte ich, triefend nass vom Spiel.

Er fuhr fort: „Es gefällt mir, wie verantwortungsvoll Ihr Burschen seid. Meinst Du, ich könnte Euch bei Eurem nächsten Treffen ein paar Dias von einem fantastischen Jugendlager zeigen, das wir für junge Leute wie Euch eingerichtet haben?"

Ich zuckte mit den Achseln und sagte: „Ich denke schon, aber ich werde die anderen fragen."

Er zeigte mir eine Broschüre von einem Jugendlager, das ‚Malibu' hieß und sehr malerisch aussah. Ich ließ einen schrillen Pfiff ertönen, wedelte mit dem Prospekt und rief die Jungs zusammen. „Ich möchte, dass Ihr Euch das anseht," sagte ich aufgeregt. Sie rissen mir die Broschüre aus der Hand.

„Davon habe ich noch nie was gehört."
„Wow, wo ist das? Habt Ihr die hübschen Mädchen gesehen?"
„Cool..!"
„Was ist damit?"
„Hört zu, Ihr Burschen. Das ist Doug und er möchte uns beim nächsten Treffen ausführlich davon erzählen. Was haltet Ihr davon?"

Doug versprach, dass seine Vorführung über das Jugendlager kurz sein würde. Mit viel Lärm und Begeisterung stimmten alle zu.

Ich hatte ziemlich viel zu tun. An den Wochenenden arbeitete ich sonnabends und sonntags als Reinigungskraft im Royal Jubilee Krankenhaus. Mit meinem Verdienst kaufte ich mir ein Auto. Es war ein 1960er VW Käfer, der in einer silbrig schimmernden, himmelblauen Farbe lackiert war, den sie sonst nur für teure Cadillacs verwendeten. Für mich war es eine Limousine. Er hatte glänzende Radkappen und schwarzbezogene Sitze. Ich putzte ihn ständig und empfand einen gewissen Stolz, wenn ich damit auf den Schülerparkplatz fuhr.

Nur wenige von uns besaßen damals ein Auto. Ich hatte auch Geld für flotte Kleidung und Schuhe. Mir ging es gut, aber etwas fehlte mir. Die alte Leere machte mir weiterhin zu schaffen. Was konnte man da tun? ‚Vielleicht brauche ich eine Freundin', dachte ich. Ich hatte in der Schule viele Freunde und Freundinnen, und ein Mädchen, sie hieß Pam, lud ich regelmäßig zum Kino oder zum Hamburgeressen ein. Wir kannten uns seit der Mittelschule und waren Freunde geblieben; mehr aber auch nicht. Ich wurde das Gefühl nicht los, dass in meinem Leben etwas fehlte. Was war es nur?

Das nächste H-Y-Treffen fand bei mir Zuhause statt. Doug kam mit seinem Projektor und weiteren Broschüren. Er erklärte, dass das Malibu-Jugendlager an dem wunderschönen, unberührten Prinzess-Louisa-Meeresarm lag, etwa fünf Stunden mit dem Schiff von Vancouver entfernt. Heutzutage bringen Kreuzfahrtschiffe Touristen aus aller Welt dahin, damit sie die fantastische Schönheit von British Columbias Westküste, die von Vancouver bis hoch nach Alaska reicht, bestaunen können. Doug wusste, wie man das Interesse von Jugendlichen erweckt. Zuerst stellte er den Projektor an und zeigte uns herrliche Bilder von dem Jugendlager und den Jugendlichen, die offensichtlich viel Spaß hatten. Uns gefiel das sofort.

Doug erklärte uns, dass das jetzige Malibu-Jugendlager ursprünglich als ein privater Zufluchtsort für die Reichen und Berühmten von Hollywood gebaut worden war. Nach vielen Jahren, in denen er nicht benutzt wurde, weil er zu abseits lag, wurde er zum Verkauf angeboten und von einer in Kalifornien angesiedelten christlichen Organisation erworben, die Campus Crusade hieß. Man beschloss, ihn für ihre Zweigorganisation „Junges Leben" zu benutzen. Er wurde völlig renoviert und in ein erstklassiges Jugendlager verwandelt.

Seine Gäste waren hauptsächlich Oberschüler aus dem westlichen USA, einschließlich Washington, Idaho, Kalifornien und nun auch aus Kanada.

Doug hatte Eindruck auf uns gemacht, und spontan entschieden sich einige von uns, sofort nach dem Abitur, noch bevor unsere Sommerjobs anfingen, nach Malibu zu gehen. Der Hauptanziehungspunkt waren natürlich die gutaussehenden Mädchen aus den USA. Wir waren motiviert und beschlossen, an den Wochenenden mehrere Autowaschaktionen zu veranstalten, um das notwendige Geld für unsere Reisekosten und eine Woche in dem luxuriösen Camp zu verdienen.

Leider erbrachten unsere Projekte nur so viel, dass nur fünf von uns mitkonnten. Am Abfahrtstag trafen wir im Hafen von Nord Vancouver mit einer großen Gruppe von Jugendlichen aus den Staaten zusammen. Auf der langen Fahrt nach Malibu mit einem gecharterten Fährschiff waren wir die einzigen Kanadier an Bord. Als wir schließlich ankamen, richteten wir uns begeistert in unserer kleinen Blockhütte ein.

Jeder Tag begann mit einer interessanten Bibelstunde. Die Zeit verging mit fabelhaftem Essen, Sport, Spielen und abendlichen Lagerfeuern. Die Betreuer waren Experten darin, uns Kids zum Lachen zu bringen. Die Woche verging wie im Flug.

Wenn wir unter uns waren, sprachen wir niemals über den Bibelunterricht, der mich, ehrlich gesagt, nervös machte. Ich konnte nicht verstehen, warum man sich zu Jesus hingezogen fühlen sollte. Ich fand die offenen Diskussionen einschüchternd, doch mir gefiel die Einfachheit der Idee, dass man zu Gott dem Vater eine liebende Beziehung haben konnte. Ich wusste, dass ein großer Teil von mir meinen richtigen Vater entbehrte, doch zu Jesus fand ich keine Beziehung.

Da ich aus einer Familie stammte, deren jüdische Großmütter sich assimiliert hatten, und eine Mutter besaß, die alles nur Mögliche tat, um mich vor ‚Religion' zu schützen, befand ich mich in einer verzwickten Lage. Die schmerzliche innere Sehnsucht hatte in dieser Woche zugenommen.

Als wir packten und uns auf die Abreise vorbereiteten, bat mich unser Jugendleiter, mit ihm einen Spaziergang zu einem Aussichtspunkt zu machen. Dort setzten wir uns auf einen schroffen Felsen mit Blick auf die See, und er fragte mich: „Jay, möchtest Du Gott persönlich kennenlernen?"

Ohne zu zögern, antwortete ich: „Ja".

„Hast Du schon einmal gebetet?", fragte er mich direkt.

„Nicht, dass ich wüsste..."

„Gebet ist, wenn man die Gedanken seines Herzens vor Gott ausspricht. Möchtest Du das tun? Die Bibel sagt, dass die, die Gott suchen, Ihn finden."

„Ja, das möchte ich", antwortete ich ruhig.

„Es ist wunderschön hier, Du kannst die Augen ruhig offenlassen," sagte er freundlich. „Gott sieht in unsere Herzen," fuhr er fort, „und Er versteht, was wir sagen wollen, schon bevor wir es ausgesprochen haben."

Ich merkte, dass mein Herz ihm zustimmte und dachte: ‚Das ist die Art von Gott, nach der ich mich immer gesehnt habe, einen, den ich als liebenden Vater akzeptieren kann.' Gleichzeitig fand ein anderer Teil von mir die Sache beunruhigend, ich fühlte mich verletzlich und entblößt. Ich war an diese ‚andere Dimension' nicht gewöhnt. Doch stärker noch als meine Furcht empfand ich, dass ich von einer sanften Liebe umgeben war, die mein Verstand nicht ablehnen konnte.
Ich musste mich ehrlich dieser Wirklichkeit stellen und wusste tief im Inneren, dass die Stunde der Wahrheit gekommen war.

Der Jugendleiter half mir beim Beten und begann mit „Unser Vater im Himmel...", das kannte ich. Ich sprach es jeden Morgen vor dem Unterrichtsbeginn, bevor wir *„God save the Queen"* sangen. Mein Mund formte die Worte mit, doch von der Bedeutung hatte ich keine Ahnung.

„Jesus hat uns dieses Gebet gelehrt," erklärte der Leiter. „Er wollte, dass jeder den Himmlischen Vater kennt." Er fuhr fort: „Jesus gab sein Leben für unsere Sünden hin. Wusstest Du das?" Ich nickte, senkte meinen Kopf und sprach ihm nach: „Lieber Herr Jesus, komm in mein Herz." Sofort geschah etwas. Das alte Gefühl von Verlorenheit und Leere begann zu verschwinden.

Mir war klar, dass ich nicht genau wusste, worauf ich mich einließ, doch das Geräusch der Wellen, die meine Füße umspielten, und der Gesang der Vögel war beruhigend. Mein Leben zog an mir vorüber. Ich sah wie in einem Film meine komplizierte Geburt, den Tod meines Vaters, die Trennung von seiner Familie, die immer wiederkehrende Traurigkeit meiner Mutter und die letzten Worte meiner Großmutter an ihre Familie über ICH BIN.
Tränen liefen über mein Gesicht. Es schien mir, dass Gott mich kannte und ich geliebt wurde. Mir gingen auch die vielen unbeantworteten Fragen in meinem Leben durch den Kopf. Wurde mein steinernes Herz weich? War dies das neue Leben, von dem sie bei den Zusammenkünften gesprochen hatten? Mein Herz sagte ja, doch in meinem Kopf gab es noch viele Fragen.

Später, auf dem Heimweg, als ich mich über die Reling des Fährschiffs beugte, war ich sehr still. Ich wusste nicht genau, was passiert war, doch ich wusste, dass ich mich lebendiger fühlte als jemals zuvor. Ich fühlte mich geliebt und befreit von meinen Sorgen und dem Zwang, es zu schaffen. Aber jetzt fragte ich mich: ‚Wie bringe ich meiner Familie bei, was mit mir geschehen ist?' Ich wusste, dass sie ‚Religion' ablehnten. Und ich wollte sie eigentlich auch nicht.

Als ich zu Haus durch die Tür trat, zögerte ich, atmete tief ein und rief: „Hey!" Wir umarmten uns, glücklich, wieder beisammen zu sein.
„Ich mache uns eine Tasse Tee, dann kann JayVi uns alles über seinen Trip erzählen."
Mutter machte sich in der Küche zu schaffen. Ich kaute an einem von ihren Keksen und sagte: „Als erstes möchte ich Euch beiden gleich erzählen, was ich in Malibu erlebt habe." Ich bemühte mich, sanft zu sein. „Ich habe Jesus mein Leben gegeben."
„Oh, nein, JayVi. Sag nicht, dass Du Dich der Religion verschrieben hast," rief Mutter entsetzt.
Lachend erwiderte ich: „Oh, nein, Mama, es geht nicht um Religion. Es ist eine Beziehung. Ich bin wiedergeboren worden oder ich könnte sagen, dass ich eine geistliche Erweckung erlebt habe, so etwas wie eine neue Geburt."

Nervös sah sie mich an und schüttelte den Kopf. Für sie konnte es schlimmer nicht sein. Eine neue Spannung machte sich zwischen uns bemerkbar.

Ich beschloss sofort, dass ich mir alle Mühe geben würde, Papa und Mama zu ehren, selbst wenn es zu heißen Diskussionen kommen sollte. Meinen neu gewonnenen Glauben an Gott würde ich jedoch nicht wieder aufgeben. Schließlich einigten wir uns, dass wir uns niemals und unter keinen Umständen über die Bibel, über Gott, Jesus oder meine Zukunft streiten würden.

Zeitlose Geheimnisse

"Ich gebe euch ein neues Herz und einen neuen Geist. Ich nehme das versteinerte Herz aus eurer Brust und schenke euch ein Herz, das lebt."
Hesekiel 36, 26

Merkwürdig, Menschen scheinen alles zu versuchen, um ihrer Einsamkeit und Leere zu entrinnen. Ich habe dasselbe mit Sport versucht. Andere hatten ihre Arbeit oder Drogen, Alkohol, Sex, Shopping oder Essengehen, um ihren Hunger zu stillen. Sie denken, dass der Kauf eines neuen Hauses, eines neuen Autos, neuer Kleider, dass Diäten, Reisen, Selbsthilfeprogramme, Geldverdienen, selbst ein neues politisches System oder eine neue Religion sie glücklich machen und ihnen Sicherheit geben werden. Das ist Unsinn. Was jeder braucht und frei erhalten kann, ist eine geistliche Erweckung oder mit anderen Worten, eine spirituelle Neugeburt, die uns vom Geist des lebendigen Gottes gegeben wird, wenn wir ihn mit totaler Ehrlichkeit und offenem Herzen darum bitten. Es gibt viele Götter in der Welt, aber nur EINEN, der ewig und lebendig ist.

Mir wurde eine Erfahrung zuteil, nach der Menschen aller Nationen, Stämme und Sprachen suchen. In jedem von uns existiert ein besonderes Vakuum, das ausschließlich von der Gemeinschaft mit unserem Schöpfer gefüllt werden kann. Das ist die gute Nachricht. Die Wiedergeburt durch den Geist Gottes ist ein universelles Prinzip, das allen Menschen zugänglich ist. Es ist keine christliche „Idee".

Diese Wahrheit ist jüdischer Herkunft. Dies Konzept stammt von den hebräischen Propheten Jeremia 1, Hesekiel 2 und von Jesus, der in das jüdische Volk hinein geboren wurde. Sie waren die ersten, die diese Lehre in Schlichtheit, Deutlichkeit und Konsequenz vorstellten. Die meisten Menschen wissen nichts von dieser Wahrheit, weil sie die Bibel nicht studiert haben. Das ist das Herz Gottes für die Menschheit: Er wartet, dass wir ihn einladen, zu uns zu kommen und Gemeinschaft mit IHM zu haben.

„Siehe, es kommt die Zeit, spricht der HERR, da will ich mit dem Hause Israel und mit dem Hause Juda einen neuen Bund schließen...das soll der Bund sein...Ich will mein Gesetz in ihr Herz geben und in ihren Sinn schreiben, und sie sollen mein Volk sein und ich will ihr Gott sein...denn ich will ihnen ihre Missetat vergeben und ihrer Sünde nimmermehr gedenken." Jeremia 31, 31, 33, 34b (Auszüge)

„Einer von den Pharisäern war Nikodemus, ein Mitglied des jüdischen Rates. Eines Nachts kam er zu Jesus und sagte zu ihm: »Rabbi, wir wissen, dass Gott dich gesandt und dich als Lehrer bestätigt hat. Nur mit Gottes Hilfe kann jemand solche Wunder vollbringen, wie du sie tust.« Jesus antwortete: »Amen, ich versichere dir: Nur wer von oben her geboren wird, kann Gottes neue Welt zu sehen bekommen.«
Johannes 3, 1-3

Das ist das wichtigste aller zeitlosen Geheimnisse. Wenn Du vom Geist Gottes wiedergeboren werden willst, hängt es nur von Dir ab. Es ist Deine Entscheidung. Als Du geboren wurdest, hattest Du keine Wahl. Jetzt kannst Du Dich dafür entscheiden, vom Geist Gottes wiedergeboren zu werden und ewiges Leben zu erhalten, indem Du das folgende einfache Gebet sprichst:

„Oh, Gott,
eröffne mir die Wahrheit
Deiner lebenspendenden Worte.
Hilf mir, Deinem Licht zu folgen.
Danke für die Gabe einer neuen Geburt.
Ich möchte von neuem geboren werden.
Ich nehme es jetzt an.
Ich danke Dir, Herr."

KAPITEL 6

Steile Lernkurve

Mit achtzehn war ich mir nicht sicher, wie meine Zukunft aussehen würde, doch ich wusste, dass diese neue Idee, den Plan Gottes für meine Zukunft zu finden, Vorrang vor allen früheren hatte. Es war eine neue Welt, die von mir entdeckt werden wollte. Je mehr ich las, desto wichtiger wurde die Bibel für mich. Ich war scharf darauf zu lernen, was sie mir zu sagen hatte. Die ewige Wahrheit der Schrift fesselte mich, und ich suchte nach dem gleichen Unterricht wie den, den ich in Malibu hatte. Ich besuchte mehrere konservative Gemeinden, bevor ich mich schließlich einer anschloss, die im Zentrum von Victoria lag. Der hervorragende Bibelunterricht ihres Pastors Bob Holms war das was ich suchte.

Bob war ein feiner bescheidener Kerl und voller Zuversicht für sein Leben. Er nahm mich unter seine Fittiche und ich begann, in dieses ‚Neue Leben' hineinzuwachsen. Bob war in seiner Jugend Sportler gewesen, bis er an Kinderlähmung erkrankte und seine Bewegungsfreiheit erheblich eingeschränkt wurde. Es war nicht nur seine Begeisterung für den Sport, sondern auch seine Lebensfreude, die mich zu ihm und seiner Frau Jean hinzog. Sie wurden für mich wie eine Familie.

Im Herbst begann ich mein Studium am Victoria College, der späteren „University of Victoria". Neben dem Studium hatte ich alle Hände voll mit Wochenendjobs, Sport und Gemeindebesuchen zu tun, und damit, Doug bei der Jugendgruppe ‚Junges Leben' zu helfen. Eigentlich war ich viel zu beschäftigt. Schnell wurde mir klar, dass ein Studium an der Universität anspruchsvoller war, als das Lernen der Oberschule. Dort war ich so davongekommen, ohne groß Hausaufgaben zu machen, nicht aber an der Universität.

Das lernte ich auf schmerzliche Weise, als ich am Ende meines ersten Semesters im Dezember drei von fünf Fächern nicht bestand. Der Schock brachte mich in die Wirklichkeit zurück.

Ich wusste, dass ich etwas verändern musste. Ich gab meinem Studium den Vorrang, schränkte meine gesellschaftlichen Aktivitäten weitgehend ein und schaffte es mit viel Schweiß, die Abschlussprüfungen des ersten Studienjahres in Mathematik, Chemie, Physik und Englisch zu bestehen. Das erste Jahr hatte ich geschafft!

Mir blieb nicht viel Zeit für andere Dinge, doch mein Bibelstudium setzte ich fort. Gelegentlich ging ich an Mittwochabenden zu den Treffen der Gruppe Junges Leben und sonntagsmorgens bemühte ich mich, die Gemeinde und Pastor Bobs inspirierende Predigten nicht zu versäumen. An einem Mittwochabend erschien zu dem Junges-Leben-Treffen ein sehr attraktives Mädchen, das Klavier für uns spielte. Ich hatte sie noch nie gesehen und war sehr beeindruckt. Sie hatte langes, kastanienbraunes Haar, grüne Augen und Kurven! Nach dem Treffen traute ich mich nicht, sie anzusprechen, aber ich fand heraus, wie sie hieß. Ich sah sie nicht wieder und hoffte, wenn ich zu den Treffen ging, dass sie da sein würde. Aber sie blieb verschwunden. Etwa sechs Monate später fand ich heraus, warum.

Ich war im Royal Jubilee-Krankenhaus, um mir mein Gehalt abzuholen. Da kam sie plötzlich auf mich zu, in ihrer gestärkten weißen Tracht und mit einem Schwesternhäubchen auf dem Kopf. Sie hatte ihre Schwesternausbildung begonnen. Mutig ging ich auf sie zu.
„Hei, Gigi," [1] sagte ich. „Du hast mal bei unserm Jugendtreffen Klavier gespielt." Sie war etwas überrascht von meiner Direktheit und hielt Abstand. Als ich sie nach ihrem Leben als Schwester befragte, wurde sie etwas zugänglicher. Bevor wir uns verabschiedeten, nahm ich all meinen Mut zusammen und fragte sie: „Wie wäre es, wenn wir uns mal treffen?"
Hastig erwiderte sie: „Tut mir leid, ich bin sehr beschäftigt." Dann schien sie eine Idee zu haben. Sie sah mir in die Augen, beugte sich leicht vor, ihre rosa Lippen einladend geöffnet und sagte:
„Meine Eltern haben am kommenden Freitag eine kleine Geburtstagsfeier für mich vorbereitet. Möchtest Du kommen?"
„Gerne, wo wohnst Du denn?" Ich freute mich bereits auf die Gelegenheit.

---

[1] Der Name wurde geändert

Als ich an dem alten, zweistöckigen Haus ihrer Eltern ankam, ging ich durch einen sorgfältig gepflegten Vorgarten drei Stufen hinauf auf die weitläufige Veranda. Gigi empfing mich an der Tür und brachte mich ins Haus. Ich konnte das Essen schon riechen und begrüßte ihre Eltern. Mir fiel ein, dass ich ihren Vater schon früher gesehen hatte, wenn er in der Gemeinde Orgel oder Klavier spielte. Ich fragte Gigi: „Wo sind denn Deine anderen Gäste?" Ich hatte angenommen, dass noch andere junge Leute eingeladen waren.

Lachend erklärte sie: „Oh, nein, mir gefallen besser kleine Treffen, und so sind es nur Du, ich und meine Eltern." Sie lächelte beruhigend.

„Na, dann ist ja alles okay." Ich achtete nicht darauf, dass mit dieser Anordnung etwas nicht stimmte und übersah die kleinen Warnzeichen. Da ich ihre Eltern nicht kannte, fühlte ich mich unbehaglich und ein wenig verlegen. Irgendwie fühlte ich mich verpflichtet, die Unterhaltung am Tisch so gut wie möglich zu bestreiten. Ihre überschwengliche Mutter schwatzte fröhlich drauflos, bemüht, uns allen die Scheu zu nehmen. Später am Abend wagte ich es, ihren Vater anzusprechen. „Ich möchte Gigi nächste Woche gern zum Bowling einladen. Würden Sie mir das gestatten?"

Zögernd willigte er ein. „Meinst Du aber nicht, dass eine Bowlingbahn etwas zu gewöhnlich für Gigi ist?" Er hob den Kopf und straffte seine Schultern. „Wir haben unsere Tochter in einem guten christlichen Haus erzogen."

Nun fühlte ich mich richtig eingeschüchtert. Ich ging gern zum Bowlen und konnte nichts Schlechtes dabei finden. Vielleicht war ich einfach nicht gut genug für ihre kostbare Tochter. Sofort verkniff ich mir weitere Fragen. Er war ‚religiös' und meine Erziehung war genau das Gegenteil. Als Neuling im christlichen Glauben wusste ich nicht, was annehmbar ist und was nicht. Absichtlich oder nicht gab er mir das Gefühl, vielleicht nicht gut genug zu sein.

Zum Schluss war ich dann völlig verwirrt. Denn als ich mich verabschiedete, brachte mich Gigi absichtlich so zur Tür, dass ihre Eltern uns nicht sehen konnten.

Sie half mir in den Mantel und stellte sich auf die Zehenspitzen, um mir meinen Schal umzubinden. Dann drückte sie mir einen sehr gefühlvollen Kuss auf die Lippen, wobei sie ihre volle Figur gegen meinen

Körper presste. Benommen und wortlos ging ich davon. ‚Wow! Was sollte denn das bedeuten?' Ich weiß noch, dass ich auf dem Heimweg dachte: ‚Gefallen hat es mir schon, aber wo soll diese Beziehung noch hinführen, wenn sie schon bei unserer ersten Verabredung so weit geht?'

Ich fühlte mich etwas überwältigt. Ehrlich gesagt, mir gefiel die Zuneigung, die Gigi mir zu zeigen begann, doch ich wusste auch, dass mit den Hormonen, die durch unsere Körper rasten, die Situation gefährlich war. Das stellte sich als nur zu wahr heraus. Mehrere Monate später, als ich sie nach unserer Verabredung zum Schwesternheim zurückbrachte, merkte ich, dass ich die Kontrolle verlor, als unsere Gutenachtküsse immer heißer wurden.

Die 'Sanfte Leise Stimme' warnte mich weiterhin: „Jay, sei vorsichtig!" Ja, tief in meinem Herzen fühlte ich, dass wir uns gegenseitig ausnutzten, doch ich machte mir vor, dass Gigi emotionelle Unterstützung brauchte, da sie in ihrem Schwesterntraining viel Anspannung und Stress hatte.

Ich entschied mich, diese Halbwahrheit zu glauben. Sie brauchte mich und ich konnte ihr geben, was sie haben wollte, selbst wenn es körperlicher Trost war. Die Lüge begann zu wachsen.

Ich war auch ihr „seelischer Mülleimer". Bei unseren Verabredungen lud sie ihre Frustration, ihren Ärger und ihre Unsicherheit bei mir ab. Einmal, während sie ihre Ausbildung als Schwester der Psychiatrie in einer Anstalt in der Nähe von Vancouver machte, rief sie mich an und bettelte, dass ich sie abholen sollte. Sie weinte hemmungslos und schien einem völligen Zusammenbruch nahe zu sein. Ich beschloss sofort, sie von der Essendale Psychiatrischen Krankenanstalt abzuholen. Dafür brauchte ich fast einen ganzen Tag, da ich zuerst mit der Fähre nach Vancouver, dann nach New Westminster und wieder zurück zum Vancouver Fährhafen und mit dem Schiff nach Victoria fahren musste.

Im Auto weinte sie hysterisch, ignorierte mich und wurde schließlich still und abwesend. Ich kannte diese Person nicht mehr. Dabei kam ich nicht auf die Idee, mich zu fragen, wo ihre Eltern bei alldem waren. War sie nicht deren Tochter? Als wir in ihrem Elternhaus ankamen, machte ich sogar den Versuch, sie alle zu trösten. Es war schwer.

Ihre Mutter rief den Hausarzt, der mit Gigi eine Weile unter vier Augen sprach und ihr dann ein Beruhigungsmittel gab. Er schrieb sie eine Woche lang krank, damit sie sich ausruhen konnte. Als ich den Tag überdachte, fragte ich mich später, warum sie nicht zuerst ihre Eltern angerufen hatte. Was stimmte bei dieser Gleichung nicht? Im Verlauf der Geschichte entfernte ich mich mehr und mehr von meinen eigenen Eltern. Sie hatten sich für Gigi nicht erwärmen können, und da ich viel Zeit mit ihr verbrachte, war ich fast nur noch zum Essen und Schlafen zu Haus.

Zu der Zeit waren wir bereits sechs Monate zusammen. Während der Ruhewoche war sie allein zu Haus. Sie rief mich an, während ihre Eltern bei der Arbeit waren, und ich ging zu ihr, um sie zu trösten. Und dann passierte es. Als sie mir im Wohnzimmer Tee servierte, klammerte sie sich in ihrem seidenen Schlafanzug an mich.
„Ich brauche Dich," flüsterte sie. Ihre Worte lockten mich und brachen meinen Widerstand. Am Ende schliefen wir miteinander.

Ich fühlte mich zutiefst beschämt. Hier war ich, ein junger Gläubiger, der die Bibel lieben lernte. Mein Verstand sagte mir, dass die Bibel lehrt, sich vor solchen Intimitäten in Acht zu nehmen, aber ich war froh, dass ich gebraucht wurde und natürlich, dass sie sich mir mit ihrem wunderschönen Körper hingab. Ich bewegte mich auf gefährlichem Boden bei dieser Mischung und bei der Scheinheiligkeit, die sich in meinem Kopf festsetzte. Auf diesem schweren Weg lernte ich, dass es eine Sache ist, Gott in sein Herz und seine Seele einzuladen, und eine andere, die Wahrheit der Schrift mit dem Verstand aufzunehmen und die Sexualität unter die Kontrolle der Bibel zu bringen.
Ich war davon überzeugt, dass ich sie ehrlich liebte. Ich rechtfertigte mich damit, dass ich mich bemühte, Ordnung in die Beziehung zu bringen. Ich kaufte Gigi einen Verlobungsring und machte mir vor, dass meine Schuldgefühle über unseren Sex verschwinden würden, wenn wir erst verlobt wären. Dummerweise hatte ich während dieser Zeit mein Studium stark vernachlässigt. Meine Zensuren würden meine

Zukunft beeinflussen. Denn ich hatte meine Ziele sehr hoch gesteckt, mich jedoch davon ablenken lassen.

Als sie wieder gesund war, machten wir einen Ausflug.
„Mach mal die Augen zu. Ich habe eine Überraschung für Dich."
Sie kicherte wie ein kleines Mädchen. „Oh, ich liebe Überraschungen."
„Gut, jetzt kannst Du sie wieder aufmachen..." Ich hielt ihr den Diamantring hin. Sie begutachtete ihn eingehend. „Willst Du mich heiraten?", fragte ich.
Ihre Antwort befremdete mich, aber ich war so verliebt, dass es mir egal war. Sie sagte: „Ja, Jay, ich nehme Deinen Ring an."
Das kam mir merkwürdig vor. Sie hatte nichts davon gesagt, dass sie mich heiraten würde. Ihre ganze Aufmerksamkeit galt dem Ring!
Sie begutachtete ihn im Licht und murmelte: „Den hätte ich mir nicht ausgesucht." Bettelnd sagte sie: „Bitte, bitte, können wir den zurückgeben, und ich suche mir einen aus, der mir gefällt, damit ich ihn meinen Freundinnen zeigen kann?"
„Natürlich, Liebling," stimmte ich ihr zu, doch mein Verstand sagte mir, dass es ihr nur um den Schmuck ging und nicht um uns.

Meine Mutter hatte bereits bemerkt, dass Gigi sehr egoistisch war und sehr viel von mir forderte. „Mein Junge," sagte sie in einem ruhigen Augenblick zu mir, und ich konnte in ihren Augen sehen, wie besorgt sie war. „Sie ist eine verzogene Prinzessin, die von ihren Eltern zu sehr verwöhnt worden ist. Sie ist nicht gut für Dich. Ich denke, sie nutzt Dich nur aus!"

Wir stritten uns selten, aber jetzt war Gigi zwischen mich und meine Familie geraten. Ich verteidigte sie bis zum Letzten, weil ich naiv und blind von dem war, was ich für Liebe hielt. Ich war überzeugt, dass Gigi die einzig Richtige für mich war, egal, was alle anderen sagten! Doch das sollte sich schon bald ändern.

Im nächsten Kapitel erzähle ich weiter, was dann geschah.

Zeitlose Geheimnisse

"Mein Sohn, hör mir zu und beherzige, was ich dir als Weisheit und Einsicht weitergebe. Dann wirst du gescheit und redest, was Hand und Fuß hat. Die fremde Frau lockt dich mit honigsüßen Worten, glatt wie Öl fließen sie von ihren Lippen. Doch am Ende ist sie bitter wie Galle und tödlich wie ein beidseitig geschliffenes Schwert."
Sprüche 5, 1-4

Aufgepaßt! Sobald Ihr euch entscheidet, dem Herrn zu folgen, werdet Ihr in Versuchung geführt und auf die Probe gestellt. Ich war da keine Ausnahme. Der größte Feind meiner Seele bin ich selbst, da ich von der Wahrheit weggelockt werden kann. Die Lüsternheit wusste genau, wo meine Schwäche war. Ich nenne es „das Ego" oder genauer, „sexuelle Lust". Alle Männer sind auf diesem Gebiet anfällig. Ich warne euch, aufzupassen, denn der Angriff kann von einer völlig unerwarteten Seite kommen. Die Versuchung ist genau auf Dich zugeschnitten und wird sich der Umstände bedienen, in denen Du Dich sicher und entspannt fühlst und nicht aufpasst.

Jeder sehnt sich nach Liebe. Das Problem ist nur, dass die meisten von uns an der falschen Stelle danach suchen. Die menschliche Natur verwechselt leicht Sex mit Liebe. Wir werden von unserer Lust in die Irre geführt und denken, dass körperliche Erfahrungen unsere Sehnsucht nach wahrer Liebe befriedigen. Jeder Mensch braucht Liebe. Doch wie wir sie bekommen und welche Form der Liebe wir wählen, ist die Frage. Ich tappte in diese Falle und versuche, meine Söhne davor zu warnen.

Die Wahrheit ist, dass sich jeder von uns irgendwann von fleischlicher Lust verführen lässt. Manche schaffen es niemals, von der Sucht, das „Ego" zu befriedigen, loszukommen. Je mehr wir das Selbst nähren, desto mehr sterben wir. Es ist das Gegenteil von dem, was die Schrift lehrt: Gib es auf und gewinne das Leben.

Jesus bestätigte das, als er sagte: *"Wenn das Weizenkorn nicht in die Erde fällt und stirbt, bleibt es allein..."* Als er das sagte, lehrte er aus der Tora. Täglich müssen wir das Leben wählen. Das heißt, wir müssen unser altes, selbstsüchtiges Verhalten aufgeben, das ständig befriedigt werden will. Lässt man es gewähren, wirkt es selbstzerstörerisch.

Denke daran: Was Du mit Deinem Körper tust, musst Du selbst entscheiden, doch jede unserer Handlungen hat Folgen.

"Betrachte die Weisheit als deine Schwester und die Einsicht als deine beste Freundin." Sprüche 7, 4

"Betrachte die Weisheit als deine Schwester und die Einsicht als deine beste Freundin." Sprüche 1, 8

"Mehr als auf alles andere achte auf deine Gedanken, denn sie entscheiden über dein Leben." Sprüche 4, 23

Finde Zeit, das Wort Gottes in Dich aufzunehmen und es wird Dir in vieler Hinsicht helfen. Wenn Du es nicht verstehst, beginne mit den Psalmen. David hat seine menschlichen Reaktionen, Entgegnungen und Fragen zu den Dingen des Lebens, die jeden von uns berühren, meisterlich formuliert. Wir lesen, dass er trotz seiner Fehler ein Mann nach Gottes Herzen war. Sagt uns das nicht etwas über unseren Himmlischen Vater?

> *"Was du gesagt hast,*
> *präge ich mir ein,*
> *weil ich vor dir nicht schuldig werden will."*
> **Psalm 119, 11**

KAPITEL 7

Angeführt

Am Ende meines zweiten Universitätsjahres in Victoria beschloss ich, mich an der medizinischen Hochschule zu bewerben. Ich wusste, dass es nicht leicht sein würde, denn es gab viele Bewerber. Ich brauchte einen Abschluss mit sehr guten Zensuren. Meine Entscheidung verlangte, dass ich erst einmal einen Abschluss in den von mir gewählten Fächern Biochemie und Mikrobiologie an der Universität von British Columbia machte. Also mussten Gigi und ich lange Trennungen überstehen.

Mein Cousin James und ich verstanden uns seit unserer Kindheit ausgezeichnet, wenn wir uns bei Familientreffen sahen. Jetzt beschlossen wir, beide zur UBC 1 zu gehen und gemeinsam außerhalb des Universitätsgeländes eine Wohnung zu mieten, was billiger war, als einzeln im Studentenheim zu wohnen. Im Gebiet von Kitsilano in Vancouver fanden wir eine relativ preiswerte Wohnung in einem alten Gebäude. Außerdem teilten wir unsere spärlich möblierte Wohnung mit Terry Marlowe, einem Freund, der sich zum Steuerberater und Buchprüfer ausbilden ließ. Unsere Junggesellenwirtschaft funktionierte ganz gut und die Kosten teilten wir durch drei.

James liebte es, zu kochen. Seine Vorlesungen waren um 14 oder 15 Uhr zu Ende. Meine Arbeit im Laboratorium ging bis 17 oder 18 Uhr. Deshalb stand ich jeden Morgen eine halbe Stunde früher auf und machte Frühstück für uns alle, während James das Abendessen kochte und Terry den Abwasch machte. Wir lernten, uns zu arrangieren und litten nicht zu sehr unter unseren „Kochkünsten". Zum Vergnügen unserer Eltern und zu unserem Ärger nahmen wir sogar zu.

Eines Tages kam ich nach Hause und fand vier Typen, die ich nicht kannte, kauend an unserem Esstisch sitzen. James erklärte, er hätte am Nachmittag angefangen, die berühmte Spaghettisauce seiner Mutter nachzukochen. Der liebliche Duft zog hinaus auf den Flur und die Treppe hoch bis zu den Studenten, die über uns wohnten. Sie studierten Forstwirtschaft und hatten Kohldampf. Sie folgten den Düften und hämmerten an die Tür. Einer hielt eine Flasche Rotwein hoch.

„James, wir werden Dich wegen Folter verklagen. Wir können dem Geruch Deiner Spaghettisauce nicht widerstehen. Bitte!!!", bettelten sie im Chor. James, der schon damals ein wunderbarer Gastgeber war und es bis heute geblieben ist, lud sie zum Abendessen ein. So begann unsere Freundschaft, und wenn sie ein besonderes Essen hatten, luden sie uns ebenfalls zu sich ein.

In diesem Herbst machte Gigi ihren Abschluss an der Schwesternschule. Ich war in meinem dritten Studienjahr und sehr bemüht, beste Zensuren zu bekommen, wodurch meine Besuche bei ihr immer seltener wurden. Bald merkte ich, dass unsere Beziehung abkühlte, aber ich wusste nicht warum oder was ich dagegen tun konnte.

Im Dezember eröffnete sie mir, dass sie sich über die Feiertage als Krankenschwester im Jugendlager Malibu verpflichtet hätte. Ich war überrascht und enttäuscht, sagte aber nichts. Ich hatte mich so darauf gefreut, meine Ferien und Silvester mit ihr zu verbringen, doch das war ihr nicht besonders wichtig.

Alles entschied sich dann an einem kühlen, aber sonnigen Samstagnachmittag im Februar, als ich für's Wochenende nach Victoria kam. Wir machten einen Ausflug, um uns gegenseitig zu erzählen, was es Neues gab, denn wir hatten uns ein paar Wochen lang nicht gesehen. Ich wählte einen Parkplatz mit herrlicher Aussicht über die schöne Juan de Fuca Strait, einen Meeresarm des Pazifik; es war einer unserer Lieblingsplätze. Hier hatten wir uns oft geküsst und von unserer Zukunft geträumt. Ich war völlig unvorbereitet auf das, was dann kam.

„Jay, ich möchte, dass Du Bescheid weisst. Ich habe während der Feiertage in Malibu einen Amerikaner kennengelernt." Sie sah mich kurz an, um meine Reaktion zu sehen und sprach schnell weiter: „Er ist ein ehemaliger olympischer Sportler und wir haben uns sofort verstanden." Mir gefiel nicht, dass sie so glücklich schien, doch dann dämmerte es bei mir. Sie hatte sich in ihn verliebt.

„Es tut mir leid," sagte sie mit melodischer Stimme. „Ich liebe jetzt jemand anderen." Sie gab mir unseren Ring zurück, ganz sachlich, als wäre sie in einem Schuhgeschäft und hätte sich das eine Paar Schuhe entschieden und nicht für das andere. Sie hörte sich sehr endgültig an. Ich wusste nicht, ob ich weinen oder explodieren sollte. Meine Gefühle schwankten zwischen beidem. Meine Welt kam zum Stillstand; ich war völlig am Boden zerstört.

„Du sagst so ganz einfach, dass es zu Ende ist?" sagte ich herausfordernd. Meine Stimme war eisig. Mein Körper wurde kraftlos, als hätte mir jemand einen Tiefschlag versetzt. „Benutze es und wirf es dann weg, das ist Dein Stil, stimmt's Gigi? Was wird bei all dem aus unserem Versprechen? Wie kannst Du meine Liebe so einfach wegwerfen, als wäre es Bonbonpapier?" Ich konnte meine Stimme nicht mehr kontrollieren. Mein wütender Blick nagelte sie auf ihrem Sitz fest. „Junge Dame, Du hast mich ausgenutzt. Es ging Dir immer nur um Dich selbst, Deinen Trost, Deine sexuellen Bedürfnisse; wann hast Du dabei jemals meine Gefühle berücksichtigt? Weißt Du, ich bin froh, dass es so gekommen ist." Ich fühlte mich total verraten und betrogen.

Nervös und mit Schmollmund versuchte sie, mich zu beruhigen.

„Aber Jay, er ist so...athletisch."

„Nein, nein!", schrie ich jetzt. „Kein Wort mehr von ihm. Du hast mich vorsätzlich betrogen!"

Ich startete den Wagen, fuhr rückwärts und raste vom Parkplatz. Ich fuhr viel zu schnell und kochte noch vor Zorn, als ich sie wortlos vor dem Haus ihrer Eltern absetzte. Ich fuhr nach Haus und weinte mich in meinem Zimmer aus. Für eine Weile gab ich mir selbst die Schuld und glaubte, dass mein ärgerlicher Ausbruch die Scherben gekittet hätte. Als ich mich beim Herrn für meine geteilte Loyalität entschuldigt und einige Stunden darüber nachgedacht hatte, stellte sich allmählich der Trost des Heiligen Geistes ein. Nach einer Weile konnte ich wieder den himmlischen Frieden spüren, der über alles Verständnis hinausgeht. Mir wurde klar, dass ich aufwachen, mein Selbstmitleid ablegen und ‚den Tag nutzen' musste. Jetzt war ich frei, mich auf mein Studium und andere Dinge, die in meinem Leben wichtig waren, zu konzentrieren. Ich konnte die Verbindung mit meiner Familie und meinen Freunden, die ich vernachlässigt hatte, wieder aufnehmen. Ich nahm mir auch Zeit, das Wort Gottes wie nie zuvor zu studieren. Mein Herz zog mich nicht länger zu Gigi, von der ich so oft so wenig zurückbekommen hatte.

Erst einmal hatte ich vor, alles Negative, meinen Ärger und meine verletzten Gefühle in etwas Positives und Schöpferisches umzusetzen. Ich nahm mir vor, mit neuem Eifer und mehr Einsatz zu studieren. Ich war nicht länger hin- und hergerissen. Als ich mein Leben und meine Zukunft wieder in die Hand Gottes legte, wurde mir klar, dass ich es mir eine Weile von ihm ausgeborgt hatte. Jetzt wollte ich aufrichtig nur das, war Er für mein Leben wollte. Ich vermied den Kontakt mit Mädchen soweit wie möglich, denn ich war nicht mehr gewillt, meine Energie in irgenDeine Beziehung zu investieren. Um mich vor mir selbst zu schützen, hatte ich etwa achtzehn Monate lang keine Dates. Erleichtert und voller Zuversicht machte ich 1966 meinen Abschluss in der UBC, mit einem Bakkalaureus in Mikrobiologie und Biochemie.

In dem Sommer musste ich feststellen, dass ich nicht in die medizinische Fakultät der UBC aufgenommen werden konnte. Ich hatte mein Vordiplom nicht bestanden, wodurch mein Leistungsdurchschnitt für das Medizinstudium zu niedrig war. Ein paar Tage später erhielt ich jedoch ein Schreiben von der medizinischen Fakultät der Universität von Toronto, dass ich angenommen worden sei. Sie boten mir einen zweijährigen Kursus für Krankenhausverwaltung an. Ich war erstaunt, wie sich diese neue Tür für mich geöffnet hatte.

Später stellte ich fest, dass es nicht leicht war, in diesen Kursus aufgenommen zu werden. Mit über 35.000 Studenten war die Universität von Toronto zu der Zeit die größte und eine der renommiertesten Ausbildungsstätten in Kanada. Jetzt bereitete ich mich auf Toronto vor. Von Mai bis August lebte ich zu Haus, um Geld zu sparen und Extrageld für mein neues Leben und mein Studium zu verdienen. Ich hatte Glück, einen Job als Labortechniker im Victoria Veterans Hospital zu bekommen und war froh, an einem besonderen Forschungsprojekt für den Pathologen, der Leiter dieses Laboratoriums war, teilnehmen zu können.

Mir machte die Arbeit Spaß, und mein Leben wurde wieder normal. Ich spielte immer noch Baseball und hatte meinen Freundeskreis. Gelegentlich spielte ich Tennis mit Carol Dawe, einer Krankenschwester und guten Freundin.

Mein Tennislehrer war Jack Spratt, ehemaliger Bürgermeister von Port Alberni, der Stadt, die sich brüstete, die Fischereihauptstadt der Welt zu sein. Obwohl er schon Anfang achtzig war, war er extrem fit. Ich war gern in seiner Gesellschaft, auf dem Tennisplatz und auch sonst. Er war ein wirklicher Mentor für mich, der auch regelmäßig zu meinen Ballspielen kam und mich unterstützte. Meine Freunde Ian Young und George Ney hatten auch ihren Hochschulabschluss gemacht. Gemeinsam segelten wir rund um die wunderschönen Golfinseln, die zwischen Victoria und dem amerika-nischen Festland liegen. Wir verbrachten den Sommer zusammen und es war wie in alten Zeiten.

Doch das Beste war, dass meine Beziehung zu meiner Mutter und meinem Vater wieder hergestellt war. Geistig und gefühlsmäßig war ich zu lange fort gewesen. Mama war ein offener und ehrlicher Mensch. Sie konnte mich lesen wie ein Buch und hielt mit ihren Gefühlen nicht hinter dem Berg. Regelmäßig erteilte sie mir folgenden Rat: „Jay Vi, gehe immer zusammen mit vielen Mädchen und Jungen aus. Es ist wichtig, eine Gruppe von Freunden zu haben. Auf diese Weise bist Du sicher und Du kannst auf die wertvollen Qualitäten achten, die Deine Lebenspartnerin haben soll." Sie sagte auch: „Es gibt viele Arten von Juwelen in der Welt. Einige sind unecht und einige echt. Nur unter der Lupe kannst Du die echten Steine erkennen. Du musst sie Dir sehr genau ansehen."

Ich hatte meine Lektion gelernt, hielt meinen Mund und hörte mir Mutters Meinung über Frauen an. Ehrlich, wenn ich jetzt zurückblicke, tut es mir leid, dass ich nicht auf sie gehört hatte. Unerfahren und vorschnell wie ich war, glaubte ich natürlich, es besser zu wissen. Auf schmerzliche Weise habe ich gelernt, eine Liebesbeziehung nicht auf Gefühlen und Sex aufzubauen. Eine sexuelle Beziehung kann wie das Wetter, an einem Tag heiß, am nächsten Tag kalt sein. Sheila hatte getan, was sie predigte. Ich bin dankbar, dass sie Vic mit nach Haus zu ihrer Familie brachte. Gemeinsam bauten sie eine wahre Liebesbeziehung auf, die mir bis heute ein Vorbild ist.

Zeitlose Geheimnisse

„Der Geist Gottes dagegen lässt als Frucht eine Fülle von Gutem wachsen, nämlich: Liebe, Freude und Frieden, Geduld, Freundlichkeit und Güte, Treue, Bescheidenheit und Selbstbeherrschung. Gegen all dies hat das Gesetz nichts einzuwenden." **Galater 5, 22-23**

Jay:

Sieh nicht nur auf das Äußere, überzeuge Dich, was sich hinter dem schönen Gesicht und Körper oder dem „perfekten" Heim verbirgt. Was an der Oberfläche ist, kann trügen. Menschen sind nicht unbedingt, was sie zu sein behaupten. Charakter wird von dem bestimmt, was wir zulassen und tun und wofür wir uns einsetzen, nicht nur von Worten und Äußerlichkeiten. Höre auf den Herrn, wenn Er durch die Schriften und mit der Sanften Leisen Stimme zu Dir spricht.

Wenn Dir im Geist ‚Schach' geboten wird, höre darauf! Wenn du betest, rede nicht nur, lerne zu lauschen. Vertraue auf Dein Bauchgefühl, egal, was andere sagen oder tun. Das große Gebot lehrt uns:
„Jesus antwortete: ›Liebe den Herrn, deinen Gott, von ganzem Herzen, mit ganzem Willen und mit deinem ganzen Verstand!‹ Matthäus 22, 37; 5. Mose 6, 5

Warum soll das so schwer sein?, fragst du. Erst einmal, wenn ich, als ich versucht wurde, dem Herrn meine ungeteilte Aufmerksamkeit geschenkt und ihn genug geliebt hätte, um mich zu beherrschen, wäre ich nicht auf Abwege geraten. Es wird sehr zutreffend gesagt: Das mächtigste Sexorgan ist der Verstand. Der erste Schauplatz, auf dem wir unsere Schlacht verlieren, ist unser Verstand. Ungezügelte sexuelle Lust, vergrabene Kränkungen und ungelöste Konflikte verursachen negative Gedanken. Diese negativen Einstellungen können zu Ärger, Depressionen und sogar Wut führen. Sie lassen uns mit geschwächtem Willen zurück oder dem Unvermögen, zu einer Versuchung ‚Nein' zu sagen.

Meiner Erfahrung nach ist die Furcht der Vorbote von ärgerlichen Ausbrüchen, die in jeder Verbindung die Atmosphäre vergiften.
Du musst Dir über die Wurzel Deiner Furcht klar werden.

In meiner Situation war ich der Lust in die Falle gegangen, wodurch ich mich schuldig fühlte und Furcht empfand.

Zweitens, hätte ich mich selbst geliebt, wie ich es sollte, und erkannt, dass ich ausgenutzt werde, hätte ich mich nicht nach einem anderen Menschen gesehnt, der mein Ego streichelt. Ich hätte gemerkt oder unterscheiden können, dass es eine Sackgasse war und ich übertölpelt wurde. Weisheit wird gelehrt und gelernt und nicht gefangen. Nenne Weisheit Deine Schwester!

Meridel:
Habt ihr euch jemals gefragt, weshalb der Schöpfer in der Bibel festlegte, dass jüdische Knaben am 8. Tag durch die Beschneidung in den ewigen Bund aufgenommen werden?

Ja, es ist uns bekannt, dass die Wissenschaftler herausgefunden haben, dass der Gerinnungsfaktor im Blut am 8. Lebenstag am höchsten ist, doch ich glaube, es steckt noch viel mehr dahinter. Es geht um die Einhaltung eines 4000 Jahre alten Bundes, der mit Abraham geschlossen wurde und der zwischen den Juden und ihrem bündnisschließenden und bündnishaltenden Gott besteht. Das Blut des Kindes fließt, wenn die Vorhaut entfernt wird, denn ohne Blutvergießen kann kein Bündnis sein. Durch diesen Vorgang wird der jüdische Knabe gezeichnet und unterscheidet sich für immer von allen nicht beschnittenen Männern. Die Beschneidung ist ein Siegel oder Zeichen von Gottes Eigentümerrecht über ein ganz bestimmtes Gebiet seines Lebens. Der Allmächtige lehrt uns, unsere Gedanken zu beherrschen, sollte es dann nicht auch möglich sein, Ihm zur Ehre und Herrlichkeit ebenfalls die sexuelle Begierde zu beherrschen?

Werden wir in den Schriften nicht verschiedentlich aufgefordert: *„Wählt das Leben, damit ihr am Leben bleibt, ihr und eure Nachkommen!"* 5. Mose 30,19b

Es ist auch äußerst wichtig, den unschätzbaren Wert Deines eigenen Körpers zu erkennen, der Dein Heim ist, solange du auf Erden weilst. Auch die Bibel gibt uns eine ernsthafte Warnung über die Folgen von unerlaubten sexuellen Aktivitäten:

„Hütet euch vor der Unzucht! Alle anderen Sünden, die ein Mensch begehen kann, betreffen nicht seinen Körper. Wer aber Unzucht treibt, vergeht sich an seinem eigenen Leib." 1. Korinther 6, 18

Diese nüchterne Warnung enthält den Hinweis auf die mysteriöse Gefahr einer bleibenden ‚Bindung', die sich im Geist oder Charakter der Partner ergibt, wenn sie ohne Gottes Segen, das heißt außerhalb des Ehebundes, eine sexuelle Beziehung eingehen. Eine unerlaubte sexuelle Beziehung wird zur Sünde gegen den eigenen Körper. Man kann beschädigt werden, wenn man sexuell in den Körper eines anderen eindringt oder ein anderer sexuell in einen eindringt. Bitte, seht Euch vor!

Setzt euch dieser unsichtbaren Schädigung nicht aus. Die Sache ist ernst, doch in der heutigen Zeit für viele lachhaft, da der weitverbreitete wahllose Geschlechtsverkehr irrtümlich als normal bezeichnet wird. Wenn Du es bereits falsch gemacht hast und Dir die Scham im Nacken sitzt, lerne um Vergebung zu bitten! Bereuen ist der Schlüssel, dazuzulernen und wie man ehrlich gegen sich selbst und seinen Schöpfer ist.

Zuerst musst Du Deine alten Wege verabscheuen. Dann raffe Dich auf und bitte um die Gnade der Vergebung. Reue signalisiert eine 180-Grad-Wendung von dort, wo Du Dich befindest. Gedanken und Motivation beginnen sich zu verändern. Damit die Reue wirksam wird, muss die Entscheidung endgültig sein. Reue bedeutet, dass man entschlossen ist, sich zu ändern. Das heißt, man entsagt den alten Lebensweisen, Gewohnheiten, Süchten und Lebensmustern. Auf diese Weise wird einem das Leben neu gegeben. Gott macht keine Unterschiede. Kommt jemand zu Ihm, steht Er erstaunlicherweise dem reumütigen Herzen zur Seite. Dieses Prinzip funktioniert, ich bin ein Beweis dafür! Da ist Hoffnung für unsere Zukunft. Das Geheimnis finden wir im Vertrauen an die Gnade der höchsten Autorität, Gott. Einer Seiner Namen ist ‚*rachamim*', Der Gnadenvolle.

Jay:
Ich wende mich an jeden jungen Menschen, der das Buch liest.
Sei stark und beeile Dich nicht, die Wünsche eines anderen zu erfüllen.

Achte darauf, ob Dir bei einer Person oder Situation Bedenken kommen. Egal was im Leben geschieht, versuche immer, das ganze Bild zu sehen. Versuche eine positive Einstellung zu bewahren und hab niemals Angst, Dich von etwas abzuwenden. Erlaube anderen nicht, Deinen Wert zu bestimmen. Der Glaube ist das Gegengift zur Furcht. Das Wort Gottes und der Gehorsam zu Ihm ist der Schlüssel zu einem lebendigen Glauben.

„Der Glaube kommt also aus dem Hören der Botschaft..." Römer 10, 17a

> *„Doch alle, die auf mich hören, haben nichts zu befürchten, Not und Unglück bleiben ihnen erspart."*
> Sprüche 1, 33

Nachsatz

"Du sollst deinen Vater und deine Mutter ehren. Dann wirst du lange in dem Land leben, das dir der Herr, dein Gott, gibt."
2. Mose 20, 12

Jay:

Ein anderes äußerst wichtiges, zeitloses Geheimnis und universelles Prinzip ist es, immer Deinen Vater und Deine Mutter zu ehren! Merkst Du, es wird nicht verlangt, Deinen Vater und Deine Mutter zu lieben, denn das kann mitunter, bedingt durch schwierige Lebensumstände, unmöglich sein. Diese Realität lernten wir in Meridels Beratungsdienst für Missbrauchte. Du kannst jedoch die Stellung Deiner Eltern respektieren und Dich entscheiden, sie zu ehren. Tust Du es, wirst Du mit Gesundheit und langem Leben gesegnet. Wie lange Du sie ehren sollst? Wenn Du weise bist, ehrst Du sie Zeit Deines Lebens.

Meridel:
Höre bitte zu! Wenn Du aus einem liebevollen Elternhaus stammst und Vertrauen zwischen Dir und Deinen Eltern besteht, nimm es nicht als selbstverständlich hin. Du bist gesegnet, glaube mir. Wenn Du beschließt, Dich mit einem funktionsgestörten Menschen einzulassen, denke daran, sie können Meisterkontrolleure und in der Lage sein, Spannung und Entfremdung zu verursachen, um nicht nur Deine liebevolle Bindung zu Deinen Eltern, sondern auch zu Deinen Geschwistern zu zerstören. Eifersüchtig und ausgehungert nach Liebe können sie ernsthafte Manipulatoren sein. Sei vorsichtig! Wir erkennen Menschen an den Früchten in ihrem Leben.

Jay:
Ich empfand eine wohltuende Frische in meinem Denken und meinem Herzen, nachdem ich innerlich gereinigt wurde. Ich entschuldigte mich aufrichtig bei meinen Eltern, für mein selbstsüchtiges Verhalten wegen Gigi. Ich hatte ihren mangelnden Respekt für meine Lieben toleriert und getan, was ich konnte, um von ihrer Familie akzeptiert zu werden, was nie geschah. Nachdem ich von Kummer und Scham befreit war, konnte ich mich wieder mit leichtem Herzen im Haus meiner Eltern bewegen und weiterleben.

Kapitel 8

Eine Sanfte Leise Stimme

Jay:
Ich werde den warmen und sonnigen Sonntagabend im frühen Mai nie vergessen. Frühlingsblumen blühten und die Luft war von Duft erfüllt. Ich saß mit meinem Freund Ian weiter hinten in der Kirche und wartete darauf, dass der Gottesdienst begann. Strahlen der untergehenden Sonne schienen durch die bunten Bleiglasfenster und hüllten den Raum in goldenes Licht.

Die Sitze füllten sich langsam, als Carol Dawe, meine Tennispartnerin kam. Sie ging an mir vorbei, nach vorn, um zwei Plätze zu finden. Begleitet wurde sie von einer jungen Dame, die ich nie zuvor gesehen hatte. Die Sonne glänzte auf ihrem vollen kastanienbraunen Haar, das sie elegant in einer Grace-Kelly-Frisur hochgesteckt hatte. Sie sah großartig aus, in ihrem blassrosa Kleid und dem kurzen mit Pelz besetzten Cape. Außerdem hatte sie etwas ganz Besonderes an sich. Dann hörte ich eine sanfte, leise Stimme zu mir sagen: „Das ist Deine Frau und die Mutter Deiner Söhne."

Ich war wie betäubt. Schockiert! An diesem Abend konnte ich mich weder auf die Predigt noch auf irgendetwas anderes konzentrieren. Mir ging nur ständig durch den Kopf, dass Carol zu Ian gesagt hatte, sie und ihre Freundin würden nach dem Gottesdienst ein Treffen der Gruppe `Hochschule und Karriere' besuchen.
Ich gab mich cool und fragte ihn: „Willst Du auch hingehen?"
Er sagte: „Klar, warum nicht?" Also fuhren wir gemeinsam in meinem Sportwagen los und waren viel zu früh da. Wir saßen, tranken Kaffee und genossen ein besonderes Dessert, als Carol und ihre Freundin hereinkamen. Dieses Mal ging ich direkt auf sie zu, angetrieben von dem, was ich so unerwartet gehört hatte. Zuerst begrüßte ich Carol, dann wandte ich mich an ihre Freundin und sah ihr direkt in die Augen.
„Hallo, ich heiße Jay und wie heißt Du?"

Sie reagierte sofort. „Ich heiße Meridel."

„Woher kennst Du unsere gemeinsame Freundin Carol?", fragte ich.

„Pfarrer George Dawe, Carols Vater, war in Kamloops der Pastor meiner Familie," erwiderte sie. Wir plauderten noch eine Weile, bis Carol entschuldigend sagte: „Wir müssen leider rechtzeitig gehen, weil ich Meridel pünktlich beim „Royal Jubilee" abliefern muss. Sie hat Nachtschicht." Ich sah zu, wie sie in Carols Auto davonfuhren. Und ich wusste nur ihren Vornamen und wo sie arbeitet!

Ich glaube, jetzt ist ein guter Zeitpunkt um zu hören, welchen Eindruck Meridel von unserer ersten Begegnung hatte.

Meridel:
Da war ich. Ich stand an einem gedeckten Kaffeetisch in einem wunderschönen Haus in Victoria. Das Wohnzimmer war voller junger Berufstätiger, die Ideen austauschten oder sich einfach nur an der Atmosphäre freuten, die entsteht, wenn junge Leute beiderlei Geschlechts zusammenkommen. Einen ganz speziellen Menschen zu treffen stand zu dieser Zeit meines Lebens nicht auf meiner Tagesordnung, deshalb kam es für mich völlig überraschend. Als ich Jay traf, hatte ich noch keine Ahnung davon, dass er tatsächlich der wichtigste Mensch in meinem Leben werden sollte. Wie es dazu kam? Nun, ihr habt ja gelesen, dass er mir um einiges voraus war, weil er mich gesehen hatte, bevor ich ihn sah. Ich goss gerade eine Tasse Kaffee ein, als dieser sehr attraktive junge Mann mich ansprach. Es war sein sanftes aber bestimmtes Auftreten, das mich überraschte. Sein Charme nahm mir jedes Gefühl der Fremdheit. Zu der Zeit war in meinem Leben alles neu für mich; der Ort, die jungen Leute und die Gastgeber.

Sofort wich alle Scheu, als er sagte: „Hallo, ich heiße Jay." Seine warmen grünen Augen, sein schnelles Lächeln, sein gewelltes braunes Haar und seine große, muskulöse Statur erregten ebenfalls meine Aufmerksamkeit. In diesem Augenblick blieb die Zeit für mich stehen. Ich hatte noch nie einen Mann geliebt. Ich wusste nicht, was echte Liebe ist. Wie konnte ich mich für ihn interessieren, wo ich doch auf dem Weg nach Indien war? Doch etwas in mir erkannte, dass Jay die fehlende Hälfte in meinem Leben war. Es war bedeutungsvoll aber ergab keinen Sinn, doch meine Knie wurden weich und ein Schauer überlief mich. Meine Hände waren eiskalt. Ich war erstaunt über meine körperliche Reaktion. Zum Glück hatte ich in meiner Schwesternausbildung gelernt, meine Gefühle nicht zu zeigen.

„Hallo," erwiderte ich lächelnd. „Ich heiße Meridel".

Wir plauderten noch eine Weile. So unschuldig war das. Später, als Carol mich zum Schwesternheim fuhr, wurde mir bewusst, dass ich jemand ‚besonderes' getroffen hatte, und ich wusste nicht, wie ich das verarbeiten sollte. An diesem Abend schrieb ich in mein Tagebuch: ‚Ich verstehe es nicht, aber ich glaube, ich werde diesen Mann heiraten.' Obwohl ich nicht einmal seinen Nachnamen wusste, betete ich von dem Augenblick an inständig, dass er mich irgendwie wiederfinden würde.

Jay:
Ein paar Wochen später fuhr ich früh am Morgen meinen Vater zu seinem Büro im Royal Jubilee Krankenhaus. Er war dort Leiter des Wäschedienstes und nach mehr als vierzig Jahren treuen Dienstes kurz vor seiner Pensionierung. Ich verabschiedete mich und fuhr weiter zum Veteranenkrankenhaus, das nicht weit davon entfernt lag. Da sah ich sie! Sie bemerkte mich nicht, als sie, direkt vor meinem Auto, zielstrebig den Fußweg überquerte. Ich merkte, dass sie von der Nachtschicht kam. Sie verschwand fast in ihrer Uniform und ihrem rot gefütterten dunkelblauen Cape. Alles, was ich von ihr sehen konnte, war ihr Profil. Ja, sie war es, da bestand kein Zweifel. Mein Herz klopfte schneller.

Später an dem Tag trank ich Kaffee mit Helen, einer Arbeitskollegin im Labor des Krankenhauses. Wir hatten uns bei unserer Arbeit angefreundet, obwohl sie verheiratet und zwanzig Jahre älter war und Kinder hatte. Ich mochte ihre ausgeglichene, angenehme Art. Plötzlich fragte sie mich: „Jay, hast Du eine Freundin?"

„Nein," sagte ich. „Ich habe weibliche Freunde."

„Nein," sagte sie. „Ich meine eine richtige Freundin, mit der Du gehst."

„Nein," erwiderte ich und sah sie fragend an.

Dann forschte sie weiter: „Gibt es eine, an der Du wenigstens ein bisschen interessiert bist?"

Ohne zu zögern, sagte ich: „Ja, eigentlich gibt es da jemand."

„Und, worauf wartest Du?", erwiderte sie, „rufe sie an und verabrede Dich mit ihr."

„Das würde ich gern, aber ich habe ihre Telefonnummer nicht."

„Kein Problem. Die kann ich für Dich herausfinden. Wo wohnt sie denn?"

„Das weiß ich nicht", sagte ich.

„Und wo arbeitet sie?"

„Im Royal Jubilee-Krankenhaus," erwiderte ich. Sie lächelte, griff zum Telefon und wählte die Nummer des Royal Jubilee, während ich Meridels Namen auf ein Stück Papier schrieb und es ihr hinschob. Sie verlangte die Personalabteilung. Als die Sekretärin sagte, dass sie Meridels persönliche Telefonnummer nicht herausgeben dürfte, erwiderte Helen mit autoritativer Stimme: „Hier ist das Victoria Veteranenkrankenhaus. Wir brauchen die Nummer dringend." Die Frau am anderen Ende entschuldigte sich und Helen kritzelte die Nummer auf einen Notizblock. Sie riss das Stück Papier heraus, warf es mir zu und sagte:

„So, nun hast Du keine Entschuldigung mehr."

Später, nach dem Abendbrot, nahm ich die Nummer aus meiner Brieftasche. Ich sah sie mir an und bemühte mich um den Mut, diesen Menschen, der mir nicht mehr aus dem Kopf ging, anzurufen. Als ich die Nummer wählte, dachte ich, ‚Wahrscheinlich ist sie bereits mit jemand anderem unterwegs.' Dann hörte ich ihre Stimme. „Hallo?"

Ich schluckte schwer und sagte: „Hallo, hier spricht Jay. Erinnerst Du Dich an mich? Wir haben uns vor ein paar Wochen getroffen."

„Ja, ja, ich erinnere mich." Ich hörte an ihrer Stimme, dass sie lächelte.

Sofort begannen wir eine offenherzige Unterhaltung. Es war, als hätte ich sie schon immer gekannt. Am Ende unseres Gesprächs fragte ich sie, ob sie mich zu einem Baseballspiel begleiten würde. „Oh, ja, gerne, mit Popcorn, Bockwurst und dem Strech im siebten Inning?" Lachend erwiderte ich: „Ausgezeichnet. Donnerstag um 18 Uhr hole ich Dich ab."

Ich erwähnte schon, dass ich Jack Spratt immer zu den Spielen mitnahm. Er saß auf dem Beifahrersitz, als ich in meinem zweisitzigen Sportwagen vor ihrem Schwesternheim hielt. Ich fragte mich, was sie wohl dachte, als ich sie bat, auf dem Teil zwischen den beiden Sitzen Platz zu nehmen. Vermutlich war es auch gesetzeswidrig und nicht gerade sittsam, doch bis zum Royal Athletic Park war es nur eine kurze Fahrt. Als wir vor dem Baseballfeld geparkt hatten und ich meine Sporttasche aus dem Kofferraum holte, fragte Meridel: „Wo willst Du denn hin?"

„Oh, habe ich nicht erwähnt, dass ich mitspiele?" Als ich ihr Gesicht sah, fügte ich schnell hinzu: „Aber Jack wird Dir auf der Tribüne Gesellschaft leisten."

Überrascht sagte sie: „Na, gut!"

Sie nahm Jacks Arm, während ich zum Umkleideraum ging, um meinen Spielerdress anzuziehen. Jack und Meridel fanden gute Plätze. Und wer erschien unangemeldet, kurz bevor das Spiel begann? Meine Mutter, Sheila. Ich hatte ihr nichts von meiner Verabredung gesagt, aber sie geriet nicht aus der Fassung. Es war nicht ungewöhnlich, dass Mutter zu meinen Spielen kam. Sie und Meridel verstanden sich sofort. Während des gesamten Spiels unterhielten sie sich, lachten und feuerten unser Team an.

Das überraschte mich, denn für Gigi hatte sich Mutter niemals richtig erwärmt. Meridel erzählte mir später, als wir schon verheiratet waren, dass sie beschloss, diesen Abend zu nutzen, um von Sheila alles über ihr Lieblingsthema, ihren Sohn, zu erfahren. Sie war sehr zufrieden, als sie hörte, dass ich einen Batchelor hatte und dabei war, meinen Master zu beenden, denn sie hatte sich geschworen, niemals einen Mann zu heiraten, der seine Ausbildung nicht beendet hatte. Es gab noch eine andere Bedingung, doch von der will ich jetzt nicht sprechen, aber die hatte mit ihren jüdischen Wurzeln zu tun.

Nach dem Spiel schlug Mutter diskret vor, dass sie Jack nach Haus fahren würde, und wir fuhren zum Essen zur Oak Bay Marina, einem Yachthafen mit einem feinen Restaurant. Der Ort war ideal an diesem klaren Sommerabend. Während wir aßen, lachten wir viel über unsere erste Verabredung, die sich in der Anwesenheit eines achtzigjährigen

Freundes und meiner Mutter abgespielt hatte. Sie neckte mich und mir gefiel das.

Wir waren völlig entspannt und gingen natürlich miteinander um. Nachdem wir unsere Mahlzeit beendet hatten, gingen wir über die Stege mit ihren kleinen Booten und größeren Yachten. Als der Steg sacht unter uns schwankte, nahm ich ihren Arm. Es war keine Frage, dass es zwischen uns ‚gefunkt' hatte. Die Dämmerung färbte die ruhige See in sanfte Pastelltöne. Der Abend war für uns beide zauberhaft, umgeben von dem Salzgeruch des Ozeans, den kreischenden Möwen, die über uns hin- und herschossen, und den sanften Wellen, die gegen die Pfosten schwappten. Es war wunderbar; ich ging wie auf Wolken.

Dann eröffnete mir Meridel, dass sie bis vor kurzem mit einem ägyptischen Pascha oder Prinz ‚verlobt' gewesen wäre, einem ganz besonderen, aristokratischen Gentleman mittleren Alters. Diese Geschichte muss Meridel selbst erzählen, wenn sie von ihren frühen Jahren berichtet. Auch sie ist durch ein Missverständnis verletzt worden. Er gab ihr einen Ring als Geburtstagsgeschenk und Zeichen seiner Dankbarkeit. Sie erklärte mir, dass sie ihm geholfen hätte, 1965 vor Nassers faschistischem Regime aus Ägypten zu flüchten. Er hatte große Achtung vor Meridels schnellem Denken und war dankbar für ihre rechtzeitige Hilfe bei seinem Dilemma. Er wurde nie ihr Liebhaber, nur ein treuer Freund, der ihre Freundlichkeit als Zeichen einer tiefen Zuneigung zu ihm persönlich deutete. Er wollte sie heiraten, doch dieser Wunsch war nicht gegenseitig. Nachdem ich das gehört hatte, fühlte ich mich sicher genug, um auch von meinem verfehlten Liebesleben zu sprechen. Wir machten uns nichts vor. Sie sprach auch von ihren Plänen, demnächst nach Indien zu gehen. Meridel erstaunte mich, als sie mir eins ihrer tiefsten geistlichen Erlebnisse anvertraute. Sie war kein bisschen schüchtern, doch ich merkte, was für ein außerordentlicher Mensch sie war. Hier sind einige Einzelheiten.

Meridel:
Als ich 13 Jahre alt war, verbrachte ich den Sommer in einem Hotel in Muskoka, Ontario, das jemandem aus unserer Familie gehörte. Bei einer Gelegenheit nahm sich einer der Angestellten ein Auto und

jeder, der wollte, konnte mit zum Sommerfest der christlichen Jugend fahren. Wir kamen spät dort an, als der Zuschauerraum bereits voll war und es nur noch Stehplätze gab. Wir standen hinten. Ohne dem Geschehen um mich herum irgendwelche Beachtung zu schenken, nahm ich die inspirierende Musik und jedes Wort des dynamischen Sprechers in mich auf.

Ich lauschte seiner Botschaft mit offenem Herzen und Verstand und nahm seine Herausforderung an, das Leben in seiner ‚ganzen Fülle' zu leben. Gewiss, ich wollte mit meinem Leben einen Unterschied für die Menschheit machen! Etwas absolut Erstaunliches vollzog sich in meinem Inneren. Gottes Liebe wurde greifbar. Ich schmolz. Tränen schossen mir in die Augen. Nicht, dass ich traurig war, nein, ich war dankbar für die Liebe, die mich in unsichtbaren Wellen überflutete. Ich konnte dieser Liebe nicht widerstehen. Schnell wurde mir unumstößlich klar, dass ich eines Tages nach Indien gehen würde.

Auf dem Rückweg zu Glen Home, dem Hotel, in dem wir arbeiteten, sagte ich nichts, aber ich konnte an den Späßen und Vergnügen der anderen nicht teilnehmen. Ich schlüpfte in das Sommerhäuschen, in dem ich schlief, kniete vor meinem Bett nieder und weinte. Ich hatte keine Ahnung, warum ich weinte, doch ich konnte die Tränen nicht aufhalten. Der Herrgott erlaubte mir, Ihm ganz nahe zu kommen. Seine Liebe überflutete mein Herz. Niemals zuvor hatte ich eine solche Liebe gekannt.

Jemand erzählte meiner Tante davon. Sie kam an mein Bett und erkundigte sich, was ich hätte. Ich versuchte, ihr zu erklären, was geschehen war, merkte jedoch, dass sie es nicht begriff. Am nächsten Tag setzte ich mich hin, schrieb an meine Eltern und Großeltern und versuchte, dieses lebensverändernde Erlebnis in Worte zu kleiden. Kein einziges Mal machte ich mir Gedanken darüber, wie ich nach Indien kommen sollte. Ich hatte mir vorgenommen, niemals Missionarin zu werden. Als kleines Kind war ich negativ beeinflusst worden. Deshalb ist es erstaunlich, dass ich diese Anweisung als Tatsache hinnehmen konnte. Während ich die Oberschule absolvierte und meine Schwesternausbildung machte, hielt ich die Hoffnung in meinem Herzen verborgen.

Es war ungewöhnlich, dass ich Jay von diesem Teil meines Lebens berichten und mich dabei völlig sicher fühlen konnte, obwohl ich ihn gerade erst kennengelernt hatte.

Jay:
Zehn Jahre später, als sie nach Victoria kam, stellte man ihr CUSO, den Kanadischen Universitätsdienst in Übersee vor, eine humanitäre Organisation, die sich das amerikanische Friedenskorps zum Vorbild genommen hatte. Ein CUSO-Plakat hing auf ihrem Flur, genau ihrem Zimmer gegenüber. ‚Du wirst in Indien gebraucht', stand da unter dem Bild einer Mutter, die ihr hungerndes Kind hochhielt. Die Botschaft traf sie ins Herz und erinnerte sie an ihren Ruf nach Indien. Das Programm gefiel Meridel sofort.

Es bot Universitätsabsolventen und Krankenschwestern die Möglichkeit, Menschen in unterentwickelten Ländern dabei zu helfen, auf eigenen Füßen zu stehen. Als wir weitergingen, erzählte ich ihr, dass ich mich ein Jahr zuvor ebenfalls bei CUSO beworben hätte. Wir glaubten beide nicht, dass das Zufall war. Insgeheim merkte ich, dass es mit unserer gegenseitigen Anziehungskraft mehr auf sich hatte, als wir wussten. Meridel war auf jeden Fall sehr sicher, wohin sie im Leben gehen würde. Ich erzählte ihr, dass mir zwei anstrengende Jahre eines Studiums der Krankenhausverwaltung an der Universität von Toronto bevorstanden. Offensichtlich bewegten wir uns in gegensätzliche Richtungen. Als wir zum Schwesternheim zurückfuhren, überlegte ich: ‚Hat diese Beziehung eine Chance zu überleben?' Ich formulierte meine Gedanken und sagte: „Ich habe mich wirklich gefreut, Dich kennenzulernen und ich respektiere Deine Pläne für Indien. Vermutlich sind wir, wie man so schön sagt, zwei Schiffe, die sich in der Nacht begegnen." Sofort empfand ich eine tiefe Traurigkeit. Ich wollte mich nicht wieder an jemand binden, um dann verletzt zu werden, und ich wusste, dass sie genauso fühlte. Doch etwas passierte zwischen uns! Als wir uns verabschiedeten, betete ich für sie. Es fühlte sich gut an. Jetzt hatte ich eine Freundin, die unsere Romanze auf den zweiten Platz hinter die Sehnsucht stellte, in der Welt etwas zu verändern. Trotz des Hinweises, den ich von der ‚Sanften Leisen Stimme' erhalten hatte, war unser Abschied an diesem Abend eher endgültig.

Die nächsten paar Wochen waren schwierig. Ich fühlte mich hin- und hergerissen. Ich wusste, dass ich die Beziehung zu Meridel aufrechterhalten wollte, doch ich wusste nicht, wie das jemals funktionieren sollte. Die Zeit verging. Ich hatte viel zu tun und rief sie nicht an, doch Helen im Labor war neugierig. „Was macht Deine Freundschaft mit Meridel?"

„Nun," ich machte eine Pause, „es scheint nicht zu klappen."

Als ich diese Worte aussprach, fühlte ich einen Stich im Herzen, und mir wurde klar, dass ich nicht ehrlich gegen mich selbst war. Was aber sollte ich tun? Ich wollte nicht noch einmal eine Beziehung haben wie die letzte, doch ich vermisste Meridel schrecklich. Ich war verwirrt und hauchte ein stilles Gebet. „Bitte, Herr, zeige mir, was ich tun soll und lass mich sie wiedertreffen."

Ein paar Tage vergingen. Als ich zur Arbeit fuhr, sah ich sie plötzlich, diesmal an einer Bushaltestelle. Ich beugte mich rüber zur Beifahrerseite und öffnete das Fenster. „Hey!" Mein Herz klopfte und ich merkte, dass ich etwas schüchtern war.

„Hey, Jay". Sofort erschien ein strahlendes Lächeln auf ihrem Gesicht.

„Sag mal, wie ging es mit Deinem Interview an der Universität? Und hast Du schon etwas von CUSO gehört?"

Sie beugte sich zum Fenster meines Sportwagens herunter und überraschte mich mit ihrer Antwort. „Ich bin angenommen worden, im September nach Indien zu gehen. Das steht jetzt fest."

„Herzlichen Glückwunsch," sagte ich begeistert.

Sie erwiderte strahlend: „Ich fahre gerade zur Uni, um die Einzelheiten zu erfahren. Und in der nächsten Woche muss ich zur Universität in Vancouver ziehen und sechs Wochen lang zu einem Orientierungskurs und für Sprachstudien dort auf dem Unigelände wohnen."

„Wie wirst Du denn nach Vancouver kommen?", fragte ich.

„Ehrlich gesagt, ich weiß es nicht. Darüber habe ich mir noch keine Gedanken gemacht."

„Wenn Du willst, fahre ich Dich zum Festland hinüber. Wir können mit Deinen Koffern die Fähre nehmen."

„Du meinst, mit meiner Schiffstruhe. Ich spaße nicht!"

„Absolut kein Problem!", erwiderte ich, obwohl ich die Maße der Truhe nicht kannte.

Ich war erstaunt, wie schnell sich alles geändert hatte. Ja, ich war sehr dankbar für die schnelle Beantwortung meines Gebetes und erleichtert, dass ich noch etwas Zeit mit ihr verbringen konnte.

Wir vereinbarten uns am Tag ihrer Abreise um 8 Uhr vor ihrer Krankenstation. Meridel arbeitete bis zur letzten Minute ihrer Nachtschicht. Als Überraschung hatte die Oberschwester Kaffee und Muffins für eine kleine Abschiedsparty besorgt. Ich merkte, dass sie bleibende Freunde machte, wo immer sie hinging, und das Krankenhaus war keine Ausnahme. Ich kam im Regenmantel, denn es regnete in Strömen. Nach dem Kaffee und einer kurzen Unterhaltung verabschiedeten wir uns von ihren Kolleginnen.

Sie zog sich schnell um und zog einen knallroten Regenmantel an, der in der Taille von einem Gürtel zusammengehalten wurde. Der würde alle Augen auf sich ziehen, dachte ich. Ich machte ihr ein Kompliment, als wir gemeinsam die schwere Truhe, die mit einem Lederriemen verschlossen war, die Treppe hinunter wuchteten und in meinem Sportwagen verstauten.

Inzwischen fiel ein leichter Nieselregen, der alles durchnässte. Ihre Truhe war so groß, dass ich den Deckel meines Kofferraums offenlassen und mit einer Schnur festbinden musste. Zum Glück hörte es auf zu regnen, als wir zur Fähre fuhren. An Bord frühstückten wir, als wir die malerischen Golfinseln passierten. Die ganze Zeit über plauderte Meridel. Es fühlte sich gut an, wieder beisammen zu sein. Wir waren entspannt und ungezwungen, als müsste es so sein.

Insgesamt betrug die Reisezeit nach Vancouver drei Stunden. Als Student hatte ich dieselbe Strecke zwei Jahre lang so oft hinter mich gebracht, dass ich das Gefühl hatte, sie im Schlaf fahren zu können. Als wir ankamen, fuhr ich sie direkt zu ihrem Studentenheim. Mein Cousin James hatte in diesem Jahr einen Sommerkurs an der Universität von Vancouver belegt und wohnte im Studentenheim für Männer ganz in der Nähe. Ich stellte sie einander vor. James sah mich prüfend an und bot mir sein Zimmer für die Nacht an, was ich dankend annahm. Später am Tag sollte Meridel ihr Orientierungsprogramm beginnen. Ich schlug vor, sie am Sonntagmorgen zum

Frühstück zu treffen und bot ihr an, eine Stadtrundfahrt mit ihr zu machen. Bis Sonntagabend hatte sie frei und so verabredeten wir uns.

Ich zeigte ihr Vancouver und Chinatown sowie mehrere schöne Orte, wie Stanley Park, der ihr sehr gefiel. Wir gingen unter den uralten Tannen spazieren, in den blühenden Anlagen und durch den Japanischen Garten. Die plätschernde Fontäne schuf eine überirdische Atmosphäre. Gemeinsam blickten wir westwärts, wo Dutzende von Schiffen aus aller Welt auf Reede lagen. Am Nachmittag fuhren wir zum Aussichtspunkt auf dem Burnaby Berg, von wo man die Simon-Frazer-Universität und die ganze Stadt überblicken konnte. Meridel erzählte mir, dass sie sich bei der SFU beworben hätte, um ihren Masterabschluss zu machen, dass sie angenommen wurde, sich aber entschlossen hätte, stattdessen mit CUSO nach Indien zu gehen.

Gerade wollten wir den Aussichtspunkt verlassen, als ich mich, ohne groß zu denken, zu ihr beugte und ihr einen kleinen Kuss gab. Sie erwiderte ihn und wir küssten uns, wie ich noch nie zuvor jemanden geküsst hatte. Elektrische Ströme von Leidenschaft und Liebe flossen von einem zum anderen.
„Wow!", sagte ich. „Ist es das, was Du für mich fühlst?"
Sie wurde rot und lächelte. Ihre braunen Augen glänzten. Wenn ihr Meridels Geschichte lest, werdet ihr merken, warum sie keinem Mann gegenüber je so reagiert hatte.

An dem Nachmittag, als ich sie zur Universität zurückbrachte, wo sie ihren Einführungskursus und die Studien der Tamilen-Sprache beginnen sollte, überlegte ich bereits, wie ich sie wiedersehen konnte. Da es nur noch sechs Wochen waren, bevor sie abreiste und sieben Wochen, bevor ich nach Toronto ging, einigten wir uns, soviel Zeit wie möglich miteinander zu verbringen. Ich kehrte nach Victoria zurück, einerseits froh, andererseits nachdenklich. Ich wusste, dass diese Frau ein ‚Werkzeug' der Veränderung in meinem Leben sein würde, und Veränderungen sind mir nie leichtgefallen. Wieder im Laboratorium schlich die Zeit nur so dahin. Helen freute sich diebisch, als sie von unseren Fortschritten erfuhr.

Am folgenden Wochenende lud ich Meridel ein, nach Vancouver Island zu kommen. Sie traf als Fußpassagier auf der Fähre in Nanaimo ein. Ich holte sie ab und fuhr mit ihr nach Norden, zur Austernbucht, wo Mutter und Vater direkt am Strand ein entzückendes kleines Sommerhäuschen gemietet hatten. Es gab viel Spaß. Meridel schlief bei Mutter, während ich mir mit Vater ein großes Bett teilte. Am Morgen brachte uns Mutter alle zum Lachen, als sie sagte: „Wir haben geschlafen, angekuschelt wie zwei Löffelchen in der Schublade." Es waren Tage voller guter, altmodischer Freuden. Wir schwammen im Meer, fischten, und grillten, was wir gefangen hatten. Später gingen Meridel und ich im Mondschein spazieren. Es war ein herrliches Erlebnis.

Meridel liebte Billy und Sheila, wie sie sie nannte. Am Sonntagabend fiel es uns schwer, Abschied zu nehmen. Ich plante jedoch, Meridel bis zu ihrer Abreise an jedem Wochenende zur Insel einzuladen, damit wir gemeinsam noch allerhand Spaß haben konnten, bevor sie nach Indien ging. Sie kam sogar zu einem weiteren Baseballspiel in Courtney mit. Es war ein sehr heißer Sommertag, und nach dem Spiel fuhren wir nach Süden. Ich war erstaunt, als sie darauf zu sprechen kam, wieviele Kinder sie zu haben hoffte. Es war ein vergnügtes Gespräch und völlig natürlich.

An einem anderen Wochenende waren wir wieder bei Mutter und Vater in ihrem idyllischen Sommerhäuschen, mit seinem Panoramablick über die Golfinseln, das Saanch Inlet und die schneebedeckten Gipfel der Küstenberge dahinter. Um die Zeit so viel wie möglich zu nutzen, blieben Meridel und ich Sonntagnacht noch dort und standen am Montagmorgen sehr früh auf, um die zweistündige Fahrt nach Victoria zum Haus meiner Eltern in der Locarnogasse zu machen. Meridel machte Frühstück, während ich mich zur Arbeit umzog. Wir aßen auf der Terrasse im warmen Morgensonnenschein. Ich war so dankbar, dass der Herr mir diesen wunderbaren Menschen gegeben hatte, einen, mit dem ich meinen Glauben teilen konnte. Ich erinnere mich, dass ich Meridels Hand ergriff, als wir Dank sagten. Sie war das einzige Mädchen, mit dem ich je gebetet hatte, und es war wunderbar. Es war fundamental. Es war für immer!

Am nächsten Wochenende musste sie in Vancouver bleiben, weil sie weitere Prüfungen für CUSO hatte. Es fiel uns schwer, getrennt zu sein. Unsere Liebe wuchs immer mehr, obwohl eine mögliche zweijährige Trennung ständig näher rückte.

Am letzten Wochenende bevor Meridel nach Indien abreiste, entschloss ich mich, nach Vancouver zu gehen, denn ich hatte etwas Besonderes für unseren Abschied geplant. Am Samstagmorgen, als sie bei einer endgültigen Orientierung die Einzelheiten ihrer Reise erfuhr, eilte ich in's Stadtzentrum, bevor die Läden schlossen. Ich ging zu Birks, einem feinen Juwelierladen, und suchte einen schlichten Goldring aus. Ich wollte Meridel einen Ring geben, wusste jedoch, dass es nicht passend war, sie mit einem blitzenden Diamantring nach Indien zu schicken. Dieser Ring würde passend sein, wenn sie von Dorf zu Dorf ging und sich um die Ärmsten der Armen kümmerte. Ich betrachtete ihn als unseren ‚Verlobungsring', ein Versprechen unseres zukünftigen Ehelebens.

Allein und in Ruhe aßen wir unser Mittagessen, wohl wissend, dass der folgende Tag den Abschied bringen würde. Wir brachten es nicht fertig, über unsere Trennung zu sprechen. Es blieb uns so wenig Zeit und unsere Herzen waren so voll. Nach dem Kaffee fuhr ich sie zum Point Grey, der Halbinsel, auf der sich das Universitätsgelände befindet. Ich parkte an der kleinen Universitätskapelle, die direkt neben dem von Bäumen gesäumten Hauptboulevard lag. Sie weckte liebe Erinnerungen an die Gottesdienste, die ich als Student regelmäßig besucht hatte. Die Pastorin Bernice Gerard, die auch Stadträtin von Vancouver war, hatte hier oft zu uns Studenten gesprochen. Jahrzehntelang war sie auch als beliebte Talk-Show-Moderatorin, Pastorin und zuverlässige, aufrichtige Freundin Israels bekannt. Von der Jüdischen Gemeinde wurde sie zur Frau des Jahres gewählt und mich hatte sie mit ihrer Weltanschauung und ihrer Tatkraft inspiriert.

Wir hatten Glück, die Kapelle war leer. Hand in Hand gingen wir nach vorn und knieten gemeinsam nieder. Während ich weiter ihre Hand hielt, zitierte ich einen Bibelvers, in dem das hebräische Wort ‚*Mizpa*' vorkommt, das ‚Wachturm' bedeutet.

"Möge der Herr ein wachsames Auge auf jeden von uns haben, nachdem wir auseinander gegangen sind!" 1. Mose 31, 49

Ich nahm den Ring heraus und zeigte Meridel das eingravierte Datum und das Wort ‚Mizpa'. Dann öffnete ich ein kleines Buch mit Psalmen, und zusammen lasen wir Psalm 34 Vers 4, *„Preist mit mir die Taten des Herrn; lasst uns gemeinsam seinen Namen ehren!"*
Ich bat Meridel, den Ring als ein Symbol unserer Zusammengehörigkeit zu betrachten, bis wir schließlich als Mann und Frau vereint sein würden. Als sie lächelnd nickte, steckte ich ihr den Ring an den Finger. Unsere Herzen verschmolzen in der süßen Gegenwart des lebendigen Gottes. Weicher Nachmittagssonnenschein flutete durch die Fenster. Gemeinsam beteten wir: „Unser Vater im Himmel, bewahre unsere Beziehung für Deinen Zweck und unsere Fülle."

An diesem Abend ging es in Meridels Studentenheim sehr lebhaft zu. Eltern und Freunde kamen und gingen, um sich von denen zu verabschieden, die am nächsten Morgen nach Malawi, Thailand und Indien abreisen würden. Es war eine Party mit Champagner und viel Lärm. Da wir unsere gegenseitige Gesellschaft vorzogen, gingen wir hinüber zu James' leerem Zimmer, in dem ich wohnte. Wir saßen und unterhielten uns die ganze Nacht, anstatt zum CUSO-Wohnheim mit seiner weltlichen Atmosphäre zu gehen.

Als Idealisten und Träumer unmöglicher Träume (Entspricht doch der folgenden Zusage Gottes!) glaubten wir, dass, wenn Gott für uns ist, nichts gegen uns sein konnte. Wir glaubten auch, wenn wir in einer Sache übereinstimmten, dass es geschehen würde. Ich spürte, wenn der Herr über uns wachte, konnte unsere Liebe sogar noch wachsen, obwohl wir getrennt waren. Das war das Fundament, auf das wir in den schweren Tagen, die uns bevorstanden, bauen würden.

Schließlich war alles gesagt und wir waren so müde, dass wir uns angezogen auf James schmalem Bett aneinander kuschelten. Diese Nacht werde ich niemals vergessen. Wir schliefen ein, getröstet durch die Gegenwart des anderen. Natürlich sehnten wir uns nach körperlicher Befriedigung, doch ich hatte bewusst entschieden, mich zurückzuhalten.

Ich liebte Meridel anders, als ich je einen Menschen geliebt hatte. Die Besonderheit dieser Liebe gab mir die Kraft, nicht auf einer sexuellen Vereinigung zu bestehen. Wir hielten uns eng umschlungen und es wäre leicht gewesen, es zu tun. Stattdessen entschied ich, mich selbst und Meridel zu respektieren.

Nach einem schnellen Frühstück fuhren wir zum Flughafen Vancouver, um uns zu verabschieden. Diesen besonderen jungen kanadischen Botschaftern stand das Privatflugzeug des Premierministers Lester B. Pearson zur Verfügung, das sie zu ihren verschiedenen Zielen bringen sollte. Zuerst aber flogen sie zu einem Aufenthalt von vier Tagen nach Hawaii, wo sie sich entspannen und erholen sollten. Danach flogen sie zur Akklimatisierung auf die Insel Guam mit ihrem Dschungel, bevor sie in ihre jeweiligen Länder gebracht wurden.

Als wir uns trennten, sagte ich: „Ich sage nicht Lebewohl, sondern Auf Wiedersehen." Ihre Augen füllten sich mit Tränen. Sie sagte nichts und drückte nur meine Hand. Ich sah sie noch hinter den Sicherheitstüren verschwinden; dann war sie fort!

Ohne traurig zu sein, wartete ich noch, um ihre Maschine abfliegen zu sehen. Ich vermisste sie sofort, doch von jetzt an verkürzte jeder Augenblick, der verging, die Zeit bis wir wieder beisammen sein würden. Ich fragte mich, wie wir eine so lange Trennung überstehen sollten, empfand aber auch einen stillen Frieden, dass das alles irgendwie geplant und etwas viel Größeres war, als was wir verstehen oder uns vorstellen konnten. Doch erst musste noch viel Wasser den Fluss hinabfließen.

Zeitlose Geheimnisse

"Dankt dem Herrn, denn er ist gut zu uns, seine Liebe hört niemals auf! Dann werden wir dich preisen, dich, unseren heiligen Gott; und dir zu danken wird unsere größte Freude sein! Gepriesen sei der Herr, der Gott Israels, vom Anfang der Zeiten bis in alle Zukunft!"
1. Chronik 16, 34, 35b, 36a

Meridel:
Wenn ich zurückblicke, sehe ich, wie sehr ich gesegnet wurde, dass mir diese Art von Beziehung gegeben wurde. Und ich bin ebenso froh, dass wir uns zurückgehalten haben. Die Erinnerungen, die wir uns in den nächsten zwanzig Monaten der Trennung und in unserer lebenslangen Ehe voneinander bewahrten, bildeten ein festes Fundament. Heute entscheiden sich einige tapfere junge Leute - weltlich orientierte und religiöse -, für etwas Anderes, als was Hollywood ihnen aufdrängt. Sie entscheiden sich mutig, bis zu ihrer Eheschließung zu warten, bis sie ihr erregendes intimes Leben beginnen. Sexuelle Erlebnisse führen nicht unbedingt zu emotioneller Intimität oder Stabilität in der Ehe.

Jay:
Während unserer vierundvierzigjährigen Ehe habe ich herausgefunden, dass Respekt für den Partner äußerst wichtig dafür ist, dass die Beziehung in jeder Hinsicht frisch und erregend bleibt. Psychologische Experten und Ratgeber haben festgestellt, dass Veränderungen die Hauptursachen von Stress in unserem Leben sind. Der Beginn einer neuen Arbeit, ein Tod in der Familie, Scheidung, Trennung und der Umzug an einen neuen Ort, gehören dazu.

Meridel und ich waren von dreien betroffen. Wir waren getrennt, zogen an neue Orte und sahen uns völlig neuen Verantwortungen gegenüber. Das ganze Leben besteht aus Veränderungen. Denke mal darüber nach und sieh Dich in der Natur um. Sie unterliegt ständigen Veränderungen. Die Menschen sind heute viel beweglicher als in anderen Generationen, deshalb erleben wir ständig Trennungen von unseren Lieben. Die Frage ist, wie wir damit umgehen. Wie überleben wir?

Ausschlaggebend ist, dass wir begreifen, wie wichtig das Aufschieben der Befriedigung ist, dass wir lernen, zu warten und uns darauf zu freuen. Das Folgende hat mir am meisten geholfen.

DANKSAGEN

Wenn ich im Zweifel bin, sage ich immer: „Ich danke unserem Schöpfer." Dankbarkeit zeigt, dass du über Dich selbst und Deine Grenzen hinweg zu einer größeren Macht siehst, um zu bekommen, was du brauchst.

"Preist ihn, dankt ihm für seine Taten! Denn der Herr ist gut zu uns, seine Liebe hört niemals auf, von einer Generation zur anderen bleibt er treu."
Psalm 100, 4b, 5

GEBET

Versuche, das Gesamtbild zu sehen; Gebete werden Deine Augen und Deinen Verstand öffnen. Die meisten Menschen werden von Sorgen und Ängsten geplagt; du dagegen kannst Deine Bedürfnisse, Hoffnungen und Sorgen vor Deinen himmlischen Vater bringen, der Dich liebt. Er sorgt für Dich, so dass du in Seinem Frieden ruhen kannst. Es wirkt!

"Macht euch keine Sorgen, sondern wendet euch in jeder Lage an Gott und bringt eure Bitten vor ihn. Tut es mit Dank für das, was er euch geschenkt hat. Dann wird der Frieden Gottes, der alles menschliche Begreifen weit übersteigt, euer Denken und Wollen im Guten bewahren, geborgen in der Gemeinschaft mit Jesus Christus."
Philipper 4, 6-7

ZUVERSICHT

Vertraue darauf, dass Dein Vater Dir den endgültigen Sieg geben wird. Sein sanftes, leises Säuseln ist Deine augenblickliche Verbindung zu Seinen zeitlich perfekten Anweisungen. Sie werden Dir über die Herausforderungen und Unebenheiten des Lebens hinweghelfen. Seine Versprechen versagen nie!

Die kleine Schwester der "Missionarinnen der Nächstenliebe" und Meridel auf medizinischen Hausbesuchen in den "Busties", den Elendsvierteln auf den Hügeln nahe Darjeeling in Nordwest Bengalen, Indien.

Kapitel 9

Paniyas und Fortschritt

Meridel und ihre fünfundvierzig CUSO-Kollegen flogen nach Westen über den Pazifik, während ich in Richtung Osten nach Toronto flog. Ich beschloss, ein paar Tage vor Beginn des akademischen Jahres dort zu sein, um mich einzurichten. Mrs. Eva Holmes, eine freundliche Witwe und Mutter meines Pastorenfreunds Bob Holmes in Victoria, vermietete mir ein Zimmer in ihrem Haus. Sofort fühlte ich mich heimisch, was tröstend war, da ich jetzt 4.500 Kilometer von meiner Familie und meinen Freunden und eine halbe Weltreise von Meridel entfernt war. Ich kannte keinen einzigen Menschen in Toronto, einer Großstadt mit zwei Millionen Einwohnern.

Als erstes baute ich mir einen Schreibtisch. In meinen Universitätsjahren in Vancouver hatten James und ich gelernt, unsere Studentenzimmer mit den geringsten Mitteln einzurichten. Eine zwei Zentimeter dicke Sperrholzplatte wurde zurechtgesägt, dann geschliffen und lackiert. Danach kamen die Beine drunter. Ich stellte den Tisch vor das einzige Fenster in meinem winzigen Zimmer und hatte dann kaum noch genug Platz, die Tür zu öffnen. Mein Reich war klein, aber bequem und gemütlich. Die Miete für mein Zimmer schloss Frühstück mit ein. Alle anderen Mahlzeiten musste ich außer Haus einnehmen. Meistens aß ich allein, eine ständige Übung der Einsamkeit!

Der Moorpark direkt gegenüber war bei der Bevölkerung sehr beliebt. Familien erholten sich auf den weitläufigen Rasenflächen und Spielplätzen. Junge Mütter kamen mit ihren kleinen Kindern und Jugendliche benutzten den Baseballplatz in ihrer Freizeit. Es war Frühherbst in Ontario und die Blätter fingen gerade an, sich zu verfärben. Dieser Teil der Stadt wurde "Mount Pleasant" ("Erfreulicher Berg") genannt und es war tatsächlich eine erfreuliche Nachbarschaft. Jedes der um die Jahrhundertwende gebauten Backsteinhäuser hatte eine Veranda, von der man auf den Park blickte. Viele der freundlichen Nachbarn saßen oft in ihren Schaukelstühlen auf ihrer Veranda und

grüßten die Vorbeigehenden, die gewöhnlich ihre Hunde
ausführten. Es war eine Welt, die inzwischen verschwunden ist.
Pioniere hatten die Stadt auf einem uralten Versammlungsplatz der
Indianer gebaut, der in ihrem Dialekt ‚tor on to' hieß. Später gaben
konservative, hartarbeitende, gesetzestreue Bewohner des frühen
Toronto der Stadt den Beinamen ‚Toronto die Gute'. Das ganze Jahr
über herrschte ein geschäftiges Treiben direkt vor meinem Fenster.
Ich war dankbar für meinen Ausblick auf die wechselnden Jahres-
zeiten, die in ihrem Kommen und Gehen so unterschiedlich waren.

Alles war neu für mich. Mit der Straßenbahn fuhr ich morgens bis
St. Claire, zur Station der Untergrundbahn. Die berühmten roten
und cremefarbenen Straßenbahnen waren neu für mich und erinnerten an die in San Franzisco. Ihre kilometerlangen Schienen
durchschnitten die Straßen und machten das Autofahren zu einem
Albtraum. Verbunden mit den elektrischen Leitungen über ihnen,
versprühten die Wagen Funken mit blauem Rauch. Ein Klingeln zeigte die Haltestellen an. Dieser sanfte Ton schien zu der modernen
Geschäftigkeit von Kanadas Wirtschaftszentrale nicht zu passen.

Nach einer kurzen U-Bahnfahrt stieg ich an der Collegestraße aus
und lief westwärts zur Universität. Die breiten Straßen und riesigen
Glasgebäude wirkten fast einschüchternd auf jemanden wie mich,
der in dem bescheideneren, gemütlichen Victoria aufgewachsen
war. An diesem ersten Studientag kam ich mir recht unbedeutend
vor. Auch die Größe des in der Innenstadt gelegenen Geländes der
Universität von Toronto beeindruckte mich. Mit Efeu bewachsene
Granitgebäude standen neben modernen, preisgekrönten Archi-
tekturen, die alle ein Gefühl von Etabliertheit ausströmten. Einen
Kontrast bildeten die sorgfältig gepflegten Rasenflächen und Blumenrabatten auf dem Gelände. Was für eine wohltuende
Abwechslung von dem Lärm und Trubel der Stadt! Selbst die Luft
kam einem sauberer vor. Heutzutage studieren dort im Jahr über
70.000 Studenten, 7.000 davon Ausländer, die von 4.500
Lehrkräften geleitet werden und von denen zehn Nobelpreisträger
sind.

In den nächsten zwei Jahren war das Shermangebäude meine akademische Heimat. Ging man die ausgetretenen drei Stufen hinauf und durch die schmale Tür, kam man in eine ausgeprägt akademische Welt. Dort gab es hell erleuchtete Hallen und Büros, deren Wände von Bücherregalen bedeckt waren. Das Lernen war eine ernsthafte Angelegenheit. Ich fand meinen Hörsaal und traf meine Kommilitonen. Wir waren eine kleine Gruppe von zweiundzwanzig Studenten, die aus allen Teilen Kanadas kamen. Mehrere waren Pharmazeuten in ihren Vierzigern, andere schon ältere Studenten. Einige von ihnen hatten bereits eine leitende Stellung in Krankenhäusern und bei der Regierung gehabt. Zwei katholische Schwestern, eine vom Krankenhaus der Grauen Nonnen in Winnipeg und die andere vom St. Josephs-Krankenhaus in Hamilton, bildeten einen überraschenden Kontrast. Es gab aber auch ein paar ‚Jugendliche' wie ich es war, die direkt vom Grundstudium kamen.

Wir trafen unsere Professoren und nahmen später am Tag an einer Willkommensparty mit Käse und Wein teil. Alle waren sehr freundlich und gesprächig, doch man spürte das Gewicht akademischer Traditionen. Tatsache war, dass fünfundvierzig Jahre zuvor der Nobelpreisträger Dr. Frederick Banting, ein kanadischer Arzt, zusammen mit seinem Assistenten Dr. Charles Best in diesem Gebäude, in dem wir jetzt standen, das Insulin entdeckt hatten.

Die Tage und Wochen vergingen schnell. Jeden Abend, wenn ich heimkam, suchten meine Augen auf der mit Teppich belegten Treppe, die zu meinem Zimmer führte, ob ein Luftpostbrief von Meridel auf mich wartete. Sie war eine treue Briefpartnerin, und gewöhnlich bekam ich ein- bis zweimal in der Woche einen Brief von ihr, was mich sehr glücklich machte. Indische Luftpostbriefe waren unverkennbar. Sie waren von grünblauer Farbe, aus sehr dürftigem Papier, so dünn und brüchig, dass sie mir manchmal schon fast in der Hand auseinanderfielen. An den Seiten stand etwas in Hindi geschrieben, doch immer konnte ich Meridels charakteristische Handschrift erkennen.

Ihre Welt wurde zu meiner durch ihre lebhaften Schilderungen. Gespannt las ich von ihrer Pflegearbeit in den Nilgirihügeln des Staates Madras im Süden Indiens.

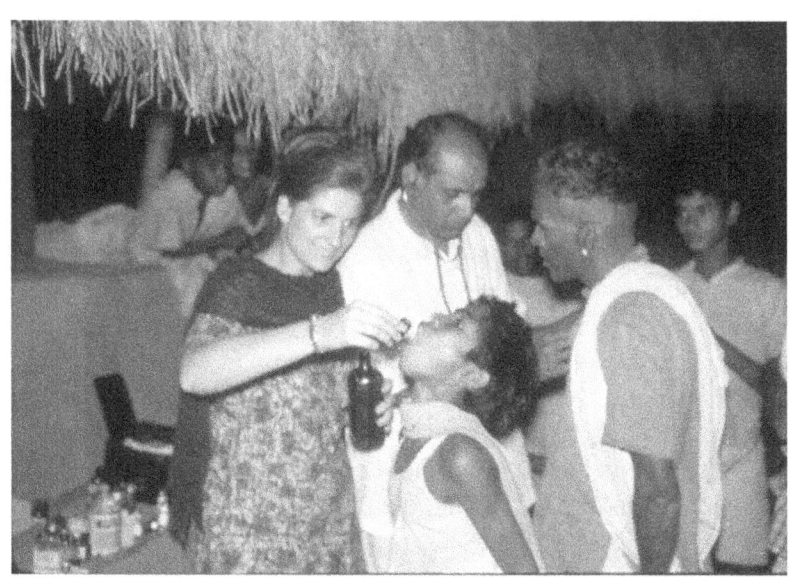

Meridel mit Dr. Narasinhan.

Eingeborene vom Stamm der Paniya

Ihre aus drei Kammern bestehende strohgedeckte Lehmhütte ohne Wasser und ohne Toilette lag an dem einzigen Schotterweg, der in die Nilgiriberge führte. Ihrer Hütte gegenüber hatte eine arbeitsame Familie einen Teeausschank, der aus Bambusstangen und Lehm bestand. Vorbeikommende Lastwagenfahrer und Ortsansässige verweilten dort, um aus Lehmtassen ohne Henkel, die dann weggeworfen wurden, ihren süßen ‚Chai' zu trinken.

Das ganze Dschungelgebiet war schon vor Generationen von den Britischen Kolonialisten übernommen und in blühende Tee- und Kaffeeplantagen sowie in Ferienorte verwandelt worden. Meridels ständige Begleiterin, Köchin, Haushälterin, Anstandsdame und Beraterin war ‚Amah'. Diese zahnlose, verschrumpelte und gebeugte Hindu-Großmutter sprach kein Englisch, sondern nur Tamil, eine Sanskritsprache, mit deren Aussprache sich Meridel an der Universität in Vancouver acht Stunden am Tag abgequält hatte. Doch jetzt befähigte sie ihr Arbeitssprachschatz, zwei Dschungelkrankenhäuser zu leiten und wöchentliche Runden in den umliegenden Dörfern zu machen, wo sie oft Müttern bei der Geburt ihrer Babys half. Sie arbeitete mit Dr. Narasinhan zusammen, einem bekannten indischen Spezialisten des Gesundheitswesens, der von Premierminister Neruh für seine außerordentliche Arbeit mit dem Paniya-Volk und acht anderen eingeborenen Stämmen ausgezeichnet worden war. Er führte Meridel bei den Stämmen ein, die in den geschützten, versteckt liegenden Siedlungen lebten. Sie waren seit Generationen von der fortschreitenden Zivilisation, die ihnen das Land wegnahm, hoch in die Nilgiriberge vertrieben worden. Die Paniyas sind Eingeborene, die von den frühesten bekannten Bewohnern Madagaskars abstammen. Anthropologen vermuten, dass sie auf Binsenflößen zur südwestlichen Küste Indiens gesegelt waren. Als Meridel ihre entlegenen Siedlungen besuchte, war sie die erste weiße Frau, die sie sahen. Die Paniyas rannten schreiend davon, als sie näherkam. Ihre Briefe waren sehr anschaulich, doch erst als ich den Film entwickelte, den sie mir geschickt hatte, nahmen ihre täglichen Verrichtungen eine neue Dimension für mich an. Sorgfältig beschrieb sie den Gegenstand eines jeden Dias. Ich konnte verstehen, was sie tat, wenn ich ihre anschaulichen Briefe las, doch als ich die Dias sah, war ich zutiefst gerührt.

Die Menschen waren von Armut gezeichnet und doch, wie glücklich schienen sie mit ihrem wenigen, irdischen Besitz zu sein!

Während Meridel auf dem Gebiet des Gesundheitswesens tätig war, hatte ihr CUSO-Kollege Hans-Henning Mundel, ein Agronom, die Aufgabe, dem Paniyastamm zu helfen, eine landwirtschaftliche Gesellschaft zu werden. Seine außerordentliche Arbeit wurde in einem Buch veröffentlicht, das von den drei Jahren in den Nilgiriberge handelt und sich auf die Briefe an seine Mutter und seine Verlobte stützt. [1]

Meridel war oft der Gegenstand meiner Unterhaltungen. Meine Studienkameraden interessierten sich auch sehr für ihre Dias. Ich besuchte eine Gemeinde, und diese Gruppe lud mich oft ein, einen Diavortrag über ihre Arbeit zu halten. Bilder sind soviel wert wie tausend Worte. Eigentlich hat meine Medienarbeit so begonnen. Ich sah den sofortigen Eindruck von Bildern und Kommentaren, die zusammen eine Geschichte erzählten.

Meridel war verantwortlich für zwei Dschungelhospitäler in Südindien.

---

[1] Mundel, Hans-Henning, *My Life Among the Paniyas of the Nilgiri Hills*. Carpe Diem Mundel Publishing, 2007

Mein Studium der Krankenhausverwaltung wurde von der Abteilung Öffentliches Gesundheitswesen der medizinischen Fakultät der Universität Toronto gesponsert. Es war ein sehr anstrengendes Studium, das Gesundheitsstatistik, Ökonomie, Buchhaltung, medizinische Gesetzgebung, Rechtswissenschaft, Kommunikation, Verwaltung und Anatomie miteinschloss. Wir mussten uns mit der Anatomie des menschlichen Körpers befassen, die von einem Professor der medizinischen Fakultät gelehrt wurde. Wir lernten die Fachterminologie der Medizin, um uns später als Krankenhausverwalter mit den Ärzten über jedes Gesundheitsthema unterhalten zu können. Außerdem kamen viele Gastprofessoren, die uns in ihren Spezialgebieten unterrichteten. Es war eine Menge Stoff, und ich musste mich anstrengen, um Schritt zu halten. Wir unternahmen auch Ausflüge zu den verschiedensten Krankenhäusern, von den großen Lehrkrankenhäusern, die mit der medizinischen Fakultät und der Schwesternschule der Universität verbunden waren, über mittelgroße städtische Krankenhäuser in den umliegenden Städten, bis hin zu winzigen ländlichen Kliniken mit nur zwei oder drei Betten. Insgesamt war es ein ausgezeichnetes Lernerlebnis. Oft schrieben wir Arbeiten oder hatten strenge Examen. Viel Zeit blieb mir da nicht, doch mit Mrs. Holmes führte ich lange Gespräche. Diese Achtzigjährige war eine Quelle des Mitgefühls, der Weisheit und des Wissens. Wir wurden schnell Freunde.

Da ich gern mehr von Ontario sehen wollte, meldete ich mich an, das kanadische Erntedankwochenende bei einem Studententreffen zu verbringen, dass im Camp im Wald
abgehalten wurde. Ich hatte Grant Bartlett im Studentencafé getroffen, und in den letzten fünfundvierzig Jahren sind wir gute Freunde geblieben. Gemeinsam fuhren wir zu dem wunderschönen Erholungslager am See der Buchten in Muskoka. Dieser Teil von Ontario wird ‚Land der Sommerhäuser' genannt. Das Lager liegt nördlich von Toronto im Seenbezirk, mitten in einem Wald von Tannen, Birken und Pappeln. Die Farben im Herbst sind unbeschreiblich. Wir fuhren mit unseren Fahrrädern über laubbedeckte Pfade und machten Bootsfahrten auf den verschiedenen Seen. Es war himmlisch. Doch nur einem der Sprecher gelang es, mir biblische Wahrheit lebendig zu machen.

Er besaß einen erfrischenden, zuversichtlichen Enthusiasmus. Neugierig geworden fragte ich ihn: „Worin besteht Dein Geheimnis? Wie kommt es, dass Du Dich so klar ausdrücken kannst?"

„Es ist der Geist des Herrn!", sagte er ruhig. „Bitte Gott einfach, Dich bis zum Überquellen mit Seinem Geist zu füllen." Offensichtlich war dieser Ort ungeeignet, öffentlich über die Erfüllung mit dem Heiligen Geistes zu sprechen, wie sie zum ersten Mal von Jesaja erwähnt wird (Jesaja 28, 11) Viel später wird im Neuen Testament in der Apostelgeschichte davon berichtet, wie die Jünger diese Erfüllung in Jerusalem erlebten. (Apostelgeschichte 2, 4)

Für mich war das alles neu, doch ich wollte auch haben, was er hatte! Ich hungerte danach, in Gott zu wachsen und von Ihm benutzt zu werden. Eins wusste ich genau: Religion war mir zuwider, doch ich wollte jeden Aspekt von Gottes Charakter kennenlernen. Es faszinierte mich, auf wieviele verschiedene Weisen Sein Geist einen Menschen erreichen konnte. Jesus hat es folgendermaßen ausgedrückt:

"Aber die Stunde kommt, ja sie ist schon gekommen, da wird der Heilige Geist, der Gottes Wahrheit enthüllt, Menschen befähigen, den Vater an jedem Ort anzubeten. Gott ist ganz anders als diese Welt, er ist machtvoller Geist, und alle, die ihn anbeten wollen, müssen vom Geist der Wahrheit erfüllt sein. Von solchen Menschen will der Vater angebetet werden." Johannes 4, 23-24

Der Aufwand, an dem Wochenende teilzunehmen, hatte sich gelohnt, denn jetzt wollte ich auch lernen, wie man ‚im Geist' anbetet. Wir kehrten zu unserem geschäftigen Studentenleben in Toronto zurück, doch ich konnte die Worte dieses inspirierten Sprechers nicht vergessen.

Nach dem ersten richtigen Frost wurde das Basketballfeld gegenüber von den örtlichen Feuerwehrleuten mit Wasser überflutet. Über Nacht bildete sich eine spiegelblanke Eisfläche, die beleuchtet für die Nachbarschaft als Hockeyfeld und Schlittschuhbahn diente. Eishockey ist Kanadas Nationalsport. Für etwa fünf Monate im Jahr sind die Eisflächen der Schauplatz der meisten Sportaktivitäten. Kanada brachte der Welt das Eishockey. Ein wöchentliches kanadisches Ritual ist das Verfolgen der Sendung "Hockeynacht in Kanada", die an jedem Samstagabend im ganzen Land im Fernsehen läuft. Grant und ich gönnten es uns, ein paar der NHL-Spiele 4 anzusehen, wenn die Toronto Mapleleafs gegen ihre berühmten

Gegner, die Montreal Canadiens spielten.

Gemeinsam opferten wir auch etwas von unserer Freizeit, um bei einer Jugendgruppe für benachteiligte Kinder zu helfen. Wir organisierten Fahrten und Sportveranstaltungen, was uns viel Spaß machte, doch wenn es darauf ankam, tiefe geistliche Wahrheiten und ewige Konzepte zu vermitteln, gelang es mir nicht, die Verbindung mit den Jugendlichen herzustellen. Ich dachte daran, wie leicht es dem jungen Mann gefallen war, dessen Worte ich an dem Wochenende nur so verschlungen hatte. Was hatte er mir voraus? Wie konnte ich von Gottes Geist erfüllt werden?

Um ein wenig Bewegung zu bekommen, nahmen Grant und ich eines Nachmittags unsere Schlittschuhe, um gegenüber Eishockey zu spielen. Zu der Zeit waren wir die Einzigen auf dem Eis. Ich schoss den Puck aufs Netz und rief Grant zu: „Weißt Du noch, was der Bursche im Lager gesagt hat, wie man von Heiligen Geist erfüllt wird?"

„Ja, ich weiß es noch," erwiderte er und schlug den Puck, dass er über das Eis sauste und mit einem Knall auf meinen Hockeyschläger traf.

„Und was hältst Du davon?" Meine Worte standen in der eiskalten Luft.

„Das weiß ich nicht." Er zuckte mit den Achseln und fing meinen Schuss auf. „Ich habe nicht weiter darüber nachgedacht."

„Nun, ich weiß eins," sagte ich und lief näher zu ihm. „Ich habe ein Paar Kapitel der Apostelgeschichte gelesen, und diese Juden hatten ein erstaunliches Erlebnis, das ihr Leben veränderte und ihnen die Stärke und das Herz gaben, die Welt von unten nach oben zu kehren. Ich kann mir nicht einmal vorstellen, wie das war."

„Aber Jay, wir wollen uns nichts vormachen," rief er, indem er rückwärtslief. „Jeder, mit dem ich darüber gesprochen habe, sagt, dass es heute nicht mehr möglich ist."

„Tja, aber ich denke, dass es doch möglich ist! Heißt es nicht, dass Gott gestern, heute und auf ewig Derselbe ist?"

Er holte aus und schlug den Puck, dass er gegen die Wand knallte und in einem verrückten Winkel davonsauste. „Was hältst Du davon, wenn wir den Herrn bitten, uns zu füllen? Ich brauche Deine Unterstützung dabei," sagte ich und jagte dem Puck nach.

Grant stand auf seinen Hockeyschläger gestützt. Seine Worte trafen die frostige Luft wie Dampf von einem heißen Motor.

„Okay, Rawlings. Wo und wann wollen wir es tun?", forderte er mich heraus.

Jetzt war ich es, der sich unsicher fühlte. Hatte ich mich zu weit vorgewagt? Doch mein Tank war leer und ich hatte die Routine satt, die wir nominelles Leben nannten. Deshalb sagte ich mutig: „Komm, wir gehen jetzt zu mir auf's Zimmer und beten. Wir können Gott bitten, uns heute mit Seinem Geist zu füllen." Zögernd willigte Grant ein. Ich verstand seine Zurückhaltung. War es nicht etwas gewagt, Gott so direkt zu fragen? Was würde jetzt geschehen, überlegten wir.

Wir ließen unsere Schläger und Schlittschuhe neben der Tür und schlichen auf Zehenspitzen die Treppe hinauf. Ich kniete vor meinem Stuhl und Grant vor der Kommode. Wir beteten abwechselnd.

„Oh, Herr, komm und fülle uns jetzt gleich." Wir warteten schweigend, aber nichts geschah. Nach einer Weile standen wir auf, verlegen und unsicher, was wir tun sollten. Wir beschlossen, irgendwo einen Hamburger mit Pommes zu essen. Im Restaurant sagte ich: „

Unsere Erfahrung, oder ich sollte sagen, der Mangel an einer Erfahrung kann nur bedeuten, dass wir bereits vom Heiligen Geist erfüllt sind."

„Ja", stimmte er zu, indem er seine Pommes in Ketchup tunkte. Ende der Diskussion. Viel später dachte ich an die frustrierende Zeit und lächelte, aber erst, nachdem ich ein wirkliches und tiefes Erlebnis im Heiligen Geist gehabt hatte, das mein Leben veränderte.

In den Weihnachtsferien beschloss ich, in Toronto zu bleiben, um den angehäuften Lesestoff aufzuarbeiten. Außerdem fehlte mir das Geld für den Hin- und Rückflug nach Victoria. Einige meiner verheirateten Kommilitonen sagten: „Mach Dir keine Sorgen, wir veranstalten eine Klassenparty." Wir bestimmten einen Abend und legten alle zusammen für Essen und Getränke. Die Pharmazeuten unter uns meinten: „Wir sind Experten im Mischen von Elixieren, wir bringen die Bowle." Heute weiß ich, dass das gefährlich ist. Ken, ein Kommilitone aus der Gegend von Vancouver, brachte seine junge Ehefrau Gina mit. Sie holten mich ab.

Auf der Party trafen wir die Familienangehörigen unserer verheirateten Kommilitonen. Das fröhliche Plaudern der Damen und die leichtherzigen Scherze der Herren füllten den Raum, genährt von großen Mengen Bowle. Wir wussten nicht, dass die Pharmazeuten die Bowle mit hundertprozentigem Alkohol „verbessert" hatten, der klar, geschmacklos und umwerfend ist. Nach ein paar Stunden, als die Lautstärke nicht mehr zu überbieten war, hatten die meisten von uns einen sitzen. Für mich war es das erste Mal, dass ich zu viel getrunken hatte. Glücklicherweise trank Gina - weil sie schwanger war - nur Ginger Ale und war in bester Verfassung, um Ken und mich nach Haus zu fahren. Wir waren beide ganz schön beschwipst. Die Moral von der Geschichte: Hütet euch vor Pharmazeuten, die anbieten, bei einer Party für die Bowle zu sorgen!

Es war mir sehr peinlich, denn Mrs. Holmes war streng gegen Alkohol, und so versuchte ich, mich ins Haus zu schleichen. Ich sah alles doppelt und es war schwierig, die vereisten Stufen zum Eingang hinauf zu kommen. Bis zur Tür hatte ich es geschafft. Ich steckte leise den Schlüssel ins Schlüsselloch und drehte den Schlüssel, doch es machte „Kleng" und die Tür öffnete sich nur einen Spalt.
Mrs. Holmes hatte, in der Annahme, dass ich schon zu Haus bin, die Sicherung vorgelegt! Was sollte ich jetzt tun? Meine Freunde waren weitergefahren, und es war viel zu kalt, um die Nacht draußen zu verbringen. Ich riss mich zusammen und prüfte das Schloss. Noch einmal öffnete ich die Tür, aber nur halb so weit. Meine Finger passten durch den Spalt und konnten den Sicherheitshaken lösen. Erleichtert öffnete ich die Tür und schlich mich hinein, ohne Mrs. Holmes aufzuwecken. Dankbar fiel ich in mein Bett und schlief sofort ein.

Am nächsten Morgen schlief ich mich richtig aus und sagte meiner liebenswürdigen Vermieterin nichts von der Kalamität am Vorabend.
Es war fast schon Mittag, als ich Meridels Weihnachtskarte auf meinem Frühstückstisch fand. Die Karte war einfach, doch passend. Sie zeigt alte und junge Gesichter aus Indien, Nepal und Tibet, in schwarz und weiß. Dazu hatte sie ein Gedicht ausgewählt, das begann mit:

"Horche auf das Stöhnen Asiens. Ich, der satt bin, der noch nie hungern musste, weil es kein Brot gab... ich sehe und versuche zu beten." [2]

Das Frühlingssemester verging wie im Fluge. Wir schrieben viele Essays und Arbeiten und mussten uns auf die Examina vorbereiten. Die Wochen rasten nur so dahin. Meridel schrieb weiterhin fleißig und berichtete mir von ihren Erfolgen. Der indische Arzt, für den sie arbeitete, dehnte seinen medizinischen Dienst auf weitere Stämme aus. Zur Verstärkung kamen drei Schwestern aus Deutschland, die mit Hilfe von Meridel die Arbeit übernahmen, die sie begonnen hatte. Für ihr zweites Jahr erlaubte ihr das CUSO-Hauptquartier in Neu-Delhi, herumzureisen und sich auszusuchen, wo sie als Nächstes arbeiten wollte.

Sie nahm einen Zug nach Kalkutta und fuhr dritter Klasse zu einer Aussprache mit Mutter Teresa und ihren hervorragenden Missionarinnen der Nächstenliebe. Mutter Teresa sprach nur ein paar Minuten mit Meridel, doch sie erklärte sich bereit, sie anzunehmen. Während ihrer Einweisung in Kalkutta folgte sie den Schwestern bei ihrer täglichen Routine, wenn diese in den Slums im Heim der Sterbenden oder in einer Leprakolonie arbeiteten. Mutter Teresa hatte zu dieser Zeit ein besonderes Abkommen mit dem Gouverneur von Bengalen, dessen Regierungsbezirk für den öffentlichen Verkehr gesperrt war.

Aufgrund der chinesischen Invasion der entlegenen und stolzen Nation von Tibet war dieses Gebiet militärisch gesichert worden. Mutter Teresa meinte, dass Meridels Fähigkeiten als Schwes-ter im Norden von Indien gut genutzt werden konnten. Und zwar sollte sie den tibe-tanischen Flüchtlingen helfen, die von Tibet in den Bezirk von Darjeeling strömten. Tausende flüchteten über den gefährlichen und mit Schnee bedeckten Natula Gebirgspass. Die Missiona-rinnen der Nächstenliebe brauchten in ihren vielen Außenstationen dringend medizinische Kräfte, besonders jetzt, wo es die verzweifelten und kränklichen Flüchtlinge gab.

Meridels Fotos zeigten die atemberaubende Schönheit des Himala-ja-Gebirges. Das menschliche Elend, das sie ebenfalls festhielt, war herzzerreißend.

---

[2] Dr. Tom Dooley, geschrieben während seines einjährigen Aufenthalts in Kambodscha

Darjeeling, das etwa 3000 Meter über dem Meeresspiegel liegt, blickt auf die großartige Kanchenjunga-Bergkette, südöstlich von Mount Everest. Meridel lebte in einem Kloster mit den irischen Schwestern von Cluney und arbeitete auch als Beraterin für die weiblichen Studenten von ganz Asien, in den angesehenen Schulen, für die Darjeeling berühmt ist. Dina, eine sehr zierliche Schönheit aus Iran, teilte ein Zimmer mit ihr. Ihr Vater, ein stolzer Zarathustrier, war der iranische Botschafter in Indien. Vormittags war Meridel damit beschäftigt, in einem großen Land Rover mit einem Team zu den tibetanischen Klöstern zu fahren. Sie verteilten Öl und Milchpulver und leisteten medizinische Hilfe. Die Nachmittage verbrachte sie mit einer

Junger Tibeter

kleinen Schwester, die die Landessprache beherrschte. Die Schwestern erkletterten die steilen Hänge der ‚Busties', der armseligen Hüttensiedlungen, die gefährlich an den sich ständig verändernden Hügeln klebten.

Mutter Teresas Missionarinnen der Nächstenliebe mit der rollenden Klinik in ihrem Land Rover. Hilfe für Tibetische Flüchtlinge, 1967 - Darjeeling, India.

Auch hier leisteten sie in einer Hütte nach der anderen medizinische Hilfe. Wenn sie schließlich gegen Abend zurück nach Darjeeling kamen, ging Meridel oft zum Markt, um an einem tibetanischen Imbiss Abendbrot zu essen. Er war eine Konstruktion aus Wellblech, mit Markisenstoff an den Seiten. Ein großer, altmodischer Kochherd im Hintergrund verströmte Hitze, an der sie sich wärmen konnte. In sechs Riesentöpfen kochte blubbernd das Essen. Meridel gefiel es, dass sie sich selbst mit Suppe, Nudeln, gedämpftem Gemüse und einem Fetzchen Fleisch daraus bedienen konnte. Sie schrieb mir, wie viel Freude es ihr machte, mit den Einheimischen zusammen zu sein. Ich dachte daran, wie der Professor in der UBC - bevor Meridel die Erlaubnis hatte, nach Indien zu gehen -, nach einer strengen psychologischen Prüfung zu ihr gesagt hatte: „Es ist Dir angeboren, Dich mit Menschen zu verständigen. Du wirst in der Hinsicht nie Probleme haben."

Meridel hatte außerdem die Pflicht, sich um die verlassenen Neugeborenen zu kümmern. Diese manchmal zu früh Geborenen wurden auf Eisenbahnschienen, in Müllkästen und auf Feldern gefunden. Andere wurden auf die Stufen des Hauses gelegt, in dem die Schwestern wohnten. Meridel musste sie in der Nacht betreuen und nahm sie im Nonnenkloster mit in ihr Zimmer, um sie alle zwei Stunden zu füttern. Sie legte sie in die Schubladen ihrer Kommode, denn Kinderbettchen gab es nicht. Die Todesrate war fast 100%. Sie erzählte mir später, dass sie in dieser Zeit ihres Lebens herauszufinden suchte, was es heißt, von Gottes Geist erfüllt zu sein. Soviel Tod um sich zu haben zerbrach sie emotionell, und sie brauchte Trost.

In der Zwischenzeit beendete ich mein erstes Jahr an der Universität von Toronto. Meine Kommilitonen und ich warteten gespannt darauf, wen wir im zweiten Jahr für's Praktikum zugeteilt bekommen würden. Wir sollten ein Jahr lang neben einem erfahrenen Verwaltungsdirektor arbeiten. Dieses Mentorenjahr war eine äußerst wertvolle Grundlage für uns als künftige Krankenhausverwalter. Die Schule für Krankenhausverwaltung hatte mehrere Krankenhäuser im Süden von Ontario zur Auswahl. Sie entschied, an welchem Ort der Student sein praktisches Jahr verbringen sollte. Mich schickte man zum

Allgemeinen Krankenhaus in Hamilton, das zur Gruppe der Bürgerlichen Krankenhäuser in Hamilton gehörte. Dieses Multi-Krankenhaus mit seinen 1.800 Betten war zu der Zeit das größte seiner Art in Kanada. Sein Schwesternkrankenhaus, das Allgemeine Krankenhaus in Henderson, liegt auf dem Hamiltonberg. Dieses Verbundsystem hielt man damals für das System der Zukunft, da mit ihm verhindert werden konnte, dass medizinische Hilfeleistungen in einer Stadt oder einem Gebiet doppelt geleistet werden, was aus ökonomischen Gründen wichtig ist. Rückblickend wird mir klar, dass dieser besondere Ort eine entscheidende Rolle in unserer Zukunft spielen sollte.

Ich packte meine Koffer und verabschiedete mich von Mrs. Holmes, der ich versprach, ihr Meridel eines Tages vorzustellen. Ich fuhr in meinem Triumph TR 4 nach Hamilton und fühlte mich einsam, als ich in der ‚Stahlstadt' ankam. An einem heißen schwülen Tag richtete ich mein Zimmer im Wohnheim der Praktikanten ein. Das Allgemeine Krankenhaus von Hamilton befindet sich an der Bartonstreet, in einer der ältesten Gegenden der Stadt und ist von Schwerindustrie umgeben. Die nahegelegene, riesige Stelcohütte versorgt Kanada mit einem Großteil seines Stahls, weshalb die Luftqualität rund um das Krankenhaus schlecht ist. Die Angestellten und medizinischen Fachkräfte im Krankenhaus begrüßten mich voller Wärme. Ich fühlte, dass ich willkommen war. Man zeigte mir mein neues Büro, das dicht neben dem Haupteingang lag. Es war mein erstes eigenes Büro. Von meinem Schreibtisch aus blickte ich durch ein großes Glasfenster in den Empfangsraum, was mir erlaubte, die Menschen zu beobachten, die einund ausgingen. Ich sah mich in meinem Büro um. Zum Glück hatte ich eine Klimaanlage. Mit einem neuen Gefühl der Erwartung stellte ich die Möbel so, wie es mir gefiel. Allmählich wurde es aufregend.

Schon bald merkte ich, dass ich von dem ständigen Sitzen am Schreibtisch meine Kondition verlor. Um das zu ändern, versuchte ich, in der Gegend zu joggen, doch die Qualität der Luft war so schlecht, dass ich es bald aufgab. Ich bewarb mich bei der örtlichen Baseballmannschaft, den Hamilton Red Wings, und wurde als Back-Catcher angenommen. Gewöhnlich arbeitete ich im „Bullenstall", wo sich die

Pitcher warmspielen, die aufgerufen werden, den Starter abzulösen. In einer Liga, die wesentlich professioneller war als die Teams in Victoria, war es eine gute Übung. Ich spielte sogar bei einigen Spielen mit, doch, um es richtig zu machen, hätte ich sehr viel mehr Zeit opfern müssen, und das konnte ich mir nicht leisten.

Inzwischen war es Juni 1967, und ich werde nie vergessen, wie ich jeden Morgen rannte und mir eine Tageszeitung kaufte, um mich über die Weltgeschehnisse zu informieren. Die Überschriften sagten: „Krieg in Israel." [3] Bis dahin war mir das kleine Wüstenland im Mittleren Osten weit entfernt vorgekommen, doch jetzt brachten die Ereignisse dieses Konflikts das Land und die Menschen von Israel direkt in meine Welt. Ich war erstaunt, wie schnell der Krieg beendet und Jerusalem in die Hände der Juden gelangt war. Ich fand heraus, dass die Heilige Stadt zum ersten Mal seit 2.000 Jahren unter jüdischer Herrschaft vereint war. Aus irgendeinem Grunde machte diese Tatsache einen tiefen Eindruck auf mich. Ich überlegte: ‚Hat Jesus das gemeint, als Er sagte: *"Die Menschen werden mit dem Schwert erschlagen oder als Gefangene in die ganze Welt verschleppt werden. Jerusalem wird von den Völkern, die Gott nicht kennen, verwüstet werden und wird in Trümmern liegen, bis die Zeit der Völker abgelaufen ist."* Lukas 21, 24

Ich begann mehr und mehr über die Bedeutung des modernen Staates Israel zu lesen, und zwar alles, von der Bibel bis zu historischen Büchern und Tageszeitungen. Mich faszinierte die prophetische Bedeutung dieses einmaligen Landes. Mein Herz war bewegt von der Liebe des Vaters für Seine Menschen. Welch eine Liebesgeschichte! Ich verschlang die Stellen, die beschrieben, wie Er sich nach ihnen sehnte, sie beschwor, sie zurechtwies, und wie Er über Sein Volk Israel weinte. Er versprach, sie einmal wieder in ihr Land zurückzubringen, und 1948 hat Er es getan. Für mich war das erlebte Geschichte!

Ich ahnte nicht, dass mein Leben eines Tages völlig in Jerusalem und Israel aufgehen sollte und meine Söhne und Enkel in dieses Land gepflanzt werden würden. Ich hätte auch nie voraussehen können, dass ich Drehbücher schreiben oder Dokumentarfilme drehen würde,

---

[3] Der Sechstagekrieg

die vom Israelischen Außenministerium weltweit benutzt werden. Noch hatte mich der Ruf nicht erreicht, Nachrichten und Informationen von Israel zu senden und sie mit den ewigen Worten der hebräischen Propheten zu verbinden, die diese von Jerusalem aus gesprochen hatten. Die Welt würde mein Publikum sein. Die Bibel ermahnt uns, kleine Anfänge nicht zu verachten. Ich verachtete diese ersten paar Monate in Hamilton nicht. ‚Ja', sagte ich mir, als ich in meinem Büro saß, ‚es war ein guter Tag voller kleiner Anfänge'.

Zeitlose Geheimnisse

"...denn mein Plan mit euch steht fest: Ich will euer Glück und nicht euer Unglück. Ich habe im Sinn, euch eine Zukunft zu schenken, wie ihr sie rhofft. Das sage ich, der Herr." Jeremia 29, 11

Wir Menschen grenzen Gott ständig ein! Wir können uns jedoch dafür entscheiden, bei jeder Wende im Leben nach Ihm zu forschen. Wenn wir zurückschauen, ist es nicht schwer zu sehen, dass Er immer bei uns war.

Dieses letzte Kapitel handelt von verschiedenen Situationen, einige waren herzzerbrechend, andere verlangten nur Ausdauer. Sieh zu, dass Dir Dein Glaube an Gott so wichtig wird wie der nächste Atemzug. Das bedeutet, Du musst wissen und lernen wollen. Gott sieht in unser Herz und gibt uns, was wir von Herzen begehren, wenn es dabei um Ihn geht. Du wirst staunen, wie Er die Schätze Seines Heiligen Geistes öffnet. Als ich Meridels Dias von Indien vorführte, ahnte ich nicht, dass der Herr mich für eine Karriere in den Medien vorbereitete. Es begann mit meiner Liebe zu Ihm und dann mit Meridels und meinem Wunsch, ihre Arbeit mit anderen zu teilen. Erst war es nur ein unsichtbarer Samen in meinem Denken, doch er wuchs und wurde zu meinem Lebenswerk.

Sorge Dich nicht, wenn Du zur Zeit in einem Studienprogramm bist und Dich für kein bestimmtes Ziel entscheiden kannst. Überlasse es dem Herrn, Dich in Seinen vollkommenen Plan für Dein Leben zu führen.

Nimm Dir die Zeit, über Sein Wort nachzudenken, und tue es mit der gleichen Intensität, mit der Du für Dein Studium lernst.

Hier ist der Erfolgsplan des Herrn:

"Sprich die Weisungen aus meinem Gesetzbuch
ständig vor dich hin
und denke Tag und Nacht darüber nach,
damit dein ganzes Tun
an meinen Geboten ausgerichtet ist.
Dann wirst du Erfolg haben
und wirst alles,
was du beginnst,
glücklich vollenden."

Josua 1, 8

Kapitel 10

Bei allem Lernen suche vor allem Weisheit

Mein praktisches Jahr in der Krankenhausverwaltung verging sehr schnell. Das war gut so, denn ich vermisste Meridel mehr und mehr. Obwohl sie selbst sehr beschäftigt war, schickte sie mir getreulich ihre Briefe, die inzwischen alle zehn Tage eintrafen. Ihre Dias von Indien waren einfühlsam und zutiefst bewegend.

Krankenhäuser sind sehr geschäftige Orte. Jeden Tag nahm ich um 8.30 Uhr morgens an einer Besprechung der obersten Manager teil. Die Gruppe bestand aus Ray Walker und John Haselhurst, den Verwaltungsdirektoren, Dr. George Woodward, dem beisitzenden Direktor, Fräulein Margaret Charters, der Oberschwester und mir. Es war eine völlig neue Erfahrung, doch ich konnte mithalten, indem ich mir Notizen machte. Es faszinierte mich zu sehen, wie Entschlüsse gefasst wurden. Schnell fand ich heraus, dass wichtige Dinge immer sorgfältig diskutiert wurden. Die Meinung eines jeden im Managerteam wurde erwogen. Manchmal wurden bestimmte Abteilungsleiter herbeigerufen, um weitere Umstände oder Tatsachen zu erfahren.

Ich fand heraus, wie wichtig es war, zu jedem Thema so viele Einzelheiten wie möglich zusammenzutragen, um gute Entscheidungen treffen zu können. Und ich begriff den Wert der klaren Ausdrucksweise. Ein effektiver Leiter muss in der Lage sein, Informationen schnell zu analysieren, zu denken und dann mühelos aus dem Stegreif zu reden. Die Entwicklung von Selbstvertrauen und Teamgeist begann in unserer Organisation an der Spitze und wurde nach unten weitergegeben. Es war die Aufgabe des Managements, im Krankenhaus eine positive und inspirierende Atmosphäre zu schaffen, die den Patienten zugutekam, denen wir letztendlich dienten und hoffentlich helfen würden. Einmal in der Woche hatten wir auch ein Treffen mit den Managementteams vom Allgemeinen Krankenhaus in Hamilton und Henderson.

Diese Treffen wurden immer von Dr. Bill Noonan, dem obersten Direktor der gesamten Organisation geleitet. Er war ein Mann, der keine großen Umstände machte, ein fabelhafter Kommunikator und strenger Leiter, der von seinen Mitarbeitern Höchstleistungen verlangte. Der Finanzdirektor Bob Krebs war ein saurer, zynischer Engländer und Bills Alter Ego. Er fluchte wie ein Landsknecht, doch seine Finanzberichte waren genau und lieferten den Direktoren die nötigen Informationen, um das Schiff durch die rauhen finanziellen Gewässer zu steuern. Rückblickend sehe ich, dass man mir eine der besten Assistentenstellen gegeben hatte. Professorin Eugenia Stuart von der Universität von Toronto, die während des Praktikums meine Mentorin war, hatte mich nach Hamilton geschickt, und ich bin sicher, dass sie mich damit abhärten wollte. Dankbar erinnere ich mich dieser Tage, denn ich lernte grundlegende Prinzipien des Managements, die mir in den letzten fünfundvierzig Jahren sehr zu Nutze kamen. Ich lernte es, Entscheidungen unter Druck zu treffen, und besaß bei meinem Abschluss die Werkzeuge, Firmen jeder Größe zu leiten.

Ich begann mehr von meiner Freizeit in meinem Wohnheim zu verbringen. Dort traf ich viele interessante junge Ärzte aus Kanada und aller Welt. Einige beendeten ihre Assistenzzeit, in der sie sich Spezialkenntnisse in der Chirurgie, der inneren Medizin, Geburtshilfe, Kinderheilkunde, Psychiatrie, Intensivmedizin, Unfallmedizin, Altersheilkunde und Onkologie erworben hatten. Am Ende ihres Jahres machten diese jungen Ärzte an der medizinischen Fakultät ihre schriftlichen und mündlichen Abschlussprüfungen. Sobald sie diese bestanden hatten, wurden sie nach sieben anstrengenden Studienjahren mit ihrer Approbationsurkunde belohnt. Danach konnten sie entscheiden, ob sie Ärzte für Allgemeinmedizin bleiben oder sich als Spezialisten weiterbilden wollten. Wählten sie die Laufbahn eines Spezialisten, mussten sie als Assistenzärzte weitere vier Jahre auf dem jeweiligen Fachgebiet arbeiten. Auf dieser Ebene konzentriert man sich nur auf das eine Gebiet. Das Allgemeine Krankenhaus in Hamilton war ein Lehrkrankenhaus, in dem es zahllose Assistenzärzte der verschiedensten Spezialgebiete gab.

Guy Favelle, ein Schweizer Assistenzarzt, und ich wurden gute Freunde. Er liebte die Natur und besonders das Bergsteigen. Da er sich vor schmutzigen Händen nicht scheute, zeigte er mir, wie ich den Vergaser von meinem Triumph TR 4 selbst einstellen konnte. „Es ist wie eine Operation, schmutzig aber notwendig", erklärte er mir.

„Komm, wir machen eine Probefahrt mit Deinem Auto", sagte er, als er unter der Motorhaube zum Vorschein kam. Wir fuhren auf die Umgehungsstraße, die um Hamilton herumführt, und er steigerte die Geschwindigkeit auf 160 Kilometer pro Stunde. Im Jahre 1968 war das sehr schnell. Zum Glück waren nur wenige Autos auf der Straße und die Polizei mit ihrem Radarsystem erwischte uns nicht.

Im September musste ich noch einmal an der Universität von Toronto Vorlesungen besuchen, in denen ich lernte, wie man eine Doktorarbeit anfertigt. Sie sollte originale Forschungen und Erkenntnisse im Hinblick auf bestimmte Aspekte des Gesundheitswesens enthalten. Dr. Faulkner, mein Berater, litt unter schwerer spinaler Arthritis. Ich bemerkte, dass er vor Schmerz das Gesicht verzog, wenn er sich zu mir beugte und mir persönliche Anweisungen gab. Seine Haut war fast durchsichtig, doch sein Verstand war klar, ruhig und schöpferisch. Ich sprach mit ihm über verschiedene Ideen, und wir einigten uns schließlich, dass ich eine Studie in zwei verschiedenen Arztpraxen für Allgemeinmedizin machen würde. Beide Kliniken hatten vier Ärzte mit ihren jeweiligen Krankenschwestern und eine gemeinsame Sekretärin am Empfang. Die eine allgemeinmedizinische Praxis war in einer Wohngegend, während die andere eine Praxis für Allgemeinmedizin des Gesundheitswesens im Henderson Allgemeinen Krankenhaus war und dem Programm für Allgemeinmedizin der medizinischen Fakultät der McMaster Universität unterstand.

Der Zweck meiner Doktorarbeit war einfach, doch originell. Ich sollte die Arbeitsgänge der einzelnen Krankenschwestern in beiden Kliniken beobachten und festhalten. Ich musste genau aufzeichnen, wie viel Verantwortung die Ärzte den Schwestern im direkten Umgang mit den Patienten übertrugen. Dazu war es notwendig, dass ich zu den Sprechstunden ging, eine Liste der von den Schwestern verrichteten Tätigkeiten aufstellte und diese mit einem Codewort versah.
Die Frage war, wie viel Zeit sie täglich mit den einzelnen Tätigkeiten verbrachten. Es wurde angenommen, dass die Ärzte in der allgemeinmedizinischen Praxis im Krankenhaus ihren Schwestern mehr

direkte Patientenpflege überließen, als die in der örtlichen Arztpraxis. Meines Wissens hatte niemand zuvor in einer vergleichenden Studie gemessen, wie viel eigentliche Zeit eine Krankenschwester mit dem Patienten verbringt.

Es war ein zeitraubendes Projekt. Als ich Meridel davon berichtete, schrieb sie in einem ihrer Briefe: *„Nach sechs Jahren an der Universität hast Du endlich herausgefunden, wie Du „völlig legal" den ganzen Tag junge, hübsche Krankenschwestern beobachten kannst."*

Das Schreiben meiner Doktorarbeit erforderte Genauigkeit und technisches Vermögen. Es wurden Analysen, Tabellen und graphische Darstellungen verlangt. Ich maß die Arbeitsvorgänge der einzelnen Schwestern und stellte sie graphisch dar. Auf diese Weise konnte ich genaue Vergleiche anstellen. Ich musste die Fußnoten und Zitate in der richtigen Reihenfolge angeben und nummerieren. Denkt daran, das war, bevor wir Computer und Internet hatten. Ich höre mich prähistorisch an, stimmt's? Nun, immerhin hatten wir elektrische Schreibmaschinen!

Schließlich zeigten meine Ergebnisse, dass die Ärzte in der Krankenhauspraxis den Schwestern tatsächlich mehr direkten Umgang mit den Patienten übertrugen, als die in der örtlichen Praxis für Allgemeinmedizin. In Gedanken verglich ich ihren Achtstundentag mit den vielen Stunden, die mein Liebling Tag für Tag damit verbrachte, den Ärmsten der Armen in den Bergen Nordwestbengalens zu helfen.

Da ich wenig Zeit für Geselligkeiten hatte, war ich dankbar für die gelegentlichen Abendessen bei Jean und Norm Smith in Hamilton, den Verwandten meiner Mutter, die mich wie ihren Sohn behandelten. Jean backte Scones, die sie mit heißem Tee, selbstgemachter Himbeerkonfitüre und natürlich mit Sahne servierte. Ihre erdverbundene Aufrichtigkeit erinnerte mich an zu Hause. Diese Besuche waren das wirksame Gegengift zu den vielen Fahrten zu Dr. Faulkners Büro in Toronto. Er gab mir unendlich viele Ratschläge und verlangte jedes Mal neue Änderungen. Ich war völig gestresst, ob ich meine Doktorarbeit rechtzeitig fertig-bekommen würde.

Im Februar 1968 hatte ich meine Untersuchungen beendet. Nachprüfungen in den Literaturverzeichnissen zeigten, dass zu dem Thema keine ähnlichen Studien gemacht worden waren. Nach einer sorgfältigen Korrekturlesung tippte meine Sekretärin Joanne meine endgültige Arbeit, die als zwei Bücher gebunden wurde. Eins wurde meinem Doktorvater an der Universität von Toronto gegeben und eins befindet sich noch in meinem Besitz. Das Datum, an dem ich meine Arbeit verteidigen sollte, war der 26. April 1968 um 9 Uhr morgens. Ohne dieses mündliche Examen hätte ich keinen Abschluss bekommen.

Zu der Zeit merkte ich, dass die Briefe von Meridel immer weniger wurden. Als ich im Februar und im März nur jeweils einen Brief erhielt, machte ich mir Sorgen. Auch ich hatte ihr weniger geschrieben, weil ich meine Arbeit beenden musste und das Examen auf mich wartete. Ich spürte aus ihren Zeilen, dass sie sich viele Gedanken machte, und sie hatte erwähnt, dass sie mit ihren guten Freunden Roy und Alma Hagen nach Nepal gehen wollte.

Meridel:
Die Amerikaner Roy und Alma Hagen hatten sich Jahre lang darauf vorbereitet, in Nepal zu leben und zu arbeiten. Doch ihr Antrag für eine Aufenthaltsgenehmigung wurde 1948 abgelehnt. In jenen Tagen wurde Nepal, ein Hindukönigreich, von einem Gottkönig regiert und war dem Westen völlig verschlossen. Die einzigen Ausländer, die gelegentlich einreisen durften, waren Ärzte und Touristen.

Nur 2% der Bevölkerung konnte lesen und schreiben, und das Ziel der Hagens war es, eine Druckerei zu gründen. Diese engagierten Christen hatten klar erkannt, dass eine moderne Fassung der Bibel in der Umgangssprache der Nepalesen gebraucht wurde. Unverzagt zogen sie nach Darjeeling, das an der Ostgrenze von Nepal liegt. Hier studierten sie die Sprache und richteten später eine Bibelschule für Nepalesen ein, in der sie ihnen beibrachten, mit ihren eigenen Menschen zu arbeiten. Gemeinsam entwickelten sie ein Programm für Publikationen, und Abschnitte einer neuen Version der Bibel fanden ihren Weg nach Nepal. Nepal hat eine schreckliche Geschichte der Verfolgung von frühen Christen.

Ich traf die Hagens auf einer Gesellschaft und war beeindruckt von der draufgängerischen und lebhaften Alma, der Mutter von vier sehr aktiven und intelligenten Söhnen. Da sie ein Herz dafür hatte, anderen zu dienen, lud sie mich zu einem selbstgekochten Essen ein, und schon bald war sie für mich wie eine große Schwester. Sie war eine der positivsten Frauen, die ich je getroffen habe, und mit ihrem fröhlichen Lachen zeigte sie ihre Liebe für andere. Es fiel ihr leicht, mit den vielen kulturellen Gruppen der Gegend Verbindung aufzunehmen, und immer trug sie einen Sari.

Meine liebste Erinnerung an sie ist, wie wir im Monsunregen in ihrem mit Schlamm bedeckten Jeep die abschüssigen Pfade, die sich in Ströme verwandelt hatten, hinunterfuhren, um „Geschäftliches" zu erledigen. Sie nahm mich mit auf die Fahrten zu den kleinen Orten in den Bergen von Darjeeling. Dort sah ich eine andere Seite vom Leben, als die äußerste Armut, der ich täglich mit den Missionarinnen der Nächstenliebe begegnete. Ich beobachtete, mit wie wenig Alma auskommen konnte. Zum Beispiel: Weil sie kein richtiges Studio hatte, um ihre wöchentliche Kinderstunde fürs Radio aufzunehmen, behalf sie sich damit, die Aufnahme unter einer Decke im Kleiderschrank zu machen. Ihre Sendung wurde von der Far East Broadcasting Company über Kurzwelle gesendet und erreichte Englisch sprechende Kinder in ganz Asien. Von überall kamen Briefe der Kinder, in denen sie schrieben, wie sehr sie diese Geschichten liebten.

Etwas Anderes fiel mir an Alma noch auf, das war ihr Korb voller Briefe, der sie wie andere Frauen ihre Lieblingshandtasche überall hin zu begleiten schien. Ich kam nicht darüber hinweg, mit welcher Hingabe sie denen antwortete, die sich die Zeit genommen hatten, ihr persönlich zu schreiben. Ich wusste noch nicht, dass auch ich mein Leben weit weg von meinem Heimatland verbringen und die Briefe schätzen lernen würde, die uns ermutigten und halfen.

An einem sonnigen Morgen traf ich Alma, als ich mit den Schwestern auf dem Weg zu den verschiedenen Zentren war, um Öl und Trockenmilch zu verteilen. Sie hielt mit ihrem Jeep neben unserem Land Rover und, nachdem sie die Schwestern und mich begrüßt hatte, erzählte sie mir von zwei außergewöhnlichen amerikanischen Schwestern, Ruth und Susan. Sie hatten sich im Laufe der Jahre öfter in ihrer Druckerei in Darjeeling getroffen. Dann lud sie mich ein, mit ihr und ihrer Familie in ihrem Jeep über Land von Darjeeling nach Kathmandu in Nepal zu reisen. Wir sollten die Gäste einer großen Familie sein, deren Vater der Verwalter des dortigen großen Missionskrankenhauses war. Sie erwähnte auch, dass wir während unseres Besuchs Ruth und Susan treffen würden, die Verbindung mit der königlichen Familie von Nepal hätten. Ich verlor keine Zeit und bat Schwester Damien um Urlaub. Sie lächelte freundlich und sagte in ihrem kaum hörbaren Englisch: „Gehe, Meridel. Du hast hart gearbeitet und brauchst Ferien."

In Kathmandu luden die Frauen Alma und mich zum Essen ein. Wir aßen in einem bekannten Hotel, das hauptsächlich von Bergsteigern, Tigerjägern sowie ortsansässigen und ausländischen Geschäftsleuten besucht wurde. Nach dem Essen saßen wir gemütlich in den fettgepolsterten Ledersesseln dicht vor dem Feuer in der "Yak and Yeti Bar". Tigerfelle bedeckten den Fußboden und die Wände, und ein freistehender runder Kamin wärmte den kühlen Raum. Die Bar selbst war leer. Wir tranken unseren Kaffee und erfreuten uns der freundlichen Atmosphäre. Jeder erzählte von seinen unterschiedlichen Erfahrungen.

Jay:
Meridel schrieb von ihrem Erlebnis in diesem luxuriösen Hotel in Kathmandu. Ehrlich gesagt, war ich alarmiert, als ich das Folgende las: *„Für Alma und mich wurde gebetet, dass wir vom Heiligen Geist erfüllt werden."* Meridel erklärte weiter: *„Mit großer Mühe sprach ich in einer fremden Sprache. Dann gab man mir die Prophetie, dass ich schon bald zu den Menschen gehen würde, deren Sprache ich gerade gesprochen hatte!"* Verschiedene Hotelgäste rückten ihre Stühle näher und hörten zu, wie wir beteten und Gott lobten. Ein Gentleman aus dem Ort sagte zu Ruth, dass ich Tibetisch gesprochen hätte."

Zuerst reagierte ich mit „Wow!", dann begann ich mir Sorgen zu machen. Was ging da vor sich? Ich konnte es mir nicht einmal vorstellen. Mein Antwortbrief war kurz und eilig. Ich hatte Angst. „Grant und ich haben schon vor einem Jahr um diese Segnung gebetet und nichts hat sich ereignet!" Ich warnte sie vor religiösen Fanatikern. Danach spürte ich, wie sich eine Spannung in unserer Beziehung bemerkbar machte.

Meridel:
Nach diesem Erlebnis mit dem Heiligen Geist und nachdem ich eine „bekannte" Sprache aus der Gegend gesprochen hatte, wurde mir Gelegenheit gegeben, das bergige Gebiet meiner „neuen Sprache" zu besuchen. Einige Tage danach hatten Susan und ich ein einmaliges Abenteuer. Wir flogen von Kathmandu zu dem entlegenen Dorf Pokrah. Es war ein beängstigendes Erlebnis. Wir flogen in einer viersitzigen Cessna, und ich war schockiert, als der Pilot zum Landen ansetzte und auf eine Kuhweide zusteuerte. Als er das Fenster öffnete und das Nebelhorn bediente, stoben die Kühe in alle Richtungen davon, gerade noch rechtzeitig für unsere holprige Landung.

Wir begaben uns direkt zu dem örtlichen Marktplatz, wo wir einen Dolmetscher fanden. In einfachem Englisch erklärten wir ihm, dass wir hoch in die rauhe Annapurna Bergkette, im Nordosten von Nepal trecken wollten. Wir zeigten auf die Bündel zu unseren Füßen und erklärten; „Wir brauchen Träger, die diese kleinen nepalesischen Bücher für uns tragen, die von dem Wunder und der Liebe des größten Königs handeln. Kannst Du uns zuverlässige Träger besorgen, die unsere Lasten tragen und uns hoch zu den vielen entlegenen Dörfern führen?"

Der Dolmetscher grinste und nickte. Es war leicht, für unseren längeren Treck Träger zu finden. Sir Edmund Hillary, der erste Mann, der den Mount Everest bezwang, hatte eine ähnliche Strecke gewählt. Schon bald hatten sich vier bronzefarbene, muskulöse Männer eingefunden. Jeder hatte eine Wollmütze auf, obwohl ihre mit Hornhaut bedeckten Füße barfuß waren. Sie kauten Betelnussblätter, die in Limonen Saft mariniert waren. Interessiert sahen sie auf unsere Lasten und grinsten freundlich mit zahnlosen Mündern.
Sie stellten ihre handgewebten Lastkörbe, die mit einer Stirnschlinge getragen werden, auf die Erde, und vier von ihnen hockten sich hin, während der Dolmetscher ihnen erklärte, worin ihre Arbeit bestand. Dabei spuckten sie der Reihe nach den roten Betelnusssaft in den feinen Staub zu ihren Füßen. Es war früher Nachmittag, als sie die Lasten auf ihre Rücken nahmen. Außer den Johannesevangelien hatte ich noch ein anderes Päckchen versteckt, das mir anvertraut wurde.

Ich wusste, dass es eine besondere Seele gab, die es erhalten würde. Aber später mehr darüber.

Ich fühlte mich merkwürdig heimisch und war gespannt auf das Abenteuer. Ich besaß Erfahrung mit Sherpas im Süden von Indien, doch hier waren unsere Träger Dorfbewohner. Sherpas werden auf der ganzen Welt als Beschützer und Wächter verdingt, denn sie sind für ihre unumstößliche Loyalität und Tapferkeit bekannt. Doch in dieser Gegend werden sie als Führer und Träger verdingt, um die Bergsteiger auf ihren Expeditionen zu den höchsten Berggipfeln der Erde zu begleiten.

Es stellte sich heraus, dass die Träger „ungeschliffene Diamanten" waren. Eine enorme Lungenkapazität war ihnen angeboren, die sie befähigte, in der dünnen Höhenluft schwere Lasten zu tragen. Den Preis für die Reise hatten wir in nepalesischen Rupien ausgemacht. Sie hatten sich einverstanden erklärt, dass jeder Träger nach Pokrah zurückkehren würde, sobald sein Korb leer wäre. Alle Einzelheiten waren besprochen und mit den Lasten an ihrem Platz begannen wir unseren Treck. Susan fiel durch ihre westliche Kleidung auf, während ich örtliche Kleidung trug. Bei Sonnenuntergang folgten wir unseren Führern ängstlich über den Markt, aus dem Dorf hinaus und auf die kühlen Hügel. Wir verteilten viele Bücher an diesem ersten Abend. In einem Gasthaus am Wege, das an die uralten Karawansereien von Asien erinnerte, fanden wir Unterkunft.

Der nächste Tag begann in der Kühle des anbrechenden Morgens. Wir folgten weiter dem gewundenen, ansteigenden Pfad. Am Vormittag hielten wir zwischen schmalen Steinterrassen, um zu verschnaufen. Der Ausblick über die tiefen, bodenlosen Täler war atemberaubend. Uralte, mit der Hand gesetzte Steinmauern beschützten das bisschen Mutterboden, den es hier in dieser rauhen Region gab. Die kostbare Erde, die den steilen Bergen abgerungen worden war, zeugte von der harten, ausdauernden Natur dieser Dorfbewohner.

Es war Erntezeit. Goldene, stämmige Halme mit voll gereiften Ähren schwangen sanft in der kühlen Bergbrise. Wir machten eine Pause und beobachteten, wie die Halme geschnitten und zum Trocknen gebündelt wurden, wie es schon seit Jahrhunderten getan worden war. Das gesamte Dorf war dabei, von den Alten bis zum jüngsten Kind, das auf der Hüfte einer älteren Schwester getragen wurde. Winzige Babys hingen den Müttern in Tücher gebunden auf dem Rücken.

Als die sonnenverbrannten Dorfbewohner uns mit unseren Lasten sahen, unterbrachen sie ihre Ernte. Sie ließen ihre Sicheln fallen und kamen lachend auf uns zu gerannt. Wir waren glücklich, hier mitten in ihrer Welt ihre bittend ausgestreckten Hände mit den kleinen Büchern des Lebens zu füllen. Niemand verweigerte das Geschenk, und zwanzig Jahre nach 1948 konnten die meisten der jungen Nepalesen lesen.

Nach nur einem Tag, an dem wir höher und höher gestiegen waren, erwies sich die dünne Luft als zu anstrengend für Susan. Nach Luft ringend blieb sie stehen und fragte, ob ich mit ihr zurück zum Dorf gehen

Auf ihrem Weg nach Nepal trifft Meridel Weizenbauern

würde. Ich hauchte ein Gebet, in dem ich um Rat bat, und hatte das starke Gefühl, dass ich weiter den Berg hinaufgehen sollte. Wir verabschiedeten uns. Sie begann den Abstieg und ich ging weiter, beschützt von den drei verbleibenden Trägern. Ich folgte ihnen langsam und vorsichtig, als wir eine Felsenkluft auf einer handgewebten Hängebrücke überquerten, die den Abgrund überspannte. Es war der einzige Weg weiterzukommen. In Dutzenden anderer Dörfer kamen die Einwohner aus ihren Lehmhütten, rannten mir nach und baten um ein Buch. Der Vorrat verringerte sich, und nur noch zwei Träger waren übrig, als wir bis zum Einbruch der Nacht weiterstiegen.

Du wirst Dich fragen, warum ich überhaupt auf dieser Reise war. Selbst Menschen aus dem Westen, die in Nepal lebten und arbeiteten, dachten niemals an eine solche Reise. Vielleicht war es, weil „Narren dorthin eilten, wo Engel sich fürchten, hinzutreten." Als sich diese „Tür" öffnete, habe ich jedenfalls nicht gezögert, einzutreten. Ich liebte Abenteuer. Auch in anderen Kulturen hatte ich mich nicht gefürchtet und ich konnte gut allein sein. Tatsache ist, dass ich mich selten allein fühle. In diesem Fall hatte ich diese vertrauenswürdigen Träger bei mir. Die ganze Angelegenheit war eine Sache der Inspiration und Gelegenheit. Ich glaube auch, dass die „tonale" Sprache, die ich in der Nacht meiner Begegnung mit dem Heiligen Geist herausgewürgt hatte, Teil meiner wunderbaren Verbindung mit diesen besonderen Menschen war.

Ich erinnere mich, wie mein Kiefer schmerzte, weil es schwierig für mich war, mich zu entspannen und die fremdartigen Worte aus meinem Mund zu entlassen. Diese Laute waren für meine Ohren so fremd, dass ich sie für Geplapper hielt. Zu der Zeit scharten sich einige Hotelgäste um mich, einige davon waren Geschäftsleute, die die Gegend kannten, und lauschten, als ich in fremden Zungen sprach. Keiner sagte ein negatives Wort. Im Gegenteil, sie waren erstaunt über das Gehörte und einer sagte, ich hätte Tibetisch gesprochen.

Auch Ruth sagte mir, dass ich zu den Menschen gehen würde, deren Sprache ich gesprochen hatte. Daher wusste ich, dass ich in göttlichem Auftrag hier war, und ich verspürte keinerlei Furcht. Ich war voller Erwartung, obwohl ich völlig erschöpft von der dünnen Luft war und nur trinken konnte. Wenn ich abends meine ausgetretenen Turnschuhe müde auf den Boden fallen ließ, fühlten sich meine armen Füße an, als wären sie zwei Nummern größer geworden. Ich schlief sofort ein.

Zwei Tage später, als wir einen mit Schnee bedeckten Bergpass in der Annapurna-Bergkette entlang treckten, begegnete uns der Vorbote eines königlichen Yak-Gespanns, das uns entgegenkam. Einer der Männer gab mir die folgende Botschaft:

„Der König von Mustang hat von Dir gehört und wünscht Dich kennenzulernen. Du bist eingeladen, im nächsten Dorf weiter oben am Pfad mit ihm zu Mittag zu speisen."

„Und wer ist der König von Mustang?", fragte ich mich. Ich hatte weder von ihm noch von einem Königreich Mustang gehört. Verschwitzt und müde von dem vier Tage langen anstrengenden Treck, hielt ich am nächsten Rasthaus an und wusch mir Gesicht und Hände. Die dünne Luft hatte mich so müde gemacht, dass ich nicht essen konnte, doch jetzt musste ich bereit sein, einen Monarchen zu treffen und sein königliches Mahl zu teilen.

Später erfuhr ich, dass dieser König über das Königreich von Mustang herrschte, sein königliches Protektorat, das in einem entlegenen, isolierten, tibetisch sprechenden Teil der Welt lag. Es war eine Feudalgesellschaft, die kein Telefon und keine anderen Verbindungen zur

Eine Yakkarawane im Himalaya

Zivilisation besaß. Es gab keine Autos, Elektrizität oder fließendes Wasser. Noch bis vor kurzem hatten die Bewohner geglaubt, dass die Erde flach sei.

Ihr könnt Euch vorstellen, dass ich mächtig gespannt war, als ich mich dem nächsten Dorf näherte und auf den König wartete, der seinen jährlichen Treck von seinem Berg machte, um sich mit Vorräten zu versorgen. Zuerst beobachtete ich, wie seine Diener eine erhöhte Plattform errichteten, die ihm erlaubte, über den gewöhnlichen Menschen zu sitzen. Als sich der König näherte, stand ich hinter den bewundernden Dorfbewohnern.
Sein Thron bestand aus einem einfachen Holzstuhl, der wahrscheinlich von einem Ansässigen geborgt war. Nachdem sie eine reich bestickte Decke darübergelegt hatten, war der Thron für seine Königliche Hoheit bereit. Er näherte sich ruhig und nahm auf dem provisorischen Thron Platz.

Mir wurde bedeutet, näherzukommen. Ich verbeugte mich dem Protokoll gemäß, um ihn zu ehren. Für die offizielle Begegnung wurde ich angewiesen, ihm drei weiße, hauchdünne Schals oder „Katas" zu überreichen, die man mir über das Handgelenk gelegt hatte. Ich hielt meinen Kopf gesenkt, als ich mich diesem Bergkönig näherte. Er streckte den Arm aus, um die drei Katas[1] zu empfangen, die ich ihm über den Arm legte, wie es der tibetische Brauch verlangte.

Ein Neigen seines königlichen Kopfes zeigte an, dass er meine Friedensgabe angenommen hatte.

Als nächstes übergab ich ihm das wertvollste Geschenk von allen, eine einmalige, handgeschriebene Bibel. Das war das besondere Paket, dass ich treu die Berge hinauf getragen hatte. Instinktiv wusste ich, dass diese großartige Bibel für ihn vorgesehen war. Es war ein herrliches Kunstwerk, handgeschrieben mit einem Kalligrafie-Pinsel und schwarzer Tinte, auf handgeschöpftem Reispapier. Sie ähnelte den Schriften tibetischer Buddhisten, die in uralten Bergklöstern gefunden wurden. Bei ihnen ist es üblich, eine der ungebundenen Seiten zu lesen, sie dann von dem Stoß zu nehmen und vorsichtig, mit dem Gesicht nach unten, vor sich auf die ausgebreitete Seide zu legen. Die gesamte Bibel war 30 cm dick und war in ein Stück safrangelber Seide gewickelt.

Der König verbeugte sich als Zeichen der Dankbarkeit für mein Geschenk. Dann wurde ich zu einem handgewebten tibetischen Teppich geführt, der etwa zweieinhalb Meter vor dem König auf der Erde lag. Ich setzte mich auf den Teppich vor ein Holzgestell.
Die Diener brachten ein silbernes Tablett voller Speisen, die sie auf das Gestell setzten. Das königliche Festmahl bestand aus Joghurt, gekochtem Fleisch, Reis und Nan-Brot. Zuerst aßen wir schweigend.

Unauffällig beobachtete ich den Monarchen. Er war groß und hatte ein zerfurchtes Gesicht. Seine Haut war trocken und wettergegerbt. Viele Falten zogen sich über seine hohen Augenbrauen hin und betonten noch die mandelförmigen Augen. Leuchtend rote Bänder waren in sein langes Haar geflochten, das er wie eine Krone um seinen Kopf gelegt trug. Sein dunkles tibetisches Gewand aus Seide war über der Brust gekreuzt und hing bis auf seine Knie. Eine reich mit Pelz besetzte kastanienfarbene Jacke aus Seidenbrokat hing ihm über einer Schulter. Dunkle Pumphosen, die in die handgenähten hohen Stiefel

---

1 Der tibetische Kata, oder Opferschal, symbolisiert Reinheit und Mitgefühl. Er ist gewöhnlich aus weißer Seide gefertigt, die das reine Herz des Gebers symbolisiert. Dieser zeremonielle Schal ist in der tibetischen und mongolischen Kultur üblich und kann bei jeder festlichen Gelegenheit dem Gastgeber überreicht werden.

mit nach oben gerichteten Spitzen gesteckt waren, vervollständigten sein königliches Gewand.

Durch einen Dolmetscher fragte mich der König: „Hast Du meine Sprache schon früher einmal gehört?"
„Ja, ich hatte die Ehre, in Darjeeling mit tibetischen Flüchtlingen zu arbeiten. Wie Sie wissen, Sir, sind sie von Tibet geflohen. Ich half ihnen mit ihren medizinischen Problemen und sozialen Nöten und halte es für eine große Ehre, das zu tun." Ich war gerührt von seiner Frage und dem Respekt, mit dem er sich über die Sprache erkundigte:"
„Wo kommst Du her?", fragte er.
„Ich wurde in Kanada geboren und bin nach Indien gekommen, um als Krankenschwester zu dienen," erwiderte ich. „Ich arbeite mit den örtlichen Einwohnern und lehre sie die Fähigkeiten, die ich in Kanada gelernt habe. Dafür bekomme ich den gleichen Lohn wie sie."
Offensichtlich erstaunt fragte er: „Fürchtest Du Dich nicht, hier so ganz allein?"

„Nein, ganz und gar nicht," antwortete ich. „Ich glaube, ich kam hier her mit der speziellen Aufgabe, Ihnen die Bibel zu geben. Darf ich Ihnen jetzt etwas über einen König erzählen, der David hieß? Sie werden seine weisen Worte in den Schriften finden, die ich Ihnen gegeben habe."
„Warum machst Du Dir die Mühe, mir ein solches Geschenk zu bringen?", fragte er neugierig.
„Das Buch, das ich Ihnen gebracht habe, erzählt von dem König der Liebe. Er ist ein dienender König, der sich Menschensohn nennt. Er gab sein Leben für alle Menschen hin. Eines Tages werden ihn alle Menschen auf der Erde als König aller Könige sehen."
„Ich werde mir dieses Buch ansehen," war seine vorsichtige Erwiderung, die mir der Dolmetscher übersetzte.
Dann, so schnell wie die Begegnung begonnen hatte, war sie vorüber. Das Yak-Gespann kam näher. Der König stieg auf sein herrlich geschmücktes Yak, und sobald er sich in dem bestickten Sattel zurechtgesetzt hatte, nickte er mir zum Abschied zu.

Ich stand an der Seite des schmalen Pfades und sah zu, wie sich der König mit königlicher Autorität entfernte. Sein ansehnlicher Geleitzug bewegte sich langsam unter den Rufen seiner Hirten und dem Klingen der Glöckchen. Der lange Zug dieser behenden Tiere zog an mir vorbei. Die Yaks waren mit dicken Seilen miteinander verbunden, die durch ihre Nasenringe geschlungen waren.

Als das letzte Yak an mir vorbeilief, wusste ich, dass meine Aufgabe bei diesem Treck beendet war. Ich bezahlte den letzten verbliebenen Träger und ließ ihn gehen. Ich wandte mich um und begann meinen Abstieg zurück nach Pokhara, der zweieinhalb Tage dauerte. Wenn Ihr weiterlest, werdet Ihr feststellen, von welcher Bedeutung der Zeitpunkt meiner Abreise war.

Zeitlose Geheimnisse

"Trachtet zuerst nach dem Reich Gottes und nach seiner Gerechtigkeit, so wird euch das alles zufallen." **Matthäus 6,33**

Es ist immer eine Übung, wenn man sich die Prioritäten in seinem Leben überlegt. Wie kannst du sicher sein, dass du Dich auf dem Kurs befindest, den Gott für Dich vorgesehen hat? Jeder von uns, der im wohlhabenden Westen lebt, hat Möglichkeiten, herauszufinden, worin seine Begabungen liegen, und diesen zu folgen. Die Mehrzahl der Menschen dieser Erde hatte niemals diese Möglichkeit. Ich war zu der Zeit in meinem Leben voll damit beschäftigt, zu lernen, wie man ein Krankenhaus leitet, und war der Ansicht, mich auf die Zukunft vorzubereiten.

Mein Ziel war es, meine Familie gut versorgen zu können und eine Arbeit zu verrichten, die in der Gesellschaft etwas bewirkt. Meridel dagegen war irgendwo da draußen am Ende der Welt und rettete unter den härtesten Bedingungen Menschen das Leben. Die extremen Umstände, unter denen sie lebte, lösten in ihrem Herzen einen Hunger aus, mehr über die Realität von Gottes Königreich zu erfahren. Darin liegt kurz gesagt die größte Spannung zwischen der natürlichen und der geistlichen Welt. Erstaunlicherweise fiel es Meridel sehr leicht, mit dem König von Mustang über das himmlische Königreich und Gott als König zu sprechen. Schließlich war er das Oberhaupt eines Königreichs und er begriff es sofort.

Ich dagegen war im bequemen Nordamerika, auch auf der Suche nach Gottes Königreich, aber auf wesentlich weniger dramatische Weise. Es ist nun einmal so, der eine muss gehen, der andere muss bleiben. Gott sei Dank hatte König David seinen Truppen das Prinzip beigebracht, dass die, die zu Hause bleiben und getreulich nach allem sehen, die gleiche Belohnung bekommen wie die, die an der vordersten Front kämpfen. Die Hauptsache ist, dass jeder getreulich dient, wo immer er ist.

„Niemand wird gutheißen, was ihr da vorhabt. Vielmehr soll gelten: Zum Kampf geht der eine, den Tross schützt der andre. Die Beute des Krieges wird ehrlich geteilt." **1. Samuel 30, 24**

Kapitel 11

Zeugen

Meridel stand da und winkte dem König von Mustang zum Abschied. Sie war irgendwo in der Annapurna-Bergkette im Himalaya in Nepal. Als sie den königlichen Zug der Yaks langsam und rhythmisch den Berg hinuntergehen und verschwinden sah, fühlte sie zweierlei: Der Auftrag im Himalaya war erfüllt, und sie musste nun den beschwerlichen Abstieg beginnen und nach Kathmandu zurückkehren.

Auf dem Rückweg durch die Dörfer, in denen sie „den guten Samen" des Evangeliums gesät hatte, erzählte man ihr, dass viele der kleinen Bücher von chinesischen Kommunisten, die sich unter sie gemischt hatten, eingesammelt, auf einen Haufen geworfen und öffentlich verbrannt worden waren. Da betete sie, dass noch viele versteckt wurden und setzte ihren Abstieg fort. Irgendwie hatte sie ein Gefühl der Eile, und sie erreichte Pokhara in Rekordzeit.

Als sie einige Tage später mit dem letzten Flug von Pokhara nach Kathmandu zurückkehrte, erfuhr sie, dass der gute König von Nepal einen schweren Herzanfall erlitten hatte und im Koma lag. Das Land trauerte, und die örtlichen Christen wurden verfolgt und für ihren Glauben sogar ins Gefängnis gesteckt.1 Man sah in ihnen eine Bedrohung für die Hinduführer. Die Grenzen von Nepal sollten sofort hermetisch geschlossen werden, weshalb alle Touristen, einschließlich Meridel, schnellstens ausreisen mussten. Am nächsten Morgen flogen die Frauen nach Neu-Delhi.

Es war die letzte Maschine, die fliegen durfte.[1] Sofort danach wurden die Grenzen geschlossen und begann eine Christenverfolgung. Meridel fuhr mit dem Zug von Neu-Delhi zurück nach Darjeeling. Sie meldete sich bei Schwester Damien, der Oberin der Missionarinnen der Nächstenliebe und erzählte ihre Erlebnisse.

---

[1] Hagen, Alma. *Then Nepal's Door Opened*

Diese liebenswürdige und weise Schwester bat Meridel, ihr mehr über die Erfüllung mit dem Heiligen Geist zu berichten. Schwester Damien hörte aufmerksam zu und nickte zustimmend. Meridel sagte auch mutig, dass sie fühlte, dass ihre Aufgabe hier erfüllt. Schwester Damien versprach, allen Schwestern die aufregende Neuigkeit mitzuteilen, und dass sie für sie beten würden.

Das Hauptbüro von CUSO war einverstanden und organisierte ihre Rückkehr nach Neu-Delhi, wo die notwendigen medizinischen Untersuchungen und Unterredungen stattfinden würden, bevor sie nach Kanada zurückkehren konnte. Sie packte ihre Koffer und verabschiedete sich von ihren Freunden in Darjeeling, einschließlich den tibetanischen Mönchen, die für Meridels Mitarbeit bei ihren verarmten Flüchtlingen zutiefst dankbar waren. So manches Leben war durch sie gerettet worden.

Meridel war von ihren Erlebnissen beim Trecken zutiefst berührt, und die Erfüllung mit dem Heiligen Geist hatte einen tiefen Eindruck auf sie gemacht. Neue Horizonte lockten. Ruth und Susan forderten sie auf, sich ihnen anzuschließen und ihr Leben der Abenteuer mit dem Herrn zu teilen. Ich hatte den Eindruck, sie wollten sie aus unserer Beziehung herausholen.

Zu der Zeit traf mein Brief ein, in dem ich sie fragte, warum sie nicht mehr so oft wie früher schrieb. *„Bist Du verwirrt? Liebst Du mich noch?"* Ich konnte mir vorstellen, dass ihr ein Eheleben in Kanada eintönig und langweilig erscheinen musste, verglichen mit ihren aufregenden Begegnungen in Indien und Nepal. Schließlich war sie dort am Rande der Welt und lebte ein Leben, von dem die meisten Menschen nur träumen konnten.

Meridel:
Im Geheimen kämpfte ich mit mir selbst. Seit meiner Kindheit hatte ich gewusst, dass ich eine Berufung hatte. Ruth und Susan erklärten mir, dass es Gottes vollendeter Wille war, unverheiratet zu bleiben. Wenn ich Jay heiraten würde, würde ich meiner Berufung verlieren. Susan schlug sogar vor, einfach nach Kanada zurück zu gehen, Jay zu

treffen und sogar mit ihm zu schlafen. Sie sagte: „Bring es hinter Dich. Liebe gibt es nicht, es ist nur Lust." Ich war abgestoßen. Ich hatte mit keiner Seele darüber gesprochen, deshalb schmerzte es mich, dass sie Jay und mich nicht einmal als verlobt betrachteten. Meine Leser halten das vielleicht für unwichtig, aber ich bin ein Mensch, der seine Versprechen hält und tun will, was ich für Gottes Willen halte. Doch jetzt war ich unsicher.

Jay:
Meridel ließ ihre vertraute Freundin Alma einen meiner letzten Briefe lesen. Sie war eine verheiratete Frau mit großer Lebenserfahrung. Meridel fragte: „Wäre es nicht gut, Jay anzurufen?"

Nachdem Alma meinen Brief gelesen hatte, reichte sie ihr das Telefon. „Heirate ihn. Er wird wundervoll für Dich sorgen. Seine Hände sind gesegnet. Hier, rufe ihn jetzt an."

Meridels Anruf kam, als ich in meinem Büro war. Die Verbindung war erstaunlich gut. Ich schloss die Tür und sagte: „Hallo, Meridel, es ist so gut, Deine Stimme zu hören." Dann merkte ich an der Stille am anderen Ende, dass sie angespannt war. „Was ist los? Ist etwas passiert?" Im Laufe der Zeit hatte sich vieles geändert, und wenn wir ehrlich waren, konnten wir zu diesem Zeitpunkt nicht wissen, wie unsere Gefühle für einander wirklich waren. Die Trennung war lang gewesen. Ich selbst wusste nur, dass ich sie immer noch von Herzen liebte und respektierte. Dann hörte ich sie sagen: „Ich werde schon bald von CUSO freigestellt und habe Gelegenheit, mit meinen amerikanischen Freundinnen die Welt zu bereisen."

„Heißt das, dass Du unsere Verlobung lösen willst?", fragte ich.

„Vielleicht," erwiderte sie.

Ich war schockiert, aber nicht völlig überrascht, denn schließlich hatte sich in ihrem Leben sehr viel ereignet. Ich stand auf und sagte: „Hör mal, wir haben uns in die Augen gesehen, als wir uns verlobten. Ich denke, wir sollten uns auch sehen, wenn wir die Verlobung lösen. Bitte, komm nach Kanada zurück, damit wir wirklich wissen, was wir tun sollen." Nach einer langen Pause sagte sie: „Ich komme." Ihre Stimme klang erleichtert. „Ich schick Dir ein Telegramm und lass Dich wissen, wann ich in Toronto ankomme."

Wir legten auf, erleichtert, dass wir uns persönlich gegenüberstehen würden, um die Situation zu besprechen. Ich vertiefte mich wieder in meine Arbeit. Ich musste Gott vertrauen, dass ich tatsächlich die sanfte zarte Stimme gehört hatte, als Er vor fast zwei Jahren zu mir gesagt hatte: „Das dort ist Deine Frau, die Mutter Deiner Söhne."

Erlaubt mir, einen Abschnitt von einem ihrer letzten Briefe einzufügen, den sie schrieb, bevor sie Indien verließ.

„Während meines Aufenthalts in Darjeeling habe ich mich in die „Lhasa Apsos" verliebt, die auch Löwenhunde genannt werden, weil sie im Altertum dazu benutzt wurden, die Buddhisten-Tempel zu bewachen. Sie sind außerordentlich loyal und greifen jeden an, wenn sie bedroht werden, egal wie groß er ist. Als ich beim Packen war, rief mich eine der Schwestern in den Besucherraum des Klosters. Da stand ein schüchterner Mönch von einem der tibetanischen Tempel. Wir hatten zusammen Lebensmittel und Medikamente verteilt. Er verbeugte sich. Sein breites Lächeln entblößte einen zahnlosen Mund.
Aus seinen weiten Ärmeln zog er zwei entzückende Lhasa Apsos-Welpen und legte sie mir in den Arm. Ich dankte ihm. Was für ein bedeutungsvolles Abschiedsgeschenk! Ich war entzückt und gab ihnen tibetanische Namen. Die sehr kleine blonde Hündin nannte ich „Kipu" (Prinzessin) und den Rüden nannte ich „Kusho" (Mutig). Wir müssen sehen, wie wir sie nach Kanada bringen können...." Ihr Brief ging weiter. „Dinar, meine Zimmergenossin, gab mir den Verlobungssari ihrer Mutter. Er ist rubinrot und hat eine aus schweren Silberfäden gestickteBorte. Im Laufe der Monate hatten wir uns gegenseitig das Herz ausgeschüttet. Ihre Religion dreht sich um Erde, Wind, Feuer und Wasser. Ich versuchte, die kulturelle Kluft zu überwinden und erzählte ihr von meiner Liebe zu unserem Himmlischen Vater. Ihr unbezahlbares Geschenk besagte alles."

März 1969: Meridel in Darjeeling mit Kipu. Beide Welpen starben leider in der Quarantäne auf dem Weg in die USA.

Meridel:
Ich ließ einen Teil meines Herzens in den Hügeln von Darjeeling zurück. Als ich in den Zug stieg, sah ich auf dem Bahnsteig ein paar Menschen, mit denen ich diese kurze Zeit geteilt hatte. Sie lächelten und winkten. Der katholische Teil der Gruppe bestand aus Schwester Mary Joseph, meiner Hausmutter bei den Schwestern von Cluney, Schwester Damien, Oberin der Missionarinnen der Nächstenliebe und Vater Bob, ein Jesuit und Hauptverantwortlicher für die Verteilung von Lebensmitteln an die Armen. Der protestantische Anteil bestand aus Alma und ihrem jungen Sohn Kenny. Neben meiner Zimmergenossin Dinar standen Schülerinnen von Assam, die ich beraten hatte, Hindu-Anglo-Inder und Anglo-Nepalesen, Ladeninhaber, und ein tibetanischer Mönch. Sie vertraten die vielen Freunde, die ich zurückließ. Was für ein lebensvolles Bouquet!

Ein schriller Pfiff ertönte, und aus dem Schornstein der kleinen grünen Lokomotive stiegen dicke schwarze Rauchwolken auf. Ich lehnte mich aus dem schmalen Fenster und winkte, lachte und weinte.

Als der Zug auf der ersten Weiche nach Kalkutta abbog, verlor ich meine teuren Freunde aus den Augen. Zwei kleine Hunde steckten ihre Nasen aus dem Körbchen, sahen mir ins Gesicht und wedelten mit den Schwänzen.

In Kalkutta ging ich, um mich von Mutter Teresa zu verabschieden und ihr für die Ehre zu danken, dass ich für sie und mit ihren hervorragenden Schwestern in Darjeeling arbeiten durfte. Ich trat leise in ihr Büro. Als sie mich bemerkte, sagte ich ehrfurchtsvoll: „Mutter Teresa, die Arbeit mit ihren selbstlosen Schwestern in Darjeeling hat mein Leben verändert. Ich danke Ihnen."

Sie sah müde aus, wie sie da klein und schmächtig hinter ihrem großen Schreibtisch saß. Der Raum war verdunkelt, die Blenden waren heruntergelassen, um die Nachmittagssonne und die Hitze fernzuhalten. Ein Deckenventilator drehte sich langsam über uns, bemüht, die drückende Luft zu bewegen. Es war ein kurzes Treffen, und ich war im Begriff zu gehen, als Mutter Teresa mich mit einem durchdringenden Blick ansah. Sie räusperte sich und sagte in einem sachlichen, mütterlichen Ton: „Da ist ein junger Mann in Deinem Leben, nicht wahr?"

„Ja," erwiderte ich schüchtern.

„Nun," sagte sie mit Bestimmtheit, „Du musst nach Haus gehen und ihn heiraten."

„Vielen Dank für diese Einsicht, Mutter Teresa, sie kommt gerade zur rechten Zeit." Leise ging ich hinaus.

Jay:
Da sie sich noch immer nicht klar über ihre Zukunft war, gingen ihr die Worte Mutter Teresas immer wieder durch den Sinn. Sobald sie in Neu-Delhi war, fanden die medizinischen Tests statt, die zeigten, dass in Kanada weitere Behandlungen erforderlich sein würden. Sie hatte Amöben und andere Parasiten in ihrem Verdauungssystem und eine vergrößerte Leber. Da sie in West Bengalen in einer geschlossenen militärischen Zone gelebt hatte, musste sie sich auch noch von CUSO geben lassen. Ihr Flug ging am 15. April, und sie erhielt ihr letztes Gehalt von neun Dollar. Hier ist noch ein Abschnitt aus ihrem Brief an mich...

Meridel:
Während meiner letzten Woche in Neu-Delhi luden mich Ruth und Susan ein, an einer Zeltevangelisation teilzunehmen. Der Evangelist war ein großer bärenhafter Texaner, der bei einem Unfall einen Arm verloren hatte. Was für ein Kontrast, dieser blonde Cowboy mit seiner schweren texanischen Aussprache zu den feingliedrigen, dunkelhäutigen Indern! Er kam zu mir und fragte, ob er mit mir sprechen könne. Ich nickte.

„Junge Dame," sagte er in aufrichtiger und direkter Art. „Ich habe Sie gestern hier gesehen und weiß nicht, wer Sie sind. Ich weiß nichts von Ihnen, aber letzte Nacht weckte mich der Herr, damit ich für Sie bete und gab mir diese Botschaft: „Da ist ein junger Mann in Ihrem Leben. Sie müssen nach Haus gehen und ihn heiraten." Dann beugte er sich zu mir herunter und flüsterte: „Hören Sie nicht auf die zwei Frauen, die sie hergebracht haben."

Ich hatte Jays wegen mit mir selbst gekämpft. Diese Frauen hatten mich fast davon überzeugt, dass ich selbstsüchtig war. Wie konnte Gott zulassen, dass ich so glücklich war und eine Liebe wie diese in meinem Leben hatte? Müsste ich nicht leiden? Doch jetzt wagte ich, an das Beste und Höchste zu glauben. Diese letzte erstaunliche Ermutigung half mir, an unsere Beziehung zu glauben.

Jay:
Rückblickend erkenne ich, dass Meridel verblüfft war und mit niemandem über diese Dinge sprach. Zwei Frauen rieten ihr, nicht zu heiraten, aber drei geistlich sehr sensible Menschen sagten das Gegenteil. Das waren Alma, Mutter Teresa und jetzt noch der Evangelist aus Texas. In der Bibel heißt es, dass durch die Aussage von zwei oder drei Zeugen eine Sache bestätigt werden muss. Ich sage: „Gott sei gelobt! Und danke, Mutter Teresa!"

Als sie ihr Ticket hatte, schickte sie mir folgendes Telegramm:

„An Mr. Jay Rawlings. Stop. Komme mit Flugnummer CP# 106 am 15. April um 13:10 Uhr aus London. Stop. Auf bald. Stop. In Liebe, Meridel. Stop."

Ich hatte nur zwei Tage, um mich auf ihre Rückkehr vorzubereiten. Ich organisierte, dass sie in den Schlafräumen der Medizinischen Bibliothek wohnen konnte, gleich gegenüber dem Krankenhaus. In meiner Ungeduld vertrieb ich mir die Zeit, indem ich meinen Triumph TR 4 wusch und auf Hochglanz polierte. Am 15. April, einem sonnigen aber kühlen Frühlingstag in Süd Ontario, verließ ich das Krankenhaus schon sehr früh und hatte mehr als genug Zeit, zum Flughafen Toronto zu fahren.

Voller Erwartung stand ich vor der Ankunft des Terminal 1. Viele aufgeregte Menschen kamen durch die Schiebetüren und trafen ihre Lieben. Jedes Mal, wenn sich die automatischen Türen öffneten, versuchte ich hinein zu schauen. Und schließlich sah ich sie, wie sie auf ihr Gepäck wartete. Sie war wunderschön, in ihrem beigen ärmellosen Mantel über einem zederngrünen Seidenkleid. Ein weicher Schal war um ihren Hals geschlungen und braune Schuhe und eine passende Handtasche vervollständigten ihre Erscheinung.

Draußen lief ich hin und her. Endlich erschien sie mit ihrem großen schweren Koffer. Ich war nervös und sie war nervös. Sie war schüchtern und ich war schüchtern. Schnell ging ich zu ihr, um ihr zu helfen, schlang meine Arme um sie und drückte sie an mich.
„Ich habe Dich so sehr vermisst," bekannte ich. „Doch jetzt ist es, als wären wir nie getrennt worden."
„Ich weiß, ich habe Dich auch vermisst," flüsterte sie.
Als ich ihren Koffer auf den Gepäckwagen hob, riss der Handgriff ab. Ich wollte höflich sein und kam mir doch so ungeschickt vor. Das Eis war gebrochen. Wir beide mussten lachen. Das war's. Unsere endlosen einsamen Tage und Monate hatten sich im Nu in Nichts aufgelöst.
Wir unterhielten uns über unverfängliche Dinge, als wir über die sechsspurige Autobahn nach Toronto hineinfuhren. Unterwegs suchte sie in ihrer Handtasche nach dem goldenen Ring, den ich ihr in Vancouver gegeben hatte. Es schien als wäre es tausend Jahre her. Sie hielt ihn hoch und sagte: „Ich bin mir nicht sicher, was ich damit machen soll?" „Komm, gib ihn mir," sagte ich und nahm ihn ihr ab.
Indem ich versuchte, meine Augen auf der Straße zu halten, bat ich sie: „Bitte, gib mir Deinen Ringfinger." Das tat sie und ich steckte ihr den Ring an.

Während ich 90 km/h fuhr, sagte ich zu ihr:

„Bitte, heirate mich und nimm ihn niemals wieder ab." Ich staunte über meine Kühnheit.

Sie sah mich an und sagte: „Dazu kann ich nur Ja sagen." Einen Moment begegneten sich unsere Blicke. Es war für die Ewigkeit.

Inzwischen war es Nachmittag geworden, und bevor wir nach Hamilton zurückkehrten, beschloss ich, meinem Freund Grant Bartlett einen Streich zu spielen. Er hatte Meridel niemals getroffen, aber viele Fotos von ihr gesehen und für sie gebetet. Er wusste nichts von ihrer unerwarteten Rückkehr. Schon vor Monaten hatte er mir die Schlüssel zu seiner Wohnung gegeben, falls ich sie brauchte, wenn ich mal in Toronto war.

Wir verließen die Autobahn an der Avenue Road und hielten vor seinem Haus. ‚Gut,' dachte ich, ‚sein Auto ist nicht hier.' Wir machten uns einen Kaffee und bald danach hörten wir, wie er die Tür aufschloss.

Auf ein Zeichen von mir versteckte sich Meridel in der Speisekammer und ließ die Tür einen Spalt offen. Grant war erstaunt über meinen Besuch, doch er nahm es gelassen hin, denn wir waren gute Freunde. Ich sagte: „Ich bin froh, Dich zu sehen. Ich vermisse Meridel so sehr und dachte, ich komme mal vorbei, während ich in der Stadt bin."

„Ja, prima," sagte er, „es wäre fabelhaft, sie zu sehen. Gibt es was Neues?"

„Dreh Dich mal um, dann erfährst du direkt das Allerneuste."

Meridel kam aus der Speisekammer. Grant war perplex. Die Überraschung war gelungen, und sofort nahm er Meridel in die Arme und hieß sie schüchtern willkommen.

„Danke," sagte sie lächelnd.

Gemeinsam kochten wir ein wunderbares italienisches Essen und öffneten eine Flasche Champagner, um ihre Heimkehr zu feiern. Wir beschlossen, sobald wie möglich zu heiraten. Schließlich hatten wir lange genug gewartet. Grant würde unser Trauzeuge sein.

Wir schauten auf den Kalender und entschieden uns für Donnerstag, den 25. April, das war in nur zehn Tagen.

Zeitlose Geheimnisse

*„Wer eine Frau gefunden hat, hat das Glück gefunden;
Gott meint es gut mit ihm."* **Sprüche 18, 22 GN**

Die Ehe ist der wichtigste Baustein der Gesellschaft und wird enorm attackiert! Alle acht bis zehn Sekunden zerbricht eine Ehe. In den USA und in Kanada enden mehr als 51% aller Ehen mit Scheidung. In diese Zahlen sind Juden und Christen miteingeschlossen. [2]

Die Ehe ist Gottes Idee. Die Schöpfung war erst vollendet, als Er Adam geformt und eine Frau für ihn geschaffen hatte. Eva wurde aus einem Teil Adams geschaffen, der direkt neben seinem Herzen entnommen wurde.

„Deshalb verlässt ein Mann Vater und Mutter, um mit seiner Frau zu leben. Die zwei sind dann eins, mit Leib und Seele." 1. Mose 2, 24

Eva wurde nicht Ehefrau, sondern „Gefährtin" genannt, was im Hebräischen bedeutet, dass sie für Adam wie ein Spiegel war, in dem er sich selbst sehen konnte wie er war und nicht, wie er zu sein glaubte!

„Gott, der HERR dachte: ‚Es ist nicht gut, daß der Mensch so allein ist. Ich will ein Wesen schaffen, das ihm hilft und das zu ihm paßt.'"
1. Mose 2, 18

Der erste Mann und die erste Frau, Vater und Mutter von uns allen, wurden geschaffen, um ein Vorbild der Liebe und der Verbundenheit zueinander und zu ihrem Schöpfer zu sein, und sie versagten. Diesem Versagen folgten Beschuldigungen, Scham, Ungehorsam und Enttäuschung. Doch das ist noch nicht das Ende der Geschichte.

Ich glaube, die wichtigste Entscheidung, die ein Mensch je treffen kann, wird am Altar seines Herzens getroffen, wenn er sich selbst

---

[2] http://www.cdc.gov/nchs/data/nvsr/ncvsr58/nvsr58 25 pff

seinem Schöpfer und seinem Ehepartner für den Rest seines Lebens verpflichtet. Beim ersten Mal ist es leicht. Das Geheimnis ist, die gleiche Verpflichtung täglich aufs Neue zu festzumachen. Selbst wenn wir versagen, unser Gott ist ein Vater der Barmherzigkeit. Er hilft uns aufzustehen und zeigt uns den Weg des Lebens. Wie alle Ehepaare haben Meridel und ich Zeiten der Spannung in unserer Ehe gehabt, doch haben wir nie an Scheidung gedacht. An Mord vielleicht, aber nie an Scheidung! (Das soll ein Spaß sein.)

> *„Genieße jeden Tag mit der Frau, die du liebst,*
> *solange das Leben dauert,*
> *das Gott dir unter der Sonne geschenkt hat."*
>
> **Prediger 9, 9**

Jay und Meridel als Brautpaar in Hamilton Ontario, Kanada
am 25. April 1968

Kapitel 12

Magnolien

Jay:
Unsere Liebesgeschichte entfaltete sich und unsere Beziehung machte schnell Fortschritte. Gleich am nächsten Tag beschlossen wir, ihren Freund, den Pfarrer Paul McCarroll zu bitten, uns zu trauen. Als er und seine Frau Kathy meinen Liebling vor Jahren in der Küstenstadt „Prinz Rupert" trafen, als sie dort im Krankenhaus als Schwester arbeitete, war Paul Vikar der Presbyterianischen Kirche von British Columbia. Anschließend wurde das Ehepaar nach Hamilton versetzt, und so waren sie offensichtlich die Richtigen, uns zu trauen. Ich telefonierte mit Meridels Eltern und hielt nach gutem alten Brauch bei ihrem Vater und ihrer Mutter um ihre Hand an. Freudig gaben sie ihre Zustimmung und wünschten uns allen Segen. Sie nahmen mir das Versprechen ab, Meridel im Sommer für eine formelle Hochzeitsfeier „nach Haus" zu bringen. Ihre drei kleinen Schwestern bestanden darauf.

Inmitten meiner vielen beruflichen Aktivitäten kurz vor den Semesterabschlüssen wurde ich ins Büro meines Chefs, Ray Walker, gerufen. Er forderte mich auf mich zu setzen und bot mir, zu meiner Überraschung, die Stellung eines Verwaltungsassistenten im Krankenhaus von Hamilton an. Es war eine Position, die sie für mich geschaffen hatten. Die Zeit war perfekt. Ich sah die Verantwortung als Ehemann auf mich zukommen und brauchte den Job. Sofort willigte ich ein. Er sagte mir, dass mein Bruttoeinkommen pro Monat 1.500 Dollar betragen würde. Ich war begeistert, hatte ich doch ein Jahr lang mit einem Stipendium von 175 Dollar pro Monat auskommen müssen. Das war eine klare Antwort für unsere Zukunft. Ich war erstaunt, wie genau der HERR die Zeit getroffen hatte. Er benutzte meine beruflichen Mentoren, um uns weiterzuhelfen.

Pfarrer Paul McCarroll war damit einverstanden, uns in *St. Cuthberts* zu trauen, in seiner aus grauem Stein errichteten alten Presbyterianischen Kirche in der Kings Street West in Hamilton, Pauls liebens-

würdige Frau Kathy nahm Meridels Einladung an, ihre Trauzeugin zu sein. Paul verlangte, dass wir uns in seinem Büro treffen, das nahe am Gelände der McMasters-Universität lag, um uns auf die Ehe zubereiten. Er sagte, auf Grund seiner langjährigen Freundschaft mit Meridel und unserer fast zweijährigen Trennung, würde er auf die üblichen sechs Wochen Eheschulung verzichten.
Wir waren froh darüber. Gemeinsam einigten wir uns auf das Datum des ersten freien Abends in Pauls Kirche am Abend des 25. April 1968. Er war sehr beliebt bei den Universitätsstudenten, und deren Aktivitäten füllten oft die Räume. Es war genau das Datum, das wir geplant hatten. Es blieb nur wenig Zeit für Vorbereitungen, aber alles ergab sich wunderbar.

Ich rief meine Eltern in Victoria an und teilte ihnen unser Hochzeitsdatum mit. Sie waren begeistert. Mutter nahm mir das Versprechen ab, im Sommer nach Victoria zu kommen für einen Hochzeitsempfang. Wir luden Mrs. Holmes aus Toronto ein, nach Hamilton zu kommen und unsere Familien zu vertreten. Unsere offiziellen Zeugen für die Eintragung im Kirchenregister waren unser Freund, Dr. Don Stemp und seine Frau Heather, sowie mein Klassenkamerad Ken Reynolds und seine Frau Gina aus Vancouver. Dem kanadischen Gesetz entsprechend mussten wir unsere bevorstehende Eheschließung im Standesamt von Hamilton anmelden und Bluttests vornehmen lassen. Ich lud die acht Gäste, die bei der Eheschließung zugegen sein würden, zu unserer Feier ein. Mit den McCarrolls und uns beiden würden wir zwölf sein. Es sollte eine ruhige, private Angelegenheit werden.

Meridel machte sich an ihr prachtvolles, doch einfaches Hochzeitskleid. Es spiegelte ihre östliche Erfahrung wider und passte zu unserem Budget. Sie hatte die Voraussicht besessen, in ihrem Koffer aus Indien sechs Meter weißen Seidenorganza mitzubringen. Sie entschied sich für französische Spitze für das Oberteil. Geschickt nähte sie die Spitze aneinander. Es hätte eine Kreation von Vogue sein können und sah unendlich teuer aus. Als Strauß wollte sie Magnolien haben. Nicht weit von unserem Krankenhaus hatte sie einen Baum entdeckt.
Sie erklärte der Hausbesitzerin unsere Situation und fragte, ob sie ein paar Blüten für ihr Hochzeitsbouquet haben könnte.

Die Dame war begeistert von unserem Plan und erlaubte uns, so viele Blüten zu nehmen wie wir brauchten, sogar für die Dekoration der Kirche. Ich fuhr mehrmals mit meinem kleinen Auto voller duftender weißer und zartrosa Magnolienblüten zur Kirche. Meridel nahm die ungeöffneten Magnolienknospen und legte sie in warmes Wasser, so dass sie sich gerade öffneten. Dann arrangierte sie die Zweige, dass sie bis zum Boden reichten, und band sie zusammen. Es war der exotischste Brautstrauß, den ich je gesehen habe, und er passte wunderbar zu ihrem Kleid. Inzwischen reservierte ich einen separaten Gesellschaftsraum in einem bekannten, nahegelegenen Hotel. Ich schätzte, dass meine Ersparnisse gerade dafür reichen würden, um dafür zu bezahlen und noch etwas für eine kurze Hochzeitsreise übrig zu behalten.

Wir hatten entschieden, dass ich nach jüdischem Brauch Meridel an dem Tag unserer Hochzeit nicht sehen würde, bevor sie den Kirchengang entlangkam. Wir waren auch darüber einer Meinung, uns bis zur Hochzeitsnacht nicht körperlich nahe zu sein. Das war schwer, denn wir waren sehr verliebt. Peter Johnson, der junge aufstrebende Verwaltungsassistent des Henderson-Krankenhauses, hörte von unseren Hochzeitsplänen. Er und seine Frau Judy hatten ein ganz neues Haus in Burlington, das nicht weit von Hamilton entfernt liegt. Sie hatten vor, auf einen Kurzurlaub zu gehen, dessen Zeit mit unserer bevorstehenden Hochzeit am Donnerstag, dem 25. April übereinstimmte. Ohne zu zögern boten sie uns ihr Heim an. An dem Tag, an dem Judy Meridel herumführte und ihr das großzügige, modern eingerichtete Haus zeigte, lehnte sie sich zu Meridel und flüsterte, als sie die Tür zum Schlafzimmer öffnete, „Ihr werdet Euch in unserem riesigen Doppelbett wohlfühlen. Aber nehmt Euch in acht, darin kommen Babys zustande." Meridel lächelte, und ich bin sicher, dass sie errötete. Sie erzählte es mir erst etwas später.

Am Tag vor der Hochzeit konnte ich mir Zeit nehmen, meine Verlobte zu einem besonderen Mittagessen auszuführen. Wir waren glücklich wie Kinder, die die Schule schwänzen, als wir auf unser Essen warteten und ich ihr den Ehevertrag vorlas, den ich aufgesetzt hatte. Ich hatte meinen Chef Dr. George Woodward gebeten, mir rote und goldene Siegel mit roten Bändern zu besorgen.

Stolz zeigte ich sie meiner Braut. Wir amüsierten uns sehr denn in dem Vertrag versprach ich sogar, den Abwasch zu machen. Sie war begeistert. So träumten wir von unserem Leben miteinander. Ich weiß heute noch, dass das ganze festliche Mahl nur 10,95 Dollar gekostet hatte.

Endlich kam der lang ersehnte Tag. Die Trauung sollte um 19 Uhr beginnen. Die Gäste trafen alle pünktlich ein und nahmen ihre Plätze ein. Grant und ich gingen zu Paul in's Arbeitszimmer. Mein guter Freund, Grant hatte die Ringe. Wir waren bereit und warteten. Paul rief seine Frau im Pfarrhaus an. Wir lauschten der einseitigen Unterhaltung, die ungefähr so verlief: „Du sagst, sie sei noch nicht frisiert? Was ist mit dem Make Up? Und was ist...? Nein, ich weiß nicht, wo ihr Brautstrauß ist." Er fragte mich ungeduldig: „Jay, ist der Strauß in Deinem Auto?"

„Ich habe ihn in Eurem Haus in den Flur gelegt," informierte ihn Grant.
Paul nahm den Hörer wieder auf und sagte langsam und betont: „Kathy, die Blumen liegen im Flur. Es ist bereits Zehn vor Sieben."

Kathy war eine erfahrene Vikarsfrau und wusste sich zu behaupten, wenn ihr Ehemann Druck auf sie ausübte. Ihre Stimme blieb ruhig. Sie sprach mit einem leichten Dialekt, der reizend war. Unbeeindruckt versicherte sie ihm, dass sie die paar Schritte zur Kirche in ein paar Minuten schaffen würden.

Wir Männer gingen im Gänsemarsch durch das Kirchenschiff und nahmen unsere Plätze vorn am Altar ein. Stoisch standen wir und warteten. Als es 19.30 Uhr war, begaben wir uns wieder in Pauls Büro. Wieder rief Paul Kathy an, die ihm wieder versicherte, dass die Braut in Kürze so weit sein würde. Als es 19.45 Uhr war, glaubte ich ernsthaft, dass Meridel ‚Kalte Füße' bekommen hatte, oder noch schlimmer, dass sie zurück nach Indien gegangen war! Dann kam sie endlich. Als ich sie so sicher und strahlend in ihrem weichen Organza Kleid mit der eleganten Schleppe kommen sah, hatte sich die Wartezeit gelohnt, jede Minute, jede Stunde, jede Woche, jeder Monat und jedes Jahr, in denen wir getrennt waren! Aufrecht und langsam schritt sie den Gang entlang, zu den Klängen von Bachs „Jesu, Joy of Man's Desiring".

Dieses Mädchen hatte keine Eile. Sie genoss jeden Augenblick. Ihr exotisch aussehendes Bouquet, das bis zum Boden reichte, passte vollkommen zu den weichen Falten ihres exquisiten Kleides, die ihren Körper umschmeichelten und hinten in einer vollen Schleppe zusammengefasst waren. Ihre Augen strahlten und sahen mich unverwandt an. Ihre Haut schimmerte und eine leichte Röte überzog ihr Gesicht. Als sie mich erreicht hatte, ergriff sie meine Hand. Liebe hüllte uns ein.

Die Zeremonie war für uns beide zutiefst bedeutungsvoll und emotionell. Nachdem wir unsere Schwüre gesprochen hatten, unterschrieben wir in Pauls Büro die Eheurkunde. Unsere Freunde standen um uns herum, umarmten und küssten uns. Nachdem fotografiert worden war, gingen wir zu unserem Festmahl mit Kerzenschein. Meine Freunde ließen es sich nicht nehmen, wie es in Kanada üblich ist, eine mit gutwilligem Spott verbrämte Rede über mich zu halten. Jeder freute sich an der Liebe, die wir beide füreinander hatten. Die spezielle Musik und der Kerzenschein gaben diesem privaten Speisezimmer etwas sehr Festliches. Frau Holmes hatte Freude an den jüngeren Menschen. Sie passte erstaunlich gut zu uns und am Ende der Feier stand sie auf und, stellvertretend für unsere Eltern, segnete sie Meridel und mich und las den priesterlichen Segen des Aaron. (4. Mose 6, 22-24)

Schließlich verabschiedeten wir uns von unseren Gästen, die mir halfen, meine schöne junge Frau in meinen TR 4 zu setzen, wo sie mit Blumen und der Schleppe zugedeckt wurde. Wir brausten zu unserem „Hochzeitspalast". Ich trug Meridel über die Schwelle, und so begann unser Leben als Ehepaar. Für uns wird es immer ein wunderbarer Moment bleiben.

Am nächsten Morgen wurde ich um 6.00 Uhr munter. Meridel machte mir Frühstück, und ich fuhr zur Universität von Toronto. Es war der Tag, an dem ich meine Doktorarbeit vorlegen und verteidigen musste. Ich hatte Ken Reynolds, meinen Kommilitonen, zur Verschwiegenheit verpflichtet, wenigstens bis ich meine akademischen Verpflichtungen hinter mir hatte.

Doch als ich in den Vortragsraum trat, fingen meine Kommilitonen an zu klatschen und zu pfeifen, und auf der Tafel stand in riesigen Buchstaben HERZLICHE GLÜCKWÜNSCHE, JAY UND MERIDEL! Offen gestanden fand ich es recht leicht, in dieser Atmosphäre meine Erkenntnisse und Vorschläge vorzutragen und die Fragen zu beantworten, die meine Studienkameraden und das Kollegium mir stellten. Im folgenden Jahr, 1969, wurde mir mein schwerverdienter Doktortitel verliehen.

An diesem Morgen brachte ich Meridel zu Frau Holmes, bevor ich zur Universität fuhr. Sie hielt dort in meinem alten Zimmer einen Mittagsschlaf. Wir spürten die Liebe in ihrem Heim und genossen das wunderbare Essen, das sie am Abend für uns kochte. Es war fast so gut wie zu Haus zu sein. Über das Wochenende luden uns Freunde zum Essen ein. Ich hatte Karten für ein Konzert in Toronto, in dem die Diva Joan Sutherland sang. Am Sonntag um die Mittagszeit hatte Meridel unsere sorgfältig gepackten Koffer an der Tür. Wir fuhren auf eine ganz besonders romantische, zehntägige Hochzeitsreise, auf der wir Montreal und Quebec City im französischen Teil Kanadas besuchten und einen Abstecher an die Ostküste nach Boston machten.

Voller Freude kehrten wir zurück zu unserem provisorischen „Hochzeitsparadies" im Gebäude der Medizinischen Bücherei. George, der warmherzige medizinische Direktor des Krankenhauses, hatte es organisiert. Er besorgte uns einen kleinen elektrischen Kocher, ein Paar Töpfe und Pfannen, Teller und Becher. Wir schliefen zusammen in einem schmalen braunen Krankenhausbett und teilten uns das Badezimmer mit mehreren Medizinstudenten, die ebenfalls dort wohnten. Ich musste sehen, dass niemand im Flur war, bevor Meridel ins Badezimmer konnte, und dafür sorgen, dass sie dort allein war. Ganz schön verrückt!

Wir kamen auf die Warteliste für eine Wohnung, die frei werden sollte, wenn Studentenehepaare wegzogen. Meridel war erstaunlich geduldig und erwies sich auf diesem primitiven kleinen Kocher als gute Köchin. Oder lag es daran, dass ich ein hungriger, frischgebackener Ehemann war?

Schon einen Monat später durften wir vorübergehend eine freie Wohnung in dem Gebäude benutzen, in dem die verheirateten Medizinalassistenten wohnten. Meinen ersten Gehaltsscheck erhielt ich Ende Juni.

Im Juli zogen wir aus und mieteten eine winzige Dachwohnung in einem alten Backsteinhaus. Der einzige Raum, in dem wir aufrecht stehen konnten, war das Wohnzimmer. Die Küche, das Schlafzimmer und das Badezimmer hatten steilabfallende Decken. Wir denken noch heute gern an die sommerlichen Gewitter, wenn mächtige dunkle Wolken den Himmel bedeckten. In vielen Nächten blitzte es, der Donner krachte und Regen trommelte auf das Dach. Dann kuschelten wir uns wie Vögel dicht aneinander.

An einem Tag Ende Juni sagte Meridel, sie fühle sich ein wenig komisch, ob ich ihr einen Schwangerschaftstest mitbringen könnte? Ich sah sie prüfend an. „Das ist ganz einfach", sagte ich. Ich nahm eine Urinprobe mit zur Arztpraxis, wo ich Studien für meine Doktorarbeit gemacht hatte. Die Schwester nahm den Routinetest vor und sagte, in ein paar Stunden würden sie mir Bescheid geben. Sie war sehr zuvorkommend und begeistert, mir das Resultat mitzuteilen. Es wurde bestätigt, wir waren schwanger! Ich nahm den Telefonhörer und wählte die Nummer unserer Wohnung.
„Hallo, Frau Rawlings?"
„Hallo."
„Hier spricht Herr Rawlings. Ich muss Ihnen eine Neuigkeit mitteilen."
„Und was wäre das, Herr Rawlings?" lachte sie.
„Frau Rawlings, Sie... nein, wir werden ein Baby haben."
„Ja, Herr Rawlings," erwiderte sie ruhig.
„Ziehe Dein bestes Kleid an. Ich hole Dich zu einem Abendessen bei Kerzenschein ab." Dann sprachen wir gemeinsam ein kurzes Dankgebet für das neue Leben. Wir rechneten sorgfältig nach und kamen zu dem Schluss, dass es in unserer Hochzeitsnacht geschehen war! Judy Johnson hatte mit ihrer Warnung Recht gehabt. Ihr Bett war tatsächlich richtig zum Kinderzeugen!

Meridel und ich waren uns einig, dass es für sie an der Zeit war, ihre Eltern und Geschwister zu besuchen. Sie hatte Sehnsucht nach ihnen. Seit 26 Monaten hatten sie sich nicht mehr gesehen, seit Meridel nach Indien gegangen war. Ich fuhr sie zum Hauptbahnhof in Toronto, wo sie in den Zug einstieg, der sie in drei Tagen quer durch Kanada nach Red Deer in Alberta bringen sollte. Ich hatte meiner Liebsten einen bequemen Schlafwagenplatz besorgt. Als ich zu unserer winzigen Wohnung zurückkehrte, war ich allein, aber froh, dass unsere Trennung diesmal nur drei Wochen dauern würde.

Wir hatten vor, uns Ende Juli, wie wir es versprochen hatten, bei meinen Eltern in Victoria für die Hochzeitsnachfeier zu treffen. Am Tag, als ich mit dem Flugzeug in Vancouver eintraf, wartete James Rawlings bereits mit seinem Cessna 180 Wasserflugzeug auf mich.

Es war ein warmer, klarer Sommerabend. Die Aussicht auf die Golfinseln war atemberaubend. Während des kurzen, 30-minütigen Flugs passierten wir das Haus meiner Eltern in der Locarnogasse, nahe der Universität von Victoria. James bereitete es Vergnügen, es einmal zu umfliegen und mit den Tragflächen zu winken. Als ich Mutter, Vater und Meridel vor dem Haus stehen und winken sah, machte mein Herz einen Sprung. Ich sah auf die gleiche Terrasse, auf der wir gefrühstückt und gebetet hatten, bevor sie nach Indien ging. Jetzt war der Kreis geschlossen, ja, ein Traum war Wirklichkeit, ein Gebet beantwortet worden. Als ich mein Elternhaus verließ, war ich beklommen, und jetzt kam ich zurück in meine Heimatstadt mit meinem Doktortitel, einer erstklassigen Anstellung und, was das Beste war, mit meiner geliebten Frau und umgeben von vielen Lieben.

Später in der Woche gaben meine Eltern einen festlichen Nachmittagsempfang für meine Familie und enge Freunde, die alle begierig waren, endlich meine „mysteriöse Meridel" kennenzulernen. Die Liebe, die uns von unseren Gästen entgegengebracht wurde, war überwältigend. Viele brachten sorgfältig ausgesuchte Geschenke, wie Porzellan, Kristall und Silber, die bis heute unseren Tisch zieren. Meridel genoss es, noch ein zweites Mal Braut zu sein. Meine Großmutter, Myriam Rawlings, machte einen tiefen Eindruck auf sie.

Als sie die Frau ihres Enkels zum ersten Mal in ihrem Seniorenheim sah, nahm Großmutter Meridel in die Arme und hielt sie lange. Sie war eine Frau, die wenig Worte machte, und als sie Meridel liebevoll in die Augen sah, sagte sie:

„Ich habe für Euch Beide viel gebetet. Ich liebe Dich, Meridel, und ich bin glücklich für Jay."

Das war das letzte Mal, dass wir sie sahen, denn sechs Monate später starb sie.

Das Hochzeitsgeschenk von James Rawlings war eine Kreuzfahrt in der Familienyacht durch die Golfinseln. Was für eine schöne zweite Hochzeitsreise das war! Wir unterhielten uns viel, machten Späße, fingen Fische und schwammen.

Nachmittagsempfang mit Familie und engen Freunden

Die abendlichen Barbecues waren stets eine Überraschung, da unser Kapitän immer neue versteckte Strände fand. Das Wetter war vollkommen und die Sonnenuntergänge himmlisch. Ich war so froh, Meridel einige der Plätze zeigen zu können, die James und ich entdeckt und seit unserer Jugend geliebt hatten.

Dann wurde es Zeit, ostwärts durch die großartigen Rocky Mountains nach Alberta, dem Land des Weizens zu reisen. Schon bald sollte ich Meridels Familie zum ersten Mal begegnen. Billy und Sheila fuhren uns in ihrem Auto, und wir nahmen uns Zeit in den Bergen.
Später erzählte Mutter allen: „JayVi und Meridel haben uns zu ihrer Hochzeitsreise eingeladen."

Meridel ist die Älteste von sechs Geschwistern, daher gab es bei der Begrüßung eine Menge neuer Gesichter. Ich war sehr froh, ihre Mutter und ihren Vater, und meine zwei neuen Brüder und drei Schwestern endlich kennenzulernen. Wir hatten das Gefühl, uns schon lange zu kennen, hatten wir doch oft telefoniert und Briefe und Fotos ausgetauscht, als Meridel in Indien war. Unsere Eltern kamen wunderbar miteinander aus. Meine Mutter liebte es zuzuhören, wenn Meridels Vater Klavier spielte. Es schien, als könnte er alles spielen, von klassischer Musik über Blues bis zu Boogie-Woogie und Jazz. Die ganze Familie war aufeinander eingespielt und ihre Liebe für uns war überwältigend. Es war offensichtlich, dass Meridel ihre Heldin war, besonders in den Augen ihrer Mutter, Großeltern und kleinen Schwestern. Die dritte „Hochzeit" unterschied sich von den anderen Hochzeiten.
Dieses Mal wurden wir in einer kleinen Holzkapelle, nicht weit von ihrem Elternhaus „getraut". Meridels Großvater väterlicherseits war ein Gründungspastor und Prediger in Alberta und er vollzog, was wir eine „Weihungszeremonie" nannten. Ihre Tante Rita aus Toronto sang mit ihrem vollen Alt „Wohin Du gehst, dorthin gehe ich auch...," aus dem Buch Ruth. Dieses Lied erwies sich als prophetisch.

Natürlich war es keine richtige Hochzeit, denn alle Dokumente waren im April unterzeichnet worden. Aber dieser Gottesdienst wurde vollzogen, um Meridels Eltern und Familie zu ehren, die in Hamilton nicht mit dabei sein konnten. Jeder war glücklich, denn schließlich war Meridel die erste Tochter und Enkelin, die heiratete. Ihre Eltern luden die Familie und Freunde zu einem großen Festmahl mit Kerzenlicht in das vornehmste Hotel der Stadt ein. Um dem Fest eine mehr persönliche Note zu geben, hatte Meridel alle Platzkarten mit der Hand geschrieben und für jeden Gast einen Vers vom Hohelied gewählt. Wieder waren wir überwältigt von den Geschenken, die wir erhielten. Ich sage den Leuten immer, dass wir dreimal geheiratet haben, um sicher zu gehen. Ein befreundeter Pastor, Harald Bredesen, sagt: „Die Leute, die ich traue, bleiben verheiratet, und die Leute, die ich beerdige, bleiben beerdigt." Wir stimmten ihm zu.

Nach einem tränenreichen Abschied flogen wir nach Toronto, und dann ging es zurück nach Hamilton, wo die verantwortungsvollen Aufgaben meiner neuen Position auf mich warteten.

Schon bald fanden wir eine geräumige Wohnung im zweiten Stock in einer ruhigen Straße, die von alten doch eleganten Häusern gesäumt wurde, in der Wohngegend der „Stahlstadt". Die Garage war früher ein Stall für vier Pferde gewesen und war perfekt für unser Auto. Unsere Wohnung war sehr hell, da sie Fenster hatte, die vom Fußboden bis zur Decke reichten. Der Ausblick in die Baumkronen gab uns das Gefühl, ein Nest in den Zweigen zu haben. Wir liebten das „Gefühl der alten Welt" in unserem Heim.

Wir fanden auch in der Nähe einen Möbeltischler, der für uns zwei kleine Sofas und passende Stühle anfertigte. Meridel nähte unsere Vorhänge, und mit den polierten Parkettböden, den Teppichen und dem weichen Licht machte unsere Wohnung einen luxuriösen Eindruck. Wir hatten sogar einen kleinen Kamin, der funktionierte. An den Wochenenden erkundeten wir die faszinierende Landschaft von Süd Ontario mit seinen Bauernhöfen und grauen Steinhäusern. Einmal fuhren wir bis nach Kitchener und Waterloo zu dem berühmten Bauernmarkt der Mennoniten. Wir kauften einen Kuchen und eine alte handgearbeitete Mennonitenwiege. Ich bearbeitete sie lange mit Sandpapier und trug dann Beize und Politur auf. Allmählich musste ich mich beeilen, denn Meridels Bauch wurde immer runder.

Um bei unseren Ausgaben zu helfen, arbeitete Meridel noch ein paar Monate als Krankenschwester in dem nahegelegenen St. Josephs Krankenhaus. Schwester Mary Margaret, eine Studienkameradin von Meridel an der Universität von Toronto, war dort Oberschwester und hieß Meridel in ihrem Team herzlich willkommen. Wir fanden auch eine kleine Gemeinde in dem nahegelegenen Stony Creek, wo wir uns wohlfühlten. Dort trafen wir viele junge Leute. Die Männer liebten meinen kleinen Sportwagen, und schon bald kamen alle vorbei und besuchten uns in unserer Wohnung.

Meine Arbeit im Krankenhaus war sehr anstrengend und beanspruchte viel Zeit. Ich ging morgens um 7.45 Uhr, arbeitete von 8.00 bis 16.30 Uhr, und oft kam es vor, dass ich an den Wochenenden beruflich auf Reisen war. Wir planten, das Krankenhaus zu renovieren und zu erweitern, und ich gehörte zum Planungsteam der obersten Krankenhausverwaltung.

Gemeinsam mit dem Architekten besuchten wir das Massachusetts Hauptkrankenhaus in Boston, die Mayo-Klinik in Rochester, Minnesota und das Cedars Sinai Medizinische Zentrum in Los Angelos.

Ich wurde diesem ehrwürdigen Gremium zugeteilt, weil die Abteilung, für die ich verantwortlich war, die Aufgabe hatte, alles im Krankenhaus Benötigte effizient zu verteilen. In meinen Bereich fielen Patienteninformation, Essenversorgung, Medikamente und Drogen, medizinische Ausrüstungen, Wäsche, Atemgeräte, Betten und Reinigungsmittel. Ich musste Analysen der einzelnen Abteilungen vornehmen und Vorschläge machen, wie die Betreuung der Patienten effektiver gestaltet werden kann. Gemeinsam arbeiteten wir an der Schaffung eines modernen und effizienten Verteilungssystems im ganzen Komplex. Es versteht sich von selbst, dass wir sehr beschäftigt waren. Wir hatten jedoch keine Ahnung, wie sehr wir mit der schon bald erwarteten Ankunft unseres Babys und einigen medizinischen Komplikationen beschäftig sein würden, die sich daraus ergeben sollten.

Während dieser Zeit litt ich an scheußlichen Migräneanfällen. Manchmal waren sie so schlimm, dass ich ein paar Tage im verdunkelten Zimmer liegen musste. Als sie immer wiederkamen, betete Meridel für mich, denn diese Anfälle machten ihr Sorgen. Seitdem hatte ich keine Migräne mehr. Ich meinerseits merkte, dass Meridel wiederholt von einem Albtraum heimgesucht wurde, von dem sie weinend erwachte. In einer Nacht wachten wir beide auf. Erschrocken fragte ich: „Was ist denn?" und versuchte sie zu trösten.

„Ich habe diesen schrecklichen Traum, der immer wiederkommt. Ein nackter Mann verfolgt mich. Ich renne und versuche, ihm zu entkommen, und immer, wenn er mich beinahe gefasst hat, wache ich auf."

„Das ist es also. Aber wir werden das nicht wieder haben", erklärte ich, indem ich das Licht anmachte und mich aufsetzte. In meiner Verzweiflung betete ich ein einfaches Gebet für ihre Heilung. „Lieber HERR, danke, dass Du diesen scheußlichen und quälenden Traum fortnimmst. Bitte heile Meridel, wie Du mich geheilt hast. Wir danken Dir. Amen." Ich bin dankbar, sagen zu können, dass dieser hässliche, quälende Traum Meridel nie wieder heimgesucht hat. Gelobt sei Gott!

Zeitlose Geheimnisse

"Nein, ich habe mich nicht geändert..."
Maleachi 3,6

Mit Veränderungen kann man immer rechnen. In nur wenigen Monaten mussten wir uns mit tiefgreifenden, wirklich großen Veränderungen befassen. Meridel kam von Indien zurück. Wir heirateten. Ich zog aus dem Studentenheim aus und wurde Meridels Ehemann. Ich wurde der Hauptverdiener meiner Familie mit vielen neuen Verantwortungen, und Meridel und ich würden bald Eltern sein. Veränderung ist eins der universellen Prinzipien des Lebens. Doch wir trösteten uns immer damit, dass der Eine, an den wir glauben, unveränderlich ist.

*"Verlass dich nicht auf deinen Verstand,
sondern setze dein Vertrauen
ungeteilt auf den HERRN!"*

Sprüche 3, 5,6

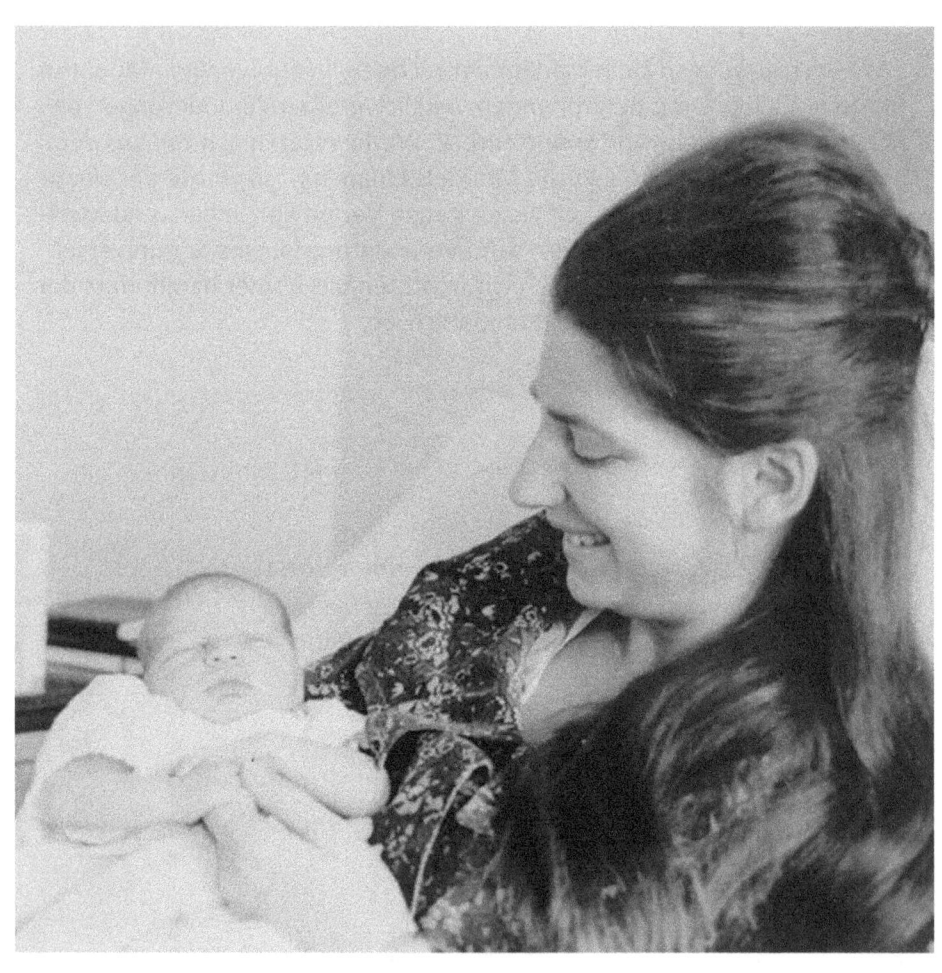

David, geboren am 20. Januar 1969
Foto vom Februar 1969 zu Hause bei uns in Hamilton,
Ontario, Kanada

KAPITEL 13

Eine Leihgabe

„Heute ist es so weit!" Das waren die Worte, mit denen ich sehr früh an einem kalten Januarmorgen aufgeweckt wurde. Draußen entwickelte sich ein Schneesturm. „Was für ein Tag?", brummte ich, mühsam aus tiefem Schlaf erwachend. „Ich denke, es ist Montag der 20. Januar."

„Nein, nein", sagte sie. „Ich meine, das Baby kommt heute."

„Dann lass uns gehen!" Ich sprang aus dem Bett. „Ich bringe Dich sofort ins Krankenhaus."

„Nein, nein", lächelte sie. „Es ist noch zu früh, Liebling. Wir müssen warten, bis die Wehen stärker werden und dichter aufeinander folgen."

„Mach Dir keine Sorgen, Jay", sagte unsere Hebamme, als sie die Panik in meiner Stimme bemerkte. „Babys sind schon öfter geboren worden. Aber du kannst Meridel herbringen und die Einweisungsformalitäten erledigen."

Es war auch der Tag des Amtsantritts von Präsident Nixon in den USA. An Meridels Bett sahen wir auf einem kleinen Schwarz-Weiß-Fernseher, wie Nixon seinen Schwur leistete. Am Nachmittag wurden die Wehen immer stärker. Die Schwestern hielten ein wachsames Auge auf sie. Abends um 19.00 Uhr war sie noch immer nicht so weit. Da es ihr erstes Kind war, war die Entbindung recht schwer. Um 22.30 Uhr kam eine strahlende Schwester mit einem Bündel im Arm aus dem Kreissaal. „Herzlichen Glückwunsch, Dr. Rawlings, Sie haben einen Jungen." Sie übergab mir das Baby. Ich sah hinunter auf das Gesicht meines Sohnes, John David. Er war so winzig! Er gähnte! Wir lachten. Ich war überwältigt von dem Wunder, das ich jetzt in meinen Armen hielt.

Ärzte, die Meridel in Neu-Delhi unter Vollnarkose untersucht hatten, sagten, dass ihr Uterus voller Narben wäre, vermutlich von einer Tuberkulose des Uterus, und sie sagten ihr:

„Sie werden niemals in der Lage sein, Kinder zu bekommen."

Seid Ihr nicht froh, wenn Gott verwirft, was Menschen sagen und denken? Ich bin es jedenfalls. Unser Baby John David ist der lebende Beweis dafür, dass mit Gott alles möglich ist.

Sie legten das Baby Meridel an die Brust, und es fing sofort an zu trinken. Nach ein paar Tagen brachte ich Mutter und Baby nach Haus und wir begannen unsere neue Routine. Bei der Geburt war unser Kind 61 cm. Es musste nun etwas dicker werden und trank gierig. Nach sechs Wochen hatte Meridel jedoch das Gefühl, dass etwas nicht stimmte. Es trank nicht mehr richtig, wurde sehr weinerlich und unruhig und fing an, sich in hohem Bogen zu erbrechen. Als Krankenschwester erkannte Meridel sofort die Ursache. Ihr älterer Bruder und ihre jüngere Schwester waren erblich belastet gewesen mit etwas, das Pylorus Stenose genannt wird. Ein anderer kleiner Bruder war 50 Jahre zuvor mit nur 28 Tagen daran gestorben. Das Symptom des Erbrechens zeigt sich, wenn der Verschluss am Ausgang des Magens mit dem Wachstum des Kindes nicht Schritt hält. Die Nahrung bleibt im Magen und kann nicht in den Dünndarm gelangen. Die angesäuerte Milch wird dann mit ungewöhnlich großer Kraft erbrochen. Für neue Eltern ist das ein erschreckendes Erlebnis.

Wir riefen sofort unseren Hausarzt an, doch er ließ sich von uns nicht überzeugen. Wir mussten das Baby zu ihm in die Sprechstunde bringen. Wir rasten zu ihm, und als wir im Untersuchungszimmer waren, erbrach sich David und traf voll den Doktor, doch überzeugt war er noch immer nicht.

Da nahm Meridel die Sache selbst in die Hand und brachte David über die Unfallklinik ins Krankenhaus. Er war dünn und dehydriert. Auf Grund der genetischen Geschichte der Familie wurde er sofort in die Chirurgie des Kinderkrankenhauses gebracht. Als er aus dem Operationssaal kam, hatte man ihm den halben Kopf kahl rasiert, wo der intravenöse Tropf angeschlossen war.

Um seinen Flüssigkeitspegel zu erhalten, wurde ein Tropf in eine Vene seiner Kopfhaut gelegt. Er sah schrecklich aus. Wir fühlten uns so machtlos, doch er schlief friedlich. Der Chirurg versicherte uns, dass er sich erholen würde.

Auf Grund der traumatischen Krankheit, der Operation, dem anschließenden Krankenhausaufenthalt und dem fehlenden Saugen versiegte Meridels Milch. Schon bald danach war John David völlig wiederhergestellt und ausgehungert. Ich besorgte die fetteste Dosenmilch und reicherte damit seine Babynahrung an, besonders, bevor er abends zum Schlafen hingelegt wurde. Er trank seine Milch aus der Flasche und stieß kaum auf. Ihr könnt euch vorstellen, wie gut wir alle schliefen, seitdem es ihm besser ging. Der kleine Bursche nahm in vier Wochen vier Pfund zu und entwickelte sich weiter gut. Bald saß er auf seinem Stühlchen und verlangte sein Essen. Sein blondes Haar wuchs zu einer Bürstenfrisur, wodurch er wie ein kleiner Ringkämpfer aussah.

Unser Baby war unser Schatz, und unsere Herzen waren mit Dankbarkeit erfüllt. Unser Leben war voll mit lieben Menschen, Karriere, Freunden, Aktivitäten und der Jugendgruppe. Doch trotz allem schien ich etwas zu vermissen. In Gedanken beschäftigte ich mich wieder mit der Erfüllung durch den Heiligen Geist. Meridel hatte mir ihr Erlebnis mitgeteilt, doch mich niemals gedrängt. Ich beobachtete sie genau und sah, wie voll und frei sie lebte. Sie machte sich nichts daraus, was Menschen von ihr dachten. Das Ziel ihres Lebens war es, dem Herrn zu gefallen. Sie sang im Geiste und tanzte vor dem Herrn, mit David in ihren Armen. Sie war ein ganz besonderes Mädchen! Ich liebte sie so sehr und fragte mich, wie Gott sie wohl sah. Ich wusste, dass sie für mich betete, doch sie sprach nicht darüber.

Zeitlose Geheimnisse

„Kinder sind ein Geschenk des Herrn, mit ihnen belohnt er die Seinen. Kräftige Söhne sind für den Vater wie Pfeile in der Hand eines Kriegers. Wer viele solche Pfeile in seinem Köcher hat, der hat das Glück auf seiner Seite." Psalm 127, 3-5

Wenn ein Paar die Ehe antritt, bereitet es sich darauf vor, die nächste Generation zu lieben, ihr zu dienen und Opfer zu bringen. Für unsere Kinder zu sorgen ist einer der Wege, wie wir unsere Liebe für Gott zeigen und Sein Königreich aufbauen. Kinder sind ein Erbe vom Herrn, und erst in zweiter Linie gehören sie uns. Sie werden uns geliehen. Gott gibt Eltern ihre Kinder, wie ein Mann sein Vermögen seinen Erben vermacht. Jesus wünscht, dass wir keins dieser Kleinen geringschätzen und uns an ihrem Glauben ein Beispiel nehmen.

„Und wer einen solchen Menschen in meinem Namen aufnimmt, der nimmt mich auf. Wer dagegen einen dieser kleinen, unbedeutenden Menschen, die mir vertrauen, an Gott irre werden lässt, käme noch gut weg, wenn er mit einem Mühlstein um den Hals im Meer versenkt würde, dort, wo es am tiefsten ist." Matthäus 18, 5-6

Wir sind oft überrascht und überwältigt, wie sich die Dinge im Leben entwickeln, und brauchen alle einen Anker, der uns in den Stürmen, die mit Sicherheit kommen, festhält.

„Musst du durchs Wasser gehen, so bin ich bei dir; auch in reißenden Strömen wirst du nicht ertrinken. Musst du durchs Feuer gehen, so bleibst du unversehrt, keine Flamme wird dir etwas anhaben können. Denn ich bin der HERR, dein Gott; ich, der heilige Gott Israels, bin dein Retter."
Jesaja 43, 2-3

KAPITEL 14

Suche in der Vorstadt

"Jawohl, Gott wird einmal mit unverständlicher Sprache und mit einer fremden Zunge reden zu diesem Volk."
Jesaja 28,11 Luther 84

Im nächsten Monat hatten wir viel zu tun. Wir fanden ein ganz besonderes Haus in den sanften Hügeln von Dundas. Es machte uns Freude, das Haus einzurichten, eine Terrasse neben dem Schwimmbecken anzulegen und uns um die Shetlandponys zu kümmern, die zum Grundstück gehörten. Es war eine Zeit der Eingewöhnung für uns als Neuvermählte. Wir liebten uns von ganzem Herzen und doch mussten wir lernen, miteinander zu leben. Ich, der ich als Einzelkind aufgewachsen war, musste lernen, meine Wünsche und Sehnsüchte mit dem zu ersetzen, was der Vertiefung unserer Beziehung und der Familie dient. Es ist Gottes Programm, unsere Selbstsucht in neue Bahnen zu lenken, und das endet niemals. Die Ehe ist ein lebenslanges Geben und Nehmen, hauptsächlich aber Geben!

Meridels Leben war weiterhin ein richtiges Beispiel für mich. Sie war als eins von sechs Kindern aufgewachsen, und bei ihr standen Kleider, Schuhe, Handtaschen und irdische Besitztümer nicht an erster Stelle. Sie begeistert sich für Beziehungen, besonders mit der Familie. Sie sorgt sich nicht um Geld. Wichtig für sie sind prinzipielle Dinge wie ein guter Charakter, Glaube, Gebet, Ehrlichkeit, Integrität und Lebenszweck. Irgendwie hat sie eine Direktleitung nach oben. Meine glich mehr einer „Fernleitung". Lag es an der Erfüllung mit dem Heiligen Geist?, fragte ich mich. Ich sehnte mich auch danach, aber ich wollte nicht in anderen Zungen reden. Heute ist mir klar, dass ich ein Mensch war, der sich nicht anpassen wollte und sich verzweifelt gegen Veränderungen wehrte. Meridel war da anders. Wenn sie glaubte, dass Gott zu ihr gesprochen hatte und sie etwas tun sollte, tat sie es sofort. Sie war und ist immer noch sehr großzügig und gebend. Jetzt weiß ich, dass wir gesegnet wurden, weil sie diese Gewohnheit des Gebens in unserem Leben täglich beibehalten hat. Ich dagegen habe für jeden Cent hart gearbeitet und trennte mich nicht so leicht davon wie sie. Ich war noch steif und hatte Angst, loszulassen und Gott sorgen zu lassen.

Dann erhielt Meridel eines Tages eine Einladung per Post, am jährlichen Sommerlager ihrer amerikanischen Freundinnen Ruth und Susan in Ashland, Virginia, teilzunehmen. Ich wollte davon nichts wissen. Wir besprachen es und ich sagte: „Warum sollte ich die Frauen treffen wollen, die Dir von der Ehe mit mir abgeraten haben?" Ein paar Wochen später besuchten wir ein Konzert, wo die talentierten, christlichen Musiker Merv und Merla Watson uns israelisch klingende Musik vorstellten. Anschließend an das Konzert kaufte ich an dem Büchertisch ein Buch von John und Elisabeth Sherrill mit dem Titel *Sie sprechen in anderen Zungen*. Sofort fühlte ich die Wahrheit in meinem Herzen und meinem Verstand. Mir wurde klar, dass ich Meridel gegenüber sehr hart gewesen war. Ich sah den Hunger ihres Herzens, tat aber sehr wenig, um ihr geistlich zu helfen. Ich begann zu begreifen, dass das Erlebnis, vom Geist Gottes erfüllt zu werden, Wirklichkeit war und weit über mein bescheidenes Verständnis hinausging. So las ich weiterhin und fuhr fort zu suchen.

Eines Tages sah ich eine Anzeige im *Toronto Star*, dass ein Corvettehändler einen Ausverkauf annoncierte. Ich fragte Meridel, ob sie mit nach Toronto kommen würde, um uns das anzusehen. Sie war zu meiner Überraschung sofort einverstanden. Als wir ankamen, war das Gelände des Autohändlers bereits voller Menschen. Ein Autoverkäufer zeigte uns verschiedene Modelle, und dann sahen wir „ihn": Ein bernsteinfarbener klassischer *Stingray* mit schwarzer Lederausstattung. Es hatte nur einen Vorbesitzer, nur wenige Kilometer auf dem Tacho und war in erstklassiger Verfassung. Auch der Preis stimmte. Meridel sah, dass ich hingerissen war, doch es musste eine gemeinsame Entscheidung sein. Sie flüsterte mir ins Ohr, „Komm, lass ihn uns kaufen!" Das gab den Ausschlag. Sie nahmen meinen geliebten Triumph TR 4 als Anzahlung, und bei der Finanzierung des Rests hatten wir keine Schwierigkeiten. Mit einem neuen Auto fuhren wir nach Haus. Ich kam mir vor, als träumte ich und konnte es kaum glauben.
Es war alles so schnell gegangen!

Die jungen Leute in meiner Jugendgruppe liebten mein Auto und zählten sofort die Dinge auf, die man verändern könnte, um es noch „cooler" zu machen. Ich wies alle Angebote zurück, mit einer Ausnahme, ich erlaubte, dass der Wagen in der Autowerkstatt eines Vaters neu lackiert werden sollte. Gemeinsam mit den jungen Leuten wählte ich eine metallische Burgunderfarbe. Mein Auto wurde zu einem regelrechten Projekt der jungen Männer. Während die Mädchen Meridel besuchten und mit David spielten, arbeiteten wir „Männer" am Auto. Schließlich war es fertig. Es war dreimal mit der Hand gestrichen und abgeschliffen worden. Jetzt glänzte es nur so.

Ich überlegte mir, was ich verlieren konnte, nachdem meine Frau so großzügig gewesen war und mich mit dem Auto ermutigt hatte, wenn ich sie trotz all meiner Vorbehalte zu den fremden Leuten ins Sommerlager bringen würde? Meridel erwähnte das Lager nicht mehr, doch eines Tages fragte ich sie aus heiterem Himmel: „ Was hältst Du davon, in unserem neuen Auto nach Virginia zu fahren?" Ich war nicht sonderlich erpicht darauf, ihre Freundinnen zu treffen, aber ich liebte meine Frau und wusste, dass es sie glücklich machen würde. Ich ahnte nicht, worauf ich mich eingelassen hatte. Tatsache ist, dass wir beide es nicht ahnten!

Zeitlose Geheimnisse

"Verlass dich auf den HERRN und tu, was recht ist; dann bleibst du im Land und wohnst in Sicherheit. Suche dein Glück beim HERRN: Er wird dir jeden Wunsch erfüllen." Psalm 37, 3 - 4

Oft wissen wir nicht, was wir tun sollen, wenn uns das Leben mit einer neuen Realität konfrontiert. Das trifft besonders dann zu, wenn es um geistliche Dinge geht und wir ahnen, dass wir die Kontrolle verlieren könnten. Das Problem ist wirklich unser Glaube. Kann ich glauben, dass vielleicht ein besserer Plan für mich existiert, als der, den ich mir ausgerechnet habe? Tatsache ist, dass Gott für jedes Leben einen vollkommenen Plan hat. Ich habe erlebt, dass Er uns kleiner macht, um unsere Aufmerksamkeit zu erregen und uns dadurch belehrbar zu machen, doch nur, damit Er uns bereichern kann. Er öffnet uns den Bereich Seines Potentials, Seiner Möglichkeiten und Seiner Kreativität. Doch nie wird Er sich über unseren Willen hinwegsetzen. Wie gesagt, es ist eine Sache des Vertrauens. Es ist ein schwerer Schritt für jeden, der keine gesunde Beziehung zu einem Elternteil oder zu beiden Eltern hatte und daher nicht weiß, wie man Autorität vertraut. Sollen wir davonlaufen oder uns der Höchsten Autorität stellen?

> In **Strongs Wörterbuch #3820** heißt es: Mit Herz ist der Intellekt, die Wahrnehmung, der Verstand, die innere Person, innere Gefühle, tiefste Gedanken, das innere Selbst gemeint. Im Deutschen wie im Hebräischen umschließt das Konzept von ‚lev' oder ‚Herz' das physische Organ und die inneren Sehnsüchte eines Menschen. Den nobelsten Gebrauch von ‚lev' finden wir vielleicht in 5. Mose 6:5, wo Israel befohlen wird, Gott von ganzem Herzen zu lieben.
> Auch Jesus hat diese Wahrheit stark betont.

„Das wichtigste Gebot ist dieses: ‚Höre, Israel! Der Herr ist unser Gott, der Herr und sonst keiner. Darum liebt ihn von ganzem Herzen und mit ganzem Willen, mit ganzem Verstand und mit aller Kraft.' Das zweite ist: ‚Liebe deinen Mitmenschen wie dich selbst!' Markus 12, 29-31

Kapitel 15

Stechende Rote Augen

Wie jeder Sportswagen ist auch die Corvette ein Zweisitzer. Er wurde auf jeden Fall nicht als Familienauto entworfen. Meridel machte das Beste aus dem bisschen Raum. Sie machte hinter dem Fahrersitz ein Bettchen für David. Danach war hinter ihrem Sitz gerade noch Raum für seine Windeltasche mit seinem Fläschchen und dem, was er brauchte.

Auf dem Weg nach Virginia machten wir oft Halt um uns zu strecken und zu entspannen. Ein Ort, den ich schon immer besuchen wollte, war Williamsport in Pennsylvanien, die Heimat der Little League. Ich war zehn, als ich mit dem Baseballspielen begann. Also machten wir Pause und hielten ein Picknick mit Aussicht auf das sehr gepflegte aber leere Stadion, in dem jedes Jahr die Little League- Weltmeisterschaften abgehalten werden. Wir besuchten auch das Museum. Diese Organisation hat weltweit Spaß und Herausforderungen zu Millionen von Kindern gebracht und ihnen Fairness und sportliches Verhalten vermittelt. Dabei diente es mit Hilfe des Fernsehens gleichzeitig der Unterhaltung von Eltern, Freunden und Zuschauern.

Wir ließen uns Zeit, nach Virginia zu kommen, doch schließlich bogen wir in den staubigen Weg ein, der zum Campinggelände führte. Es war früher Abend und noch immer heiß und schwül. Wir hielten in der Nähe des Eingangs. Viele Autos trafen ein, und Massen von Menschen mit Bibeln unter dem Arm gingen zum Freilufttabernakel für den Abendgottesdienst.
„Hallo, ihr Lieben!", rief eine junge hellhaarige Frau mit kühlen, berechnenden, blaugrünen Augen.
„Susan!" Meridel sprang aus dem Auto, um sie zu begrüßen. „Jay, ich möchte Dir..."
„Hi, ich bin Susie." Sie kam um das Auto herum zu meinem Fenster, ohne Meridel zu beachten, und schüttelte meine Hand voller Wärme.

Lachend sagte sie: „Das also ist das kleine Baby. Wie niedlich."
Sie konnte sehen, wie nervös ich war, und nachdem sie ein wenig mit David geschäkert hatte, der müde war und nicht reagierte, sagte sie: „Ihr habt eine lange Fahrt hinter Euch und seid müde. Kommt, ich zeige Euch Eure Hütte, dann könnt Ihr ersteinmal richtig ausschlafen."

Sie führte uns durch ein Feld mit hohem Gras. Wir hörten Frösche quaken. Sie öffnete die Tür, führte uns in ein vernachlässigtes Haus mit zwei Räumen und einem durchhängenden Dach und drehte das Licht an. Eine einzelne Birne hing von der Decke und beleuchtete einen spärlich möblierten Raum. Sie und Ruth hatten versucht, den Raum mit Farbe und den Schätzen, die sie von ihren Weltreisen mitgebracht hatten, etwas freundlicher zu machen.

„Der Vorzug dieser Hütte ist, dass Ihr Eure Privatsphäre habt, der Nachteil, dass sie keine Toilette und kein fließendes Wasser hat. Aber es ist gut für uns zu lernen, mit weniger auszukommen. Stimmt's?" Dabei sah sie mich an. „Betrachte es einfach als gutes Training."

‚Gutes Training wofür?', fragte ich mich insgeheim.

Sie verschwand mit einem Kichern. „Ich sehe euch um 19:30 Uhr im Speisesaal. Es gibt Pfannkuchen und Eier."

Als die Fliegentür hinter ihr zuschlug, überfiel mich ein Gefühl der Endgültigkeit. Ich fühlte mich gefangen. Wir waren ganz sicher nicht gewöhnt, ohne fließendes Wasser und ohne Toilette auszukommen, besonders nicht mit dem Baby. Meridel sagte fröhlich: „Sorg dich nicht. Ich habe Essen für das Baby und Kräcker und Käse für uns. Ich habe auch eine Flasche Wasser zum Trinken und Zähneputzen.

Sie legte das Baby in unser Doppelbett, das in der Mitte durchhing. Wir aßen schweigend unsere Kräcker. Als wir uns hinlegten, hielt ich mich an meiner Seite fest, um nicht in die Mitte zu rollen, und Meridel tat das Gleiche. Sofort brach uns der Schweiß aus. Es gab keine Klimaanlage, nicht mal einen Ventilator, und die Luft draußen bewegte sich nicht. Es roch muffig. Unbewusst atmeten wir nur flach. Wir hatten beide das Gefühl, die Wände würden auf uns fallen. Über dem anhaltenden Gezirpe von Grillen und Froschgequake wehte Singen durch die heiße Nachtluft, gefolgt von der lauten Rede eines Predigers, irgendwo in der Ferne bei einem Gottesdienst.

Meridel und David schliefen sofort ein, doch in der Dunkelheit, der feuchten Hitze und der fremden Umgegend gelang es mir nicht, einzuschlafen. Lange Zeit wälzte ich mich hin und her. Endlich döste ich ein und träumte. Plötzlich war ich hellwach. Etwas hatte mich zu Tode erschreckt. Was war es? Hatte ich geträumt oder war es eine Vision? Da, direkt vor mir waren zwei stechende rote Augen, die mich unverwandt anstarrten. Es war wie in einem Horrorfilm. Was war es? Ich hatte das Gefühl, meine Familie beschützen zu müssen. Wurde ich einem Test ausgesetzt oder war es ein Todesduell? Ich fühlte, diese teuflischen Augen wollten, dass ich fortlaufe und mich verstecke. Das war mir klar. Ich betete und wandte mich an Gott. Ich gab nicht nach. Jetzt musste ich mich dafür entscheiden, Gott vollständig, mit meinem ganzen Herzen zu folgen oder es nicht zu tun. Irgendwie wusste ich, dass ich eine der wichtigsten Entscheidungen meines Lebens treffen musste. Würde ich Gott dienen oder mir selbst? Erschöpft fiel ich in einen unruhigen Schlaf.

Am nächsten Morgen gingen wir kurz vor 7.30 Uhr zum Speiseraum. Dort trafen wir Ruth Heflin. Sie war eine eindrucksvolle Persönlichkeit, groß und voller Selbstvertrauen, doch fröhlich und liebevoll. Unrasiert und ohne geduscht zu haben, sah ich zu ihr auf. Innerlich zitterte ich noch immer von dieser Nachtvision, doch ich gab mir Mühe, sicher zu erscheinen. Wir plauderten, und sie stellte uns ihrem Vater, Pastor Wallace Heflin Senior, vor. Er saß am Ende einer der Tische und trug ein offenes weißes Oberhemd. Ich konnte seine breiten Schultern und mächtige Brust sehen. Er sah wie ein alter Ringerkämpfer aus. Seine knotige Hand hielt einen Becher mit Kaffee. Er lachte als er sprach. Jeder am Tisch hörte aufmerksam zu, als er zwischen einzelnen Bissen Geschichten des Glaubens zum Besten gab.

Er sah auf, und als er uns bemerkte, sagte er: „Ich habe gehört, dass Ihr gestern Abend angekommen seid. Habt Ihr gut geschlafen?"

„Oh, ja", log ich bemüht, freundlich zu dem Mann zu sein, der voller Glauben mit seinen bloßen Händen und einigen zusammengewürfelten Freiwilligen dieses Camp errichtet hatte. Später erfuhr ich, dass die Freiwilligen aus alten Frauen, geschiedenen Müttern mit Kindern, vereinzelten Tischlern und Klempnern und einer Menge Teenager bestanden hatten.

Sofort versammelten sich alle kleinen Mädchen um David und stritten sich darum, wer ihn als nächstes auf den Arm nehmen könnte. Ihm gefiel ihre Aufmerksamkeit.

Nach dem Frühstück wurden wir zur Morgenandacht eingeladen. Wir machten uns auf den Weg zur Freilichtbühne. Mir fiel auf, dass eine Menge Gerümpel herumlag. ‚Warum räumen sie hier nicht auf', dachte ich. Das Gerümpel, erfuhr ich später, war was die Menschen gespendet hatten, um dabei zu helfen, das Camp ‚im Glauben' zu errichten. Wie in der biblischen Geschichte, als die Kinder Israels ihre Gaben zu Moses brachten, damit das erste Tabernakel, ihr Treffplatz mit Gott, gebaut werden konnte, so lagen hier die „Gaben" herum.

Dann sah ich das große Schild, das über dem Eingang zum Tabernakel hing: Golgatha, Pentecostal Sommerlager. Willkommen! Man wies uns Plätze in der ersten Reihe an. Klappstühle, alte Kinositze und selbstgemachte Bänke waren im Halbkreis aufgestellt. Drei abgewetzte Teppiche bedeckten den Sandboden und Staubwolken stiegen auf, wenn die Gläubigen aufstanden, tanzten und Gott priesen. Einige alte Lehnstühle standen dazwischen, für die ältesten Gemeindemitglieder.

David wurde zum Spielen mitgenommen. Wir setzten uns auf die Klappstühle, gerade als Schwester Edith Heflin, Ruths Mutter, eintraf und auf dem Podest Platz nahm. Sie war es, die morgens den Bibelunterricht gab. Ruths Bruder, Wallace Heflin Junior oder „Sonny", wie er damals genannt wurde, nahm das Mikrofon und bat alle, sich hinzusetzen.

Ich war fasziniert von der „ordentlichen Unordnung". Ruth setzte sich an die elektrische Orgel. Mit lauter Stimme begann sie „Oh how I love Jesus" zu singen. Alle stimmten ein. Der Gesang war beschwingt und enthusiastisch. Ich hatte noch nie etwas Derartiges erlebt. Mehr Menschen, junge und alte, gesellten sich zu Ruth auf dem Podest und sangen. Der Refrain änderte sich, und schon bald kamen Menschen nach vorn, um vor dem Herrn zu tanzen. Viele sangen, andere erhoben die Arme und sprachen in Zungen, in den Sprachen, die ihnen vom Heiligen Geist gegeben wurden.

Meridel und ich sahen gespannt zu. Wir waren fasziniert und bemüht, es in uns aufzunehmen. Wir versuchten auch mitzumachen, doch ich war zu nervös. Ein Teil von mir war angezogen von den leuchtenden Gesichtern der Menschen, die sich offensichtlich der Freude des Ganzen hingaben. Es war eine Art von religiösem Erlebnis, von der wir bisher nur gelesen hatten.

Einige Zeit später wurde die Morgenkollekte eingesammelt. Kleine Plastikeimer wurden herumgereicht. Ich holte meine Brieftasche heraus und legte einen Zehndollarschein in den Behälter, als er vorbeigereicht wurde. Mir war klar, dass man von uns und den anderen Gästen nicht erwartete, für irgendetwas im Camp zu bezahlen. Alles war frei, das Essen, die Unterkunft und der Bibelunterricht. Doch wurde jeder bei jedem Gottesdienst ermutigt, zu geben, was er geben konnte. Irgendwie reichte es für alle Bedürfnisse. Es war das erste Mal, dass ich so etwas erlebte. Es erinnerte mich an die Apostelgeschichte, als die Apostel und die frühen Gläubigen alle Besitztümer miteinander teilten.

Dann begann Schwester Edith Heflin mit dem Unterricht. Erst stand sie eine Weile, dann setzte sie sich hin, als sie müde wurde, die Bibel offen in ihrem Schoß. Sie lehrte aus den Offenbarungen. Es war sehr interessant, ihre selbsterworbenen Erkenntnisse, die persönliche Erfahrungen mit einschlossen, zusammen mit den Lehren der Bibel zu hören. Nach etwa einer Stunde rückte sie ihren Stuhl an den Rand des Podestes. Sie saß dort und schloss ihre Augen, während die Menschen aus dem Publikum nach vorn kamen, eine ordentliche Reihe bildeten und vor ihr stehen blieben. Schwester Heflin streckte ihre Hand aus und berührte sanft die Stirn jedes einzelnen, wobei sie, wie es der Heilige Geist ihr eingab, jedem ein persönliches „Wort des Herrn" sagte.

Das interessierte mich wirklich. Meridel und ich rückten näher, um zu hören, was der Heilige Geist den Menschen durch sie sagte. Einige fielen rückwärts, wenn die Hand sie berührte. Das war wohl erwartet, denn „Fänger", gewöhnlich starke Männer, fingen sie auf und ließen die leblosen Körper sanft auf die Erde gleiten. Junge Frauen bedeckten diskret die Beine der Frauen, die „unter der Kraft" ohnmächtig geworden waren, mit einem Gebetstuch.

War das ähnlich, wie es in der Bibel beschrieben wird, als Salomon den heiligen Tempel in Jerusalem einweihte? Wir lesen, dass die Herrlichkeit Gottes auf die Priester und Musikanten niederkam und dass sie vor der mächtigen Gegenwart des lebendigen Gottes auf ihre Gesichter fielen? Ich überlegte, warum diese Menschen hier rückwärts fielen. Nachdem für alle gebetet worden war, kam Ruth zu uns und sagte: „Komm, lass Mutter für Dich beten." Sie sah, dass ich zögerte, doch dann ging ich langsam nach vorn. Ich schloss fest meine Augen und fühlte die sanfte Berührung von Schwester Heflins Hand auf meiner Stirn. Bevor sie anfing zu sprechen, zog sie ihren Atem ein. „Oh! Oh! Oh! Ich sehe etwas ganz Merkwürdiges! Ich sehe zwei rote, stechende Augen, die Dich ansehen. Das ist der Feind. Er will Dein Leben haben. Du musst Dich jetzt entscheiden, ob Du Gott oder Satan dienen willst. Das ist der Tag! Wähle das Leben und lass Dich vom Heiligen Geist erfüllen, damit Du und Deine Familie leben werden."

Ich wankte und fühlte sofort, wie mir ein Schauer über Nacken, Schultern und Rücken lief. Das war ein Schock! Ich hatte niemandem davon erzählt, was sich letzte Nacht ereignet hatte, nicht einmal Meridel. Das konnte nur der Geist Gottes sein. War das ein Wort der Erkenntnis? (1. Korinther 12,8). Ich hatte davon in der Bibel gelesen. Die Propheten legten in ihrem Leben Beweis davon ab. David flüchtete vor Saul, als er davon gewarnt wurde, und im Brief an die Korinther ist es eine der mächtigen Gaben, die als Frucht des Geistes gegeben wird. Ich war mir nicht sicher, aber es schien ein für alle Mal zu bestätigen, dass der Heilige Geist mein Leben haben wollte. Auch Satan wollte es, und ich musste mich entscheiden.

„Danke," sagte ich und drehte mich zu Schwester Heflin um. Sie flüsterte mir zu: „Ich habe noch nie so etwas gesehen...solche Augen!"

„Ich weiß, wie schrecklich sie sind. Ich habe sie letzte Nacht im Traum gesehen." Dann sagte ich etwas, was ich nicht geplant hatte. „Ich glaube, ich muss fasten und beten, bis ich in der Lage bin, mich der Erfüllung mit dem Heiligen Geistes zu öffnen."

Sie lächelte verständnisvoll. „Lass uns beten, dass Gott Dir dabei hilft." Ruth trat näher und legte ihre Hand auf meinen Kopf und Peng! Für etwa 30 Minuten befand ich mich unter der Kraft des Geistes. Als ich aufstand, fühlte ich, dass mich eine neue Stärke erfüllte.

Mein Beschluss, einen geistlichen Pfad einzuschlagen, war gestärkt worden. Der HERR half mir, meinen Willen in Seinen Willen eingehen zu lassen. Das erforderte ein kindliches Vertrauen, und ich überließ mich ihm wirklich im Glauben und nicht bei dem, was ich sah. Ich wollte, dass sich sein Zweck und Plan in meinem Leben verwirklichen. Nur zu gut merkte ich, dass mein Wille limitiert war und meinen eigenen selbstsüchtigen Zwecken unterlag. Zwar hatte ich vom Fasten bereits gelesen, aber in meinem Leben noch keine einzige Mahlzeit gefastet. Ich fing sofort damit an. In den nächsten Tagen, wenn Meridel und David in den Speiseraum gingen, blieb ich draußen und las in der Bibel. Ich wurde „geistlich ernährt" wie nie zuvor. Auch lernte ich, mehr dem Herrn als meinem Appetit nachzugeben. Es fiel mir nicht leicht, denn ich esse gern, doch ich erkannte, dass ein ergebenes Leben viel mehr mit meiner Einstellung zu tun hatte, als mit dem Ausfall von ein paar Mahlzeiten. Dies war ein sichtbarer Weg, wie ich mich selbst verleugnen und dem Reich des Heiligen Gottes näher kommen konnte. Das geistliche Prinzip ist: Wenn ich selbst abnehme, kann Er in mir zunehmen. Wenn Du denkst, dass das ganz leicht ist, versuche es selbst! Es ist nichts für Schwächlinge! Nach einigen Tagen wurde ich langsam verzweifelt.

Wir beschlossen, einen Tagesausflug nach Jamestown in Virginia zu machen, wo sich 1609 die ersten Siedler niederließen. Dort besuchten wir das fabelhafte Freiluftmuseum über die ersten Siedler in Nordamerika. Als wir durch das Dorf schritten, begaben wir uns in die wiedererstandene Welt des 17. Jahrhunderts. Wo war meine Familie zu der Zeit? Einige waren in Spanien, vielleicht in Rumänien und Schottland, und Meridel erzählte mir von ihren Vorfahren, die von Irland in den 1600s am St. Lawrencestrom eintrafen und ihrer Schweizer Familie, die den Rhein hinunter nach Rotterdam fuhr, von wo sie nach London und schließlich um 1765 nach Neu Amsterdam segelten.

Jeder hier war in den Kostümen aus der Zeit der frühen britischen Kolonien gekleidet. Sie sahen aus und benahmen sich wie die frühen Pioniere. Ich fragte mich, ob es damals von den Pionieren mehr Mut erforderte, in unbekannte Gebiete vorzustoßen, als es heute der Fall ist? Mut war schon immer eine Charaktereigenschaft, die sich im Feuer von Heimsuchungen stählte.

Handgefertigte Gegenstände wurden in Buden feilgeboten, in denen Handwerker ähnliche Werkzeuge benutzten wie die frühen Siedler. In der Bäckerei wurde in Steinöfen grobes, knuspriges Roggenbrot gebacken. Mir lief das Wasser im Munde zusammen, und meine Entschlossenheit kam ins Wanken. Wunderbar riechende Suppen, Eintöpfe, Brote und Kuchen machten mich schwach. Ich setzte mich auf eine Bank. Alles roch so verlockend. Ich war hungrig. Fünf Tage lang hatte ich keinen Bissen mehr zu mir genommen. Ich riss mich zusammen, schüttelte mich und sagte mir, dass ich beim Fasten war. Ich befand mich auf der wichtigsten Suche meines Lebens, auf der Suche nach Gott! Ich beschloss, nicht zu essen, bevor ich nicht dem Geist Gottes begegnet war. Wir standen auf und gingen weiter, vorbei an einem Töpfer, der einen ungeformten Klumpen Ton auf seiner Drehscheibe hatte. Augenblicklich sah ich mich als den Klumpen Ton. „Ist das nicht ein bisschen extrem?", magst Du fragen.

Ja, wahrscheinlich war es das, doch Ihr müsst verstehen, dass ich eine Veränderung kommen spürte, und ich überließ mich der Gnade Gottes, indem ich auf mein tägliches Brot verzichtete. Fasten öffnet unseren Willen dem Allmächtigen und schwächt unser Gefühl der Unabhängigkeit. Fasten verändert auch unsere Prioritäten. Anstatt meine natürliche Stärke vom Essen zu beziehen, gab ich sie ab, um mein geistliches Leben zu nähren und Stärke vom Wort Gottes zu erhalten. Ich musste abnehmen, damit Er in mir zunehmen konnte. Das ist eine der vielen Mysterien des Lebens im Glauben, und ich versichere Euch, es funktioniert. Es half mir auch, sensibler für die leise, zarte Stimme zu werden.

Nordamerika ist für seine vielen Essgelegenheiten bekannt. Da sind Drive Ins, Schnellimbisse, eine Vielzahl von Essständen in Einkaufszentren und Restaurants. Die Kultur der sofortigen Befriedigung ist zur Norm geworden. Essen ist auf der ganzen Welt ein großes Geschäft, und es macht uns stumpf und unempfindlich für die geistliche Sphäre und gegen die, die um uns herum verhungern.

An dem Abend, kurz bevor wir ins Lager zurückkehrten, fuhren wir eine ruhige Seitenstraße entlang. Plötzlich hielt ich das Auto an, stieg aus, nahm den Tabaksbeutel und meine Meerschaumpfeife und schleuderte sie so weit ich konnte ins Unterholz.

„Was machst Du denn?" fragte Meridel. Sie wollte nicht, dass das Baby aufwacht. „Ich gebe das Rauchen auf," erwiderte ich.

Ich war kein starker Raucher, aber hin und wieder genoss ich am Abend nach einem schweren Tag meine Pfeife. Ich fand den aufsteigenden blauen Rauch tröstend, doch die Teilnehmer des Camps sprachen vom Feuer des Heiligen Geistes. Ich erinnerte mich, dass in Jerusalem, im Tempel, früh am Morgen Weihrauch verbrannt wurde. Vielleicht hatte ich eine kleine Anpassung meiner Sinne nötig. Ich erinnere mich, dass Meridel gesagt hatte, sie wolle lernen die Dinge zu lieben, die Gott liebt. Das wollte ich auch.

Jetzt hatte ich das Gefühl, dass nichts mehr zwischen mir und dem Herrn stand. Er musste auf allen Gebieten meines Lebens der Erste sein. An diesem Abend, am Ende des Gottesdienstes, kamen alle nach vorn zum Beten. Nach fünf Tagen, in denen ich nur Wasser getrunken hatte, fühlte ich mich schwach und unsicher auf den Beinen, doch ich ging mit Meridel nach vorn. Ganz vorn kniete ich auf dem abgeschabten Teppich und schloss meine Augen, um zu beten. In dem Augenblick kam Ruth vorbei. Sie blieb stehen, kam zurück und legte mir ihre Hand auf dem Kopf. Peng! Wieder fiel ich zur Erde und begann in einer Sprache zu reden, die ich nicht gelernt hatte. Als ich mich erhob, fürchtete ich mich nicht mehr. Allmählich konnte ich die neue Sprache immer klarer sprechen. Es ist schwer zu beschreiben, was ich in diesem Moment fühlte, doch da war eine deutliche Hinwendung meines Geistes, meines Herzens und meines Körpers zu meinem Schöpfer. Ich empfand Frieden, einen absoluten Frieden in meinem tiefsten Inneren. Ich hatte keine Vorbehalte mehr, in einer anderen Sprache zu sprechen. Welch ein Segen!

Erstaunliche Dinge ereigneten sich auch in Meridels Leben. Schnell lockerte sie sich. Es fiel ihr leicht, zu klatschen, ihre Arme zu heben und sogar zu tanzen. Eines nachmittags erschien Meridel nicht im Tabernakel für den Heilungsgottesdienst. Bevor Ruth zu predigen begann, sagte ich ihr, dass Meridel noch immer an einer Krankheit litt, die sie sich in Indien zugezogen hatte. Ich erzählte ihr, dass sie seit ihrer Rückkehr vor anderthalb Jahren bei dem führenden Spezialisten für Parasitologie in Behandlung war.

Ich sagte: „Während ihrer Schwangerschaft musste sie zeitweilig im Bett bleiben, weil einige der Medikamente so stark waren, dass sie ihr Herz hätten schädigen können. Heute hat sie eine Krise. Sie hat Blut und Schleim im Stuhl und Krämpfe und ihr ist schlecht, sie hat Sodbrennen und muss sich erbrechen." Ich machte mir Sorgen. Nach dem Gottesdienst fand Ruth Meridel völlig angezogen auf einem Bett in einer der Hütten. Sie war blass, schwach, kalt und verschwitzt. Ihre Stirn fühlte sich feucht und fiebrig an. „Ich bin gekommen, um für Dich zu beten," verkündete Ruth.

Meridel:
Zu der Zeit wusste ich nichts über das Heilen. Ja, ich war eine Krankenschwester und hatte sechs Jahre lang mit Kranken und Schwerkranken gearbeitet, doch „Göttliche Heilung" war mir völlig unbekannt. In meiner Unwissenheit sah ich zu Ruth auf und sagte: „Ich wusste nicht, dass Gott heilen kann."

Sie schien ungeduldig zu sein und wischte mit einer Handbewegung meine Zweifel weg. Ohne mehr zu sagen, legte sie mir die Hand auf den Kopf und betete: „Lieber Herr Jesus, bitte komme jetzt gleich und heile Meridel. Wir danken Dir." Es war ein sehr einfaches Gebet. „Jetzt kannst Du aufstehen", sagte sie mir, drehte sich um und ging.

Meine Gefühle lagen ziemlich dicht unter der Oberfläche. Zuerst fand der Krieg in meinem Verstand statt. Ich fühlte mich von ihnen beschuldigt und nicht akzeptiert. Schließlich war ich jetzt verheiratet und hatte Jay und nicht ihren Weg gewählt. Ich kämpfte darum, meine Gedanken der Zurückweisung zu vertreiben, doch um ganz ehrlich zu sein, körperlich fühlte ich mich keineswegs besser. Aber, ich hatte die Wahl und traf die fundamentale Entscheidung gleich dort in der kleinen Hütte, mit dem Gebet übereinzustimmen. Ich glaubte, dass mein Gott in der Lage war, mich zu heilen, doch dass ich mit Ihm arbeiten musste. Deshalb stellte ich ganz bewusst meine Füße auf den Boden und stand auf.

Dann ging ich auf die Tür zu, noch immer schwach und nass. Ich bewegte mich auf die freudigen Klänge zu, die vom Tabernakel erklangen, und gesellte mich zu den anderen Anbetenden ganz vorn. Ich befahl meinen Füßen, sich im Takt des Chorgesanges zu bewegen. Je mehr ich mich bewegte, desto besser fühlte ich mich. Ich begann, mich im Kreis zu drehen. Je mehr ich tanzte, desto stärker wurde ich. Ich begann, meine Arme auszustrecken. In Gedanken hob ich meine Arme, um meinem Herrgott meinen verwundeten Geist entgegen zu halten, Ihm, dem ich mehr als allem anderen vertrauen konnte. Ich betete an, zuerst in Gedanken, dann in meinem Körper. Meine Beine trugen mich in immer weiteren Kreisen. Bald merkte ich, dass ich hinaus aus dem Tabernakel getanzt war. Dann war mir, als hätten meine Füße Flügel bekommen. Ich tanzte über das ganze Camp Gelände für über eine Stunde. Selbst als keine Musik mehr zu hören war, tanzte ich. Ich tanzte jetzt nach einer anderen Melodie, die in meiner Seele und in meinem Geist gespielt wurde. Ich tanzte heraus aus meiner Krankheit, die meinem Leben frühzeitig ein Ende hätte machen können. Es war ein Wunder! Am meisten erstaunte es mich, dass der Allmächtige mich ausreichend liebte, um mich zu heilen. Ja, mich, Meridel! Er liebte mich! Es besiegelte etwas in mir. Gottes persönliche Fürsorge wurde so sehr Wirklichkeit, wie ich es noch nicht erlebt hatte. Es war erstaunlich! Ich hatte meine erste Begegnung mit Ihm, als ich vier Jahre alt war, und dieses Erlebnis veränderte mein Leben. Doch diese Heilung brachte seine Liebe irgendwie direkt in meine inneren Organe. Man kann ohne eine Leber nicht leben, und Er war gekommen und hatte meine geheilt und mein Leben gerettet.

Jay:
Mit meinem eigenen Erlebnis und jetzt dem von Meridel spürte ich sofort, dass es für uns als Familie eine neue Bestimmung gab. Unsere Unterkunft kam uns jetzt nicht mehr so schlecht vor. Ich war in der Lage, sie aus einer neuen Perspektive zu sehen, und mir wurde erneut klar, dass wir nur „auf der Durchreise" waren. Allerdings muss ich hinzufügen, dass das durchgelegene Bett eine gute Vorbereitung für mich war. Es war wie ein Ausbildungslager, das mich auf die Tausende von Betten auf der ganzen Erde vorbereitete, in denen ich in den vergangenen vierzig Jahren geschlafen habe.

Meridel:
Mir wurde klar, dass diese eigentümlichen Menschen ihr Bestes taten. Sie waren dem lebendigen Gott begegnet, und die Bibel sagt, dass Er nicht zu den Stolzen kommt. Er hatte ihre Gebete gehört und war gekommen, um ihre bescheidenen Leben für Sein Königreich zu beanspruchen. Das war eine andere Welt hier, in der es darum ging, die gute Nachricht vom Himmel mit anderen zu teilen. Wer waren wir, dass wir Kritik üben konnten? Doch jetzt wollte ich mich mit der unterschwelligen Spannung auseinandersetzen, die ich zwischen mir und Ruth und Susan fühlte. Ihr erinnert euch wohl, dass sie nicht damit einverstanden waren, als ich von Indien nach Kanada ging, um Jay zu heiraten. Seitdem ließen sie uns fühlen, dass ein verheiratetes Paar wie wir weniger Wert für Gott hat als Alleinstehende. Nun, so war Ruth erzogen worden, aber es verletzte mich und war beleidigend für Jay.

Jay:
Wie wir damit umgingen, dass Ruth und Susan kaum merklich versuchten, uns ihren Willen aufzuzwingen, ist der wichtige Teil eines ganzen Kapitels im nächsten Band dieser Serie. Es ist ein empfindliches Thema, denn Gott benutzte Ruth, um Heilung zu uns zu bringen. Das stiftete Verwirrung, weil es eine Mischung ergab. Wir können uns gegenseitig nur an den Früchten des Heiligen Geistes erkennen, die Er in unserem Leben zeitigt, nicht an den Gaben.

Nach einigen Tagen war es Zeit, nach Kanada zurückzukehren. Wir standen zeitig auf, packten, frühstückten und verabschiedeten uns. Obwohl wir unser ganzes Geld in die Opferschale gegeben hatten, waren wir reicher als bei unserer Ankunft. Bruder Heflin Senior war da und gab uns gute Wünsche auf den Weg. Als wir anfuhren, kam Sonny Heflin angerannt und gab uns einen Prospekt von seiner Reise ins Heilige Land, im nächsten Oktober.

„Warum kommt Ihr nicht mit nach Israel? Es wird Euer Leben völlig verändern."
„Ja, das klingt gut," erwiderte ich. „Doch erst müssen wir ein bisschen sparen."
Er lachte. „Dann also auf Wiedersehen!"

Das war ein merkwürdiges Ende unseres Besuchs im Camp, findet Ihr nicht? Meridel lehnte sich aus dem Fenster und winkte den barfüßigen kleinen Mädchen und Teenagern zu, die hinter uns herliefen und „Auf Wiedersehen" riefen. Was für ein Erlebnis!

Zeitlose Geheimnisse

„Der Geist des HERRN hat von mir Besitz ergriffen. Denn der Herr hat mich gesalbt und dadurch bevollmächtigt, den Armen gute Nachricht zu bringen. Er hat mich gesandt, den Verzweifelten neuen Mut zu machen, den Gefangenen zu verkünden: „Ihr seid frei! Eure Fesseln werden gelöst!" Er hat mich gesandt, um das Jahr auszurufen, in dem der HERR sich seinem Volk gnädig zuwendet..." **Jesaja 61, 1 - 2a**

Macht Euch nichts vor; es existieren zwei Reiche da draußen, ein Reich der Dunkelheit und ein Reich des Lichtes. Ich bin mit der Dunkelheit konfrontiert worden. Gott hatte meine Aufmerksamkeit erregt! Es war ein Weckruf! Hattest Du in letzter Zeit einen Weckruf? Ich fordere Dich auf, willig und auf neue Weisen auf das Licht zuzugehen und das unendliche Reich des Lebens zu erforschen. Um in dieser Welt der zunehmenden Dunkelheit zu überleben, müssen wir lernen, uns der stärksten aller Kräfte zu überlassen, dem Heiligen Geist des lebendigen Gottes.

Alles, was von Satan kommt, ist böse. Die dunkle Seite kann uns mit seiner scheinbaren Schönheit verlocken, es muss nicht hässlich und ekelhaft sein. Bei dieser Dimension im geistlichen Bereich geht es um Stolz, Täuschung, Kontrolle, Hass, Mord und Tod. Alles vom Reich Gottes ist Leben, Freude und Frieden. Jesus brachte Gnade, Liebe und Sieg in diese Welt, indem Er das Wort lebte und ausführte. Täglich lernte ich jetzt, mich vom Heiligen Geist führen zu lassen. Ich arbeitete daran, gläubig die Anweisungen zu befolgen, die ich erhielt. Ich machte meine Hausaufgaben. Das erste Schlachtfeld ist immer der Verstand. Wir werden ermahnt, *jeden Gedanken gefangen zu nehmen und dem Befehl Christi zu unterstellen.* Jeden Gedanken! Wenn Du also eine Aufgabe für Dein Leben brauchst, hier ist sie. Dabei denke daran: Wenn Du aufrichtig bist und um Hilfe rufst, wird der Allmächtige antworten.

Das ist das Wunder, und mein Leben ist der lebendige Beweis für das, was ich sage.

Ich glaube, das wichtigste Geheimnis fürs Überleben ist, dass Du täglich, in jedem einzelnen Augenblick, ein vom Heiligen Geist erfülltes Leben lebst. Das ist Sein Plan für dich. Du wurdest in Liebe geschaffen. Bitte Ihn jetzt gleich, zu Dir zu kommen, und Er wird es tun. Höre nicht auf zu fragen! Und wenn Du Hilfe und Anweisungen von einem vertrauenswürdigen Lehrer brauchst, hole sie Dir!

„Ich erfülle euch mit meinem Geist und mache aus euch Menschen, die nach meinen Ordnungen leben, die auf meine Gebote achten und sie befolgen." Hesekiel 36, 27

*„Es kommt die Zeit, da werde ich meinen Geist
ausgießen über alle Menschen.
Eure Männer und Frauen werden dann zu Propheten;
Alte und Junge haben Träume und Visionen.
Sogar über die Knechte und Mägde
werde ich zu jener Zeit meinen Geist ausgießen."*

Joel 3,1,2

KAPITEL 16

Willkommen Daheim?

Als wir in unsere Auffahrt in Hamilton, Ontario einbogen, stand die gesamte Jugendgruppe Spalier und winkte uns. Zwischen den Händen, die nach David griffen, sah ich ein hastig gemaltes Schild „Willkommen Daheim!" Ich konnte nicht anders, ich musste diese kleine Gruppe mit den Kindern vergleichen, die in Virginia hinter uns hergelaufen waren, als wir das Sommerlager verließen. Die Ähnlichkeit war verblüffend, obwohl die Umgebung und die Kultur völlig anders waren.

Sofort setzte Meridel den Teekessel auf und holte gefrorene Kekse aus der Gefriertruhe, die im Backofen schnell auftauten. Draußen auf dem Rasen breiteten wir Decken aus und genossen die Kühle und die friedliche Umgebung. Wir erzählten unseren aufmerksamen Zuhörern alles, was sich in Virginia zugetragen hatte und die jungen Leute waren fasziniert. Sie hingen an unseren Lippen. Jeder junge Mensch liebt eine Herausforderung. Langeweile ist die schlimmste aller Krankheiten.

Einer nach dem anderen kam zu uns und sagte: „Ich möchte dieses Erlebnis auch haben". In den folgenden Tagen beteten wir für viele dieser kostbaren jungen Menschen, dass sie vom Heiligen Geist erfüllt werden.

Meridel:
Wir beide verwandten viel Energie darauf, unsere Jugendgruppe zu ermutigen, aus ihrem begrenzten Hintergrund auszubrechen. Jay und ich lehrten sie, anderen zu dienen, die weniger gut dran waren. Wir besuchten Altersheime, veranstalteten Straßenmissionen und kümmerten uns um Bedürftige. Wir lehrten sie, für die Mittellosen, die Schwachen und die Kranken zu beten. Sie konnten uns Fragen stellen, egal, worum es sich handelte. Folglich verbrachten wir wunderbare Zeiten miteinander, in denen diese Fragen frei gestellt wurden, ohne Gedanken der Peinlichkeit.

In diesem Sommer kamen meine beiden jüngeren Schwestern, Patricia (15) und Nancy Lynn (13) zu uns zu Besuch. Sie nahmen eine dreitägige Busfahrt von Alberta quer durch Kanada bis nach Ontario auf sich, nur um zu uns zu kommen. Ich war siebzehn, als ich von zu Haus wegging, und meine süßen kleinen Schwestern waren drei und fünf. Doch ich war ihre große Schwester, und sie sahen zu mir auf. Jetzt wollten sie unbedingt alles nachholen. David hatte ihre Aufmerksamkeit den ganzen Tag lang. Beide Mädchen brauchten Trost, lebten sie doch mit einem Vater, der Alkoholiker war. Es war nicht ganz so schlimm, als ich noch zu Haus war. Wie so viele aus unserer Jugendgruppe baten auch sie uns, für sie zu beten, dass sie vom Heiligen Geist erfüllt werden. An einem Abend saßen wir in unserem Wohnzimmer und sie sangen Duette für uns. Seit sie klein waren, hatten ihre Stimmen vollendet zusammengepasst. Es war ganz natürlich für uns, gemeinsam zu beten. Der Heilige Geist füllte ihre hungrigen Herzen. So begann ihr Leben mit dem Tröster, ein anderer Name für den Heiligen Geist.

Sie halfen uns bei dem Umzug in unser Haus auf dem Land. Wir hatten herrlichen Rasen und verbrachten unsere Morgen draußen im Freien. Patricia spielte die Gitarre und sie liebten es, ihre Andacht durch Singen auszudrücken. Inzwischen krabbelte David, der in ihrer Obhut war, in seinem gelben Strampler bis hin zu den leuchtenden Geranien. Die Mädchen sangen, und er aß glücklich die roten Blüten und Sand. Ja, jetzt, wo wir noch mehr Platz hatten, war unser Heim für die Teenager wie ein Hauptbahnhof. Unsere Tür war immer offen.

Junge Menschen haben traumatische Erlebnisse, und meistens geschehen sie in ihren eigenen Heimen. Wie gut ist es, wenn sie noch in den Jahren ihres Wachstums geheilt werden können. Nur unser Vater im Himmel kann unsere Gaben und unsere wahren Fähigkeiten sehen. Wir ermutigen gern alle Menschen, Ihm zu gestatten, dass Er in ihrem Leben wirkt, damit sich ihr Leben zu leben lohnt. Wir fühlten, dass es mit am wichtigsten war, unsere Zeit und Energie den jungen Menschen zu widmen, zu denen auch Patricia und Nancy gehörten.

Wenn wir heute darauf zurückblicken, bereuen wir es nicht!

Jay:
Nach unserer Rückkehr nach Hamilton mussten wir uns als erstes um Meridels Untersuchungen im Toronto General Hospital kümmern. Sie war dort in den letzten 15 Monaten vom besten Facharzt für Tropenmedizin in Nordamerika überwacht worden. CUSO hatte das arrangiert, weil sie sich in Indien Amöben zugezogen hatte. Er hielt sie unter Beobachtung, und bis zu diesem Punkt hatten sich keine Fortschritte gezeigt, trotz seiner Behandlungen. Aber an dem Tag rief er nach der Untersuchung aufgeregt: „Was ist mit Ihnen passiert?" Sie erwiderte lächelnd: „Für mich ist gebetet worden und Gott hat mich geheilt."

Lachend erhob er seine Arme und erklärte freudig: „Dieser Gott!" So ein Ausruf ist nicht ungewöhnlich für einen Juden. Der Arzt war erstaunt und äußerte sich verwundert. Der kleine jüdische Professor mit dem schütteren Haar war aus Nazideutschland geflohen. Er hatte einen sehr starken deutschen Akzent und griente von einem Ohr zum anderen, als er erklärte: „Ich kann keine Spur der Krankheit entdecken. *Baruch Ha Shem!*" („Segne den Namen" oder „Lobe den Herrn" in Hebräisch.)

Bis zum heutigen Tag erfreut sich Meridel der wunderbaren Wirkung von Ruths Gebet für Heilung. Lasst uns ehren, wem Ehre gebührt, dem Geliebten unserer Seele, unserem Retter, Heiland und Fels unserer Erlösung. Halleluja!

Das Wunder der Heilung war auch für unsere Jugendlichen zutiefst beeindruckend; sie waren außer sich vor Freude, aufgeregt und voller Liebe und Interesse. Wir wuchsen in unserem Glauben, gestärkt und begeistert zu wissen, dass mit Gott tatsächlich nichts unmöglich ist.

Die Teenager waren froh darüber, etwas bewirken zu können und zu wissen, dass ihre Gebete beantwortet werden, doch einige Eltern waren ärgerlich. Wir waren völlig überrascht, als „die Hölle" losging. Wir nannten ihnen alle Bibelverse, in denen von der Erfüllung mit dem Heiligen Geist gesprochen wird. Wir machten sie zum Thema unseres Bibelstudiums mit Fragen und Antworten. Es war nicht zu übersehen, wie das Interesse und der Appetit der Teenager für eine engere Beziehung zum Herrn wuchsen. Sie wollten im Glauben vorwärtsgehen, um anders zu werden.

Einige Wochen später wurden wir vom Pastor und den für die Jugendgruppe zuständigen Ältesten zur Rede gestellt. Der Pastor nahm kein Blatt vor den Mund. Seiner Meinung nach hatten wir unsere Vollmacht missbraucht. Er und zwei Mitglieder des Kirchenrates, die auch Eltern unserer Jugendlichen waren, verlangten, dass wir unsere Handlungen erklären sollten. Wir wurden beschuldigt, die jungen Leute mit der Doktrin der Pfingstler über das Zungenreden verwirrt zu haben.

Meridel und ich sahen uns an. Wir waren völlig überrascht und völlig unvorbereitet darauf. Naiv wie wir waren, hatten wir nicht gewusst, dass das Thema der Erfüllung mit dem Heiligen Geist und dem Sprechen in „Zungen" in dieser Gemeinde grundsätzlich verboten war. Jetzt drohte uns das Fegefeuer.

Sie erklärten uns, die offizielle Regel ihrer Glaubensrichtung zu diesem Thema sei: *Suche nicht, verbiete nicht*. Mit anderen Worten, suche dieses Erlebnis nicht, doch wenn der Heilige Geist dich heimsucht, verhindere es nicht! Es hörte sich politisch korrekt an, doch für uns funktionierte es nicht. Wir wussten ohne jeden Zweifel, dass die Bibel etwas ganz Anderes sagt. Die Schriften sagen, wenn wir Gott von ganzem Herzen suchen, werden wir Ihn finden.

Als Meridel und ich dort standen, war die Stille „ohrenbetäubend". Ich war verwirrt. ‚Warum würde irgendjemand den Segen des Himmels zurückweisen, noch dazu für seine Teenager?' Gott hatte ganz offensichtlich in unserem Leben gewirkt und in den Herzen dieser kostbaren jungen Menschen auch. Niemand von uns konnte das Werk des Heiligen Geistes verneinen, doch der Pastor und die Ältesten, die vor uns saßen, mussten sich der Doktrin ihrer Vorgesetzten unterwerfen. Der Pastor versuchte, die Spannung zu mindern, indem er erklärte: „Wir als Kirchenrat haben beschlossen, euch beide für sechs Monate von der Verantwortung für die Jugendgruppe und eure Sonntagsschulklasse zu befreien." Er holte tief Luft, bevor er uns mit der weiteren Entscheidung konfrontierte, die man für uns getroffen hatte.

„...damit wir euch beide beobachten und sehen können, ob in eurem Leben tatsächlich die Liebe wirkt und der Erfahrung mit dem Heiligen Geist die Waage hält." Sie waren von der Gabe nicht beeindruckt, sondern wollten Früchte sehen, was den Schriften entspricht.

Meridel:
Der Pastor tat seine Pflicht, als er mit gefühlsmäßig kontrollierter Stimme zu uns sprach. Er war ein nervöser, dünner Mann und sah uns durchdringend an. Er wollte alles ganz genau wissen. Ich fragte mich: ‚Hatte Geld etwas damit zu tun?' In Gedanken wiederholte ich jedes negative Wort, das an uns gerichtet worden war. Keinem der Väter und Mütter in der Bibel wurde von dem Allmächtigen gesagt, dass sie weniger annehmen sollten, als Er für ihr Leben bereitstellte...weshalb sollten wir es also tun? Jays Erwiderung war freundlich.

Jay:
Ich schluckte, räusperte mich und sagte: „Nun, meine Herren, wenn das Ihre Gefühle sind, werden wir uns danach richten." Doch je mehr ich darüber nachdachte, desto größer wurde meine Empörung. Es war die Ungerechtigkeit den Jugendlichen gegenüber, die mir am meisten zu schaffen machte. ‚Es ist, als hätte man mich entlassen', dachte ich. In diesem Ort leben viele einflussreiche Multimillionäre, und sie wollen sichergehen, dass sich nichts Außergewöhnliches ereignete, was den Status Quo erschüttern könnte. Meridel und ich wussten beide, dass wir uns fügen mussten.

Was aber sollte aus unserer geliebten Jugendgruppe werden? Sie waren so erpicht darauf, zu lernen und ihre Gebete beantwortet zu sehen. Als nächstes erklärte ein Kirchenratsmitglied bestimmt: „Oh, ja, noch eins: Während dieser Probezeit werden wir es unseren jungen Leuten nicht erlauben, an Dienstagabenden oder zu anderen Zeiten Euer Haus zu besuchen."
„Wir lieben sie und wollen nur ihr Bestes," erwiderte Meridel. „Aber machen Sie sich keine Sorgen, meine Herren," sie räusperte sich, „wir werden uns nach Ihren Wünschen richten. Wir werden Ihre Kinder nicht weiter belästigen, denn Gott hat uns aus Kanada wegberufen."
Ich versuchte Öl auf die Wogen zu gießen und sagte: „Es tut uns sehr leid zu hören, dass wir Ihnen Schwierigkeiten und Bedenken verursacht haben. Wie können Sie aber erwarten, dass wir uns für das wunderbare geistige Wachstum entschuldigen, dass wir im Leben unserer Jugendgruppe gesehen haben?"

Meridel:
Niemand entgegnete etwas darauf. Jays Worte waren gegen die religiöse Mauer gestoßen. Es war wie der Ball im Squashspiel. Sie prallten von der Wand ab. Wir wussten, dass die Besprechung zu Ende war. Jay führte mich hinaus. Ich sah zu Boden und ging leise aus dem Büro, aus dem Gebäude und aus der Nachbarschaft, um nie dahin zurückzukehren.

Jay:
Wir brauchen wohl nicht zu betonen, dass unser Abschied an jenem Tag sehr kühl ausfiel. Als wir wieder im Auto saßen, sagte ich zu Meridel: „Eins verstehe ich nicht. Woher kommt Deine Erklärung, dass wir Kanada verlassen?"

„Ich weiß es nicht. Es kam einfach aus meinem Mund. Ich habe nicht darüber nachgedacht," entgegnete sie.

Erst später merkten wir, dass es eine prophetische Sicht unserer Zukunft gewesen war. Ich sollte noch mehr über die Gabe erfahren, die der Herr ihr verliehen hatte. Der alten biblischen Terminologie nach ist Meridel eine „Seherin", und in der christlichen Welt würde man sie prophetisch nennen. Diese gottgegebene Gabe hat uns wieder und wieder gesegnet, aber auch Schwierigkeiten gemacht, während unserer Ehe, in unserem Familienleben und in unserem Dienst. Ja, es gab sogar Menschen, die versuchten, sie zu „kaufen", um ihre Gabe zu manipulieren, aber mehr darüber im nächsten Band von „Zeitlosen Geheimnissen".

Rückblickend sehe ich, wie naiv ich war zu glauben, dass christliche Führer begeistert sein würden, wenn ihre jungen Menschen durch den Heiligen Geist von der Liebe Gottes erfüllt werden. Ihre Auffassung vom Wirken Gottes war einfach zu begrenzt.
Haben sie das ganze aufregende Leben verpasst, das man hat, wenn man Gott erlaubt, der tröstende Generaldirektor des Universums und seines Lebens zu sein? Er allein kennt das Ende vom Anfang. Aber ein unbestreitbares Paradox zeigte sich hier: Die Jugendlichen liebten Jesus jetzt mehr als je zuvor. Sofort nach ihrer Begegnung mit dem Heiligen Geist wurden sie viel effektiver bei ihrer Hilfe im Altersheim und in der Schule.

Sie sangen und liebten wie nie zuvor. Es wärmte einem das Herz zu sehen, wie die Generationen zueinander fanden. Die jungen Leute waren durch das Verbot ihrer Eltern und Kirchenleiter hin- und hergerissen und sehnten sich nur noch mehr nach geistlicher Nahrung. Jetzt kamen sie fast täglich heimlich zu uns, denn fast alle hatten Autos. Ich warnte sie: „Wir alle müssen die Wünsche Eurer Eltern und des Pastors respektieren." Dessen ungeachtet kamen sie, und wir versuchten ihre vielen Fragen zu beantworten, wenn auch nur flüchtig.

Als nächstes begann ich, nach einem Mentor oder einer geistlichen Person Ausschau zu halten, mit der ich über unsere Situation sprechen konnte. Zurückweisung ist bitter! Es verletzt das Selbstvertrauen. Ich war noch nie auf solche Art zurückgewiesen worden. Das Schuldgefühl, das über uns hing, beunruhigte uns am meisten, denn wir glaubten, nichts falsch gemacht zu haben. Niemand ist dankbar, kontrolliert zu werden. In meiner Verzweiflung griff ich mir die Tageszeitung von Hamilton und öffnete die Kirchenanzeigen. Dort fand ich einen Pastor mit Namen David Mainse. Ich rief ihn sofort an und bat um eine Unterredung.

David lud uns freundlich in sein Haus ein, das auf dem Hamiltonberg lag. Wir hatten keine Ahnung, was uns erwartet, und waren erleichtert, als uns seine Frau, Norma Jean, herzlich begrüßte. Sie führte uns in ihr Wohnzimmer, das gleich neben der Küche lag. Ihre Stimme war warm und beruhigend. Ihr weiches Lachen verscheuchte alle Fremdheit zwischen uns. Als wir am Tisch Platz nahmen, bewirtete sie uns mit selbstgebackenen Muffins und Kaffee. David kam herein und begrüßte uns ebenfalls. Es war uns eine große Erleichterung an diesem Morgen, einfach nur Freude mit freundlichen und zugänglichen Menschen zu haben.

David erzählte begeistert von seiner 15 Minuten langen Fernsehsendung, die wöchentlich einmal lief und Crossroads hieß. Wenn ich zurückblicke, werde ich mich für immer an David als Pastor erinnern, wie er aufrecht da steht und mit strahlendem Gesicht seinen tiefen Bass mit den Stimmen der Sänger des Bethel Gospel Tabernakels vereint. Wir liebten die ausdrucksvolle Musik und waren von Freude erfüllt, als wir diese treuen Freunde fanden. Er ist ein christlicher Leiter, wie wir ihn uns gewünscht hatten, und wir waren froh, ihn endlich gefunden zu haben. Norma Jean ist der Inbegriff menschlicher Hilfsbereitschaft.

Wir waren durstig, so durstig nach diesem Beispiel wahrer Güte. Meridel und ich sind ewig dankbar für ihre Liebe und Gebete an diesem Wendepunkt unseres Lebens. Wir sind über mehr als vierzig Jahre Freunde geblieben.

Zeitlose Geheimnisse

"Er sagte: "Wo sie euch nicht aufnehmen und nicht anhören wollen, da geht aus dem Haus oder der Stadt weg und schüttelt den Staub von den Füßen". **Matthäus 10,14**

Wenn Ihr weiterlest, werdet Ihr eins der wichtigsten Zeitlosen Geheimnisse entdecken. Es ist unmöglich, allen Menschen immer alles recht zu machen! Solltest Du also zu einer verschlossenen Tür kommen oder sollte Dir die Tür vor der Nase zugeschlagen werden, geh' einfach weiter. Und du musst lernen, die Tür hinter Dir zu schließen, bevor Du versuchst vorwärts zu kommen. Jesus wies die religiöse Elite jener Tage vehement zurück. Er setzte sich für Gnade und Wahrheit ein, aber das kam ihn teuer zu stehen. Jesus trotzte der politisch und religiös korrekten Menge.

Sprich niemals und unter keinen Umständen gegen das Werk des Heiligen Geistes. Die Bibel warnt uns deutlich davor. Dies ist eins der allerwichtigsten Zeitlosen Geheimnisse, denn das Wort Gottes sagt, dass alle Sünden vergeben werden können, außer der Blasphemie gegen den Heiligen Geist.

Unser Vater im Himmel spricht. Er spricht laut oder mit der leisen, zarten Stimme. Jesus, Sein Sohn, spricht und bestätigt den Vater; als Beweis haben wir das Neue Testament. Doch wer spricht hier auf Erden für den Heiligen Geist und Sein Werk? Niemand außer Dir und mir. Er ist völlig abhängig von unserer Bestätigung Seines erstaunlichen Wirkens, Seinem Lehren, Führen, Trösten, Erlösen und Segnen von Menschen.

Wenn gegen ihn gesprochen wird, ist der Schaden nicht wieder gutzumachen. Als die Menge ihm fluchte und ihn beschuldigte, die Dämonen mit der Kraft Satans auszutreiben, warnte Jesus seine Jünger. Er sagte: *"Würde der Satan sich selbst austreiben, dann wäre er mit sich selbst zerstritten. Wie könnte da seine Herrschaft bestehen?"*
Matthäus 12, 26

„Das versichere ich euch: Alles kann den Menschen vergeben werden, jede Sünde, auch jede Gotteslästerung, wie schlimm sie auch sei. Wer aber den Heiligen Geist beleidigt, für den gibt es keine Vergebung; er ist auf ewig schuldig geworden." Das sagte Jesus, weil sie behauptet hatten: Er ist vom bösen Geist besessen." Markus 3, 23,24; 28-30

Es ist selbstverständlich, dass wir alle im Leben in schwierige Situationen geraten. Am schwersten fällt es uns, nichts zu sagen, unserer Wege zu gehen und Gott die Schlacht schlagen zu lassen. Das ist gegen die menschliche Natur, die sich immer rechtfertigen möchte, besonders wenn der Betreffende nichts falsch gemacht hat. Es ist nur natürlich, ein Auge für ein Auge zu verlangen, sich rächen oder das letzte Wort haben zu wollen. Aber es funktioniert nie. Der Mensch ist sehr ungeschickt bei seiner Rache. Warte und lasse Gott Dich rechtfertigen. Ich erinnere mich an den guten Rat meiner Mutter: „Je weniger gesagt wird, desto leichter kann man sich wieder vertragen."

Als Vater von vier Söhnen und acht Enkelkindern bin ich heute absolut sicher, dass der kostbarste Schatz, den ich ihnen hinterlassen kann, die Sehnsucht nach dem Reich Gottes und Seiner Weisheit ist. Uns wird geraten: Sag zur Weisheit: „Du bist meine Schwester." Wenn die Menschen die Überfülle der biblischen Weisheit und des Wissens tatsächlich lesen und danach leben würden, wäre die Welt ein völlig anderer Ort. Versuche nur ein Kapitel pro Tag zu lesen und bitte dann den Herrn, neue Türen für Dich zu öffnen, die Er bereits für Dich vorbereitet hat.

> *„Wie glücklich ist ein Mensch, der die Weisheit gefunden und Erkenntnis erlangt hat! Weisheit besitzen ist besser als Silber, wertvoller als das reinste Gold."*
>
> **Sprüche 3, 13,14**

KAPITEL 17

Geht zu den Völkern

Jetzt sind wir wieder dort angelangt, wo wir im 1. Kapitel waren. Wer hätte geglaubt, dass sich in einem Monat so viele Veränderungen ergeben können, nur, weil wir auf die Stimme des Heiligen Geistes hörten und gehorchten. Ich frage mich, ob sich Abraham auch nach nur dreißig Tagen der Vorbereitung auf den Weg ins Heilige Land machte. Doch ich sehe unser geistliches Leben ähnlich wie unser natürliches Leben. Wir werden auf geheimnisvolle Weise empfangen und erst geboren, wenn wir den neunten Monat erreichen. Wie lange dauert der Entwicklungsprozess Gottes in einem Leben, bevor es zur geistlichen Geburt erwacht? Niemand weiß genau, wo alles beginnt. Meridel lehrt den Wert der Gebete unserer frommen Vorfahren. Gebet ist die ständige Konversation mit unserem Himmlischen Vater. Je mehr wir lernen, umso weniger können wir uns unsere Verdienste anrechnen. Zum Beispiel ist das Buch der Psalmen heute so lebendig wie vor 3000 Jahren, als es geschrieben wurde. Es ist ebenso ein Buch des Lobes als auch des Gebets. Das ist der Grund weshalb das Wort Gottes als ‚lebendig' bezeichnet wird.

Am 18. Oktober, einem Sonnabendmorgen, sollten wir Hamilton verlassen, um die Reise unseres Lebens zu beginnen. Zu dem Zeitpunkt war unser Heim völlig leer. Jean und ihr Ehemann Norm bestanden darauf, dass wir unsere letzte Nacht in Kanada bei ihnen verbrachten. Norm, ein schwerarbeitender Maurer, konnte überhaupt nicht verstehen, warum ich meine Stellung aufgegeben hatte, die so aussichtsreich war und finanzielle Sicherheit versprach. Er nahm seine Schottenmütze ab, kratzte seinen kahlen Kopf und sagte: „Du lieber Himmel, Jay, ich kann nicht glauben, dass Du das tust! Du hast so eine gute Zukunft in der Welt der Krankenhäuser."

Norm und Jean hatten an sich recht. Ich entdeckte fünfunddreißig Jahre später, dass einige meiner Klassenkameraden als Direktoren der größten Krankenhäuser und medizinischen Dienste in Kanada jährlich bis zu 250.000 $ verdienten.

September 1969

Unsere Reise nach New York begann sehr vielversprechend. Mit ein paar Tränen küssten und umarmten wir Jean und Norm und machten uns auf den Weg, Süd-Ontario zu verlassen. Steve, ein Mann aus unserer Jugendgruppe, hatte sich angeboten, uns drei zum John-F.-Kennedy-Airport in New York zu bringen. Für die Reise borgte er sich den luxuriösen Cadillac seines Vaters. Wir zogen eine Lehre aus diesem Gunstbeweis, nämlich, wenn wir loslassen und Gott die Sache überlassen sollen. Er ist in der Lage, wunderbare Dinge zu vollbringen. Der Cadillac gehörte einem der einflussreichsten Ältesten in der Kirche, die uns so zugesetzt hatten. Die Situation war nicht ohne Ironie, denn trotz des eleganten Transportmittels, dessen wir uns erfreuten, hatte ich nur ein paar Dollar in der Tasche. Nachdem ich alle unsere Rechnungen bezahlt hatte, blieb gerade noch genug für Benzin, Essen und eine Übernachtung übrig auf dem Weg zum Flughafen von New York.

Auf uns wartete also eine mächtige Herausforderung am Horizont. Meridel und ich kannten unsere finanzielle Verletzlichkeit recht gut. Wir hatten nur für ein Rund-um-die Welt-Flugticket bezahlt. Trotzdem packte Meridel ihren und Davids Koffer mit den Sommersachen. Im Glauben begaben wir uns auf den Weg. Wir hatten allen unsere Absicht kundgetan, dem Herrn zu folgen, und wir spürten, dass wir Ihm unsere Bedürfnisse, die Er ohnehin kannte, nur mitzuteilen brauchten. Deshalb sagten wir nichts über unsere finanziellen Nöte. Meridel wird

Euch ihre Version erzählen, wie sie mit sich kämpfte, als wir kurz vor New York City übernachteten.

Meridel:

Es war eine schlaflose Nacht. Mein Verstand arbeitete auf Hochtouren, und es gab keine Antworten. Jay war erschöpft von der Aufregung des letzten Monats. Er hatte beschlossen, loszulassen und seine Träume aufzugeben, um dafür ein Leben des Glaubens einzutauschen, von dem wir wenig wussten. Im Gegensatz zu Abraham, in dessen Haushalt es Vieh und Diener gab, begab sich der Mann mit zwei kleinen Koffern, einem Kinderwagen für David, seiner traurigen Ehefrau und seinem neun Monate alten erstgeborenen Sohn auf die Reise. Wir waren schon eine merkwürdige Truppe und sehr allein.

Schon bald begann Jay, tief und regelmäßig zu atmen, wie es die Erschöpften tun. David kuschelte sich an mich und rührte sich nicht mehr. Beide lagen da „in vollendetem Frieden", was mir nicht vergönnt war. Ich weinte vor Schmerz. Die Tränen rannen mir in kleinen Bächen über das Gesicht. Der Damm zurückgehaltener Sehnsüchte brach. Mein Nachthemd und mein Kopfkissen waren durchnässt. Jeder Teil meines Körpers schmerzte, und ich versuchte, die Schmerzen in Gebete umzuwandeln. Ich habe immer geglaubt, dass ich erhört werde, wenn ich bete und meine Gedanken und Gefühle einfach herausströmen lasse. „HERR!", rief ich tonlos, um Jay nicht aufzuwecken. „Du hast mich auch berufen...warum lässt Du mich nicht mit ihm gehen?" Ich brach in verzweifeltes Schluchzen aus, das meinen ganzen Körper schüttelte. Mein Verstand drehte sich im Kreis wie eine Schallplatte, wenn die Nadel hängen bleibt. Es kam keine Antwort.

Die tiefe Stille der Nacht war weich und nachgebend, als würde sie meinen Hilferufen lauschen. Feierlich strahlte das Licht des Vollmonds auf uns herab. Die sichtbaren und unsichtbaren Schatten, die unser Zimmer gefüllt hatten, wurden vertrieben. Langsam ließ die Spannung nach. Ich weiß nicht mehr, ob ich mich der Erlösung des Schlafes überließ, es kam etwas über mich, das so zärtlich wie das Mondlicht war. Der einzige Schatten, der im Raum blieb, war der Schatten, der auf meiner Seele ruhte.

„Meridel!" Jay rüttelte sanft meine Schulter, um mich aufzuwecken. Heller Sonnenschein schmerzte meine müden Augen, die vom fehlenden Schlaf gerötet waren. Meine Augenlider waren vom vielen

Weinen peinlich geschwollen. Heute war der schicksalhafte Tag, der 20. Oktober 1969! Mit großer Erwartung hatten wir diesem Tag entgegengesehen. Gemeinsam hatten wir in den vergangenen dreißig Tagen Tag und Nacht gearbeitet und alles getan, was in unserer Kraft stand, um bereit zu sein, unser Heimatland zu verlassen. Jay hatte sein ganzes Leben auf den Glauben gesetzt, dass ihm der lebendige Gott gesagt hatte, wir würden abreisen...aber ich hatte kein Flugticket.

Ich hatte jetzt kein „Lampenfieber" mehr, nur noch eine große Gefühllosigkeit, wie sie sich einstellt, wenn jemand nicht mehr weinen kann. Ich konnte nicht einmal mehr daran denken, dass ich vielleicht umkehren musste. Jay und ich hatten nicht darüber gesprochen. Seine freudige Erwartung und Davids unwiderstehliches Babylächeln und Geplapper halfen, mich aufzuheitern. Es ging hier auch um das Leben unseres kleinen Sohnes! Was für eine Botschaft das für mich war! Hatte ich nicht auch einen Abba, einen Vater im Himmel? Wusste Er nicht, was ich brauchte, sogar bevor ich Ihn darum bat? Er ist mein Hirte. Ich soll nicht notleiden! Doch heute waren diese Worte nur wenig tröstend für mich, weil ich so voller Kummer und Sehnsucht war.

Jay:
Steve brachte uns zu dem riesigen John-F.-Kennedy-Airport in New York City. Wir segneten ihn für seine Freundlichkeit, und ich leerte meine Brieftasche aus, um ihm genug Geld zu geben, dass er zurück nach Kanada kam. Als nächstes fanden wir unsere Reisegruppe, die sich vor dem SAS-Schalter versammelt hatte. Als wir uns bei den mehr als fünfzig Reisenden anstellten, kam unser Reiseführer, Wallace Heflin Junior, und sagte so höflich wie möglich: „Nun, Kamerad, es ist wundervoll Euch Drei hier zu sehen!" Er schien überrascht zu sein. „Du verstehst hoffentlich, dass ich Meridels und Davids Flugtickets stornieren musste, weil Du mir dafür keine Anzahlung geschickt hast."

„Ich weiß," erwiderte ich, indem ich einen schnellen Blick auf Meridel warf, „aber wir glauben immer noch an ein Wunder für ihre Tickets."

Er sah mich an, ein wenig verblüfft über meine Kühnheit - oder war es Narrheit? – und versuchte dann, uns zu beruhigen.

Schnell fügte er hinzu: „Ich mache mich eins mit Euch im Gebet für die Flugtickets."

„Danke. Wir setzen uns da drüben hin, damit wir niemandem im Weg sind und beten," sagte ich.

Als Pastor und Mann des Glaubens sympathisierte er mit uns in unserer misslichen Lage, doch so kurz vor dem Abflug konnte er nicht viel für uns tun. Wir wussten, dass wir ein Wunder wie die „Teilung des Roten Meeres" brauchten. Zu der Zeit gab es noch keine elektronischen Tickets. Wir brauchten komplizierte Rund-um-die-Welt-Flugtickets, die 1969 nicht auf dem Flughafen ausgestellt werden konnten. Ich besaß nicht einmal eine Kreditkarte, mit der ich in letzter Minute hätte bezahlen können. Trotz unserer misslichen Lage bemühten wir uns, hoffnungsvoll zu bleiben.

Einige von der Reisegruppe, die unsere Situation kannten, kamen zu uns, um uns zu ermutigen. In Wirklichkeit sah es jedoch hoffnungslos aus. Wir waren uns selbst überlassen. Wieder nahm das Gefühl des Alleinseins und der Angst zu. Die letzten Mitglieder der Reisegruppe wurden abgefertigt. Der Anblick ihrer Koffer, die auf dem Fließband verschwanden, hatte etwas Endgültiges. Mein Glaube begann zu schwanken.

Dann bemerkte ich zwei Geschäftsleute, die sich der Abfertigung näherten. Sie riefen unseren Reiseführer, zogen ihn in eine stille Ecke und verhandelten mit ihm. Inzwischen versuchte Meridel, den neun Monate alten David zu beruhigen, der weinte, weil er müde war und seinen Mittagsschlaf brauchte. Ein paar Minuten danach kam Sonny zu mir und sagte leise, um David nicht aufzuwecken: „Jay, etwas ist passiert, das sich schwer erklären lässt. Eine Dame aus St. Louis kann die Reise ins Heilige Land nicht antreten, weil ihre Mutter plötzlich erkrankt ist. Sie möchte ihr Geld zurückhaben. Ihr Rund-um-die-Welt-Ticket ist für dieselben Städte ausgestellt wie Deine; das ist ziemlich erstaunlich. Der Reiseveranstalter von Chicago ist hier. Er hat die Nachricht gebracht. Auch der Direktor der SAS-Fluggesellschaft in New York ist hier. Die beiden Männer sind die einzigen, die die Vollmacht haben, den Namen auf dem stornierten Flugticket zu ändern und den Namen Deiner Frau einzufügen. Alles, was du tun musst, ist ihnen 1.800 $ zahlen und Meridel kann mitkommen. Sie können auch gleich hier eine Kinderflugkarte für John David ausstellen, der bei Euch auf dem Schoß sitzen kann. Das kostet noch einmal 10%. Wenn du jetzt also 1.980 $ bezahlen kannst, könnt Ihr Euch der Reisegruppe anschließen. Wie sieht's aus?"

Unsere Erwartung und unser Glauben nahmen wieder zu. „Lass mich mit Meridel darüber sprechen," sagte ich.

Nachdem ich ihr die Situation erklärt hatte, sagte sie nur: „Gott hat mich auch berufen!" In dem Moment ließ mich eine Ansage, die aus dem Lautsprecher über uns kam, zusammenzucken. „Herr Jay Rawlings, bitte gehen Sie zu dem weißen Telefon am Schalter."

Zuerst sah ich mich um. ‚War das der Herr, der da sprach?', fragte ich mich. Dann ging ich zur nächsten Abfertigung und nahm den Hörer des weißen Telefons ab. „Hallo?", rief ich.

„Herr Rawlings?"

„Ja, das bin ich."

„Bitte bleiben sie am Apparat," erwiderte der Mann von der Vermittlung." Sie haben ein Ferngespräch aus Kanada."

‚Wer kann das nur sein?', überlegte ich, während ich verbunden wurde. Als nächstes hörte ich die Stimmen meiner Eltern.

„JayVi, bist Du es?", fragte meine Mutter. Mein Vater sagte nur: „Sohn!"

„Ja, Mama, ich bin's, " antwortete ich erleichtert. „Woher wusstet Ihr, wo Ihr mich finden könnt?"

Mutter erklärte unschuldig: „Wir haben den John-F.-Kennedy-Airport angerufen und gesagt, dass unser Sohn mit einem Flugzeug der SAS fliegt und dass wir ihm und seiner Frau eine gute Reise wünschen wollen. Da haben sie uns verbunden. Braucht Ihr irgendetwas?"

Ich schwieg einen Moment, und sie merkte es. „Wir sind wirklich dankbar, dass ihr an uns gedacht habt," sagte ich. „Es kann sein, dass ich Meridel und David für eine Weile zu Euch schicken muss, bis sie nachkommen können."

„Was?", rief sie aus, „was ist los? Hast Du nicht genug Geld für die Flugtickets?" Ich schwieg und bekannte dann: „Nein, Mama, das habe nicht."

„Nun", befahl sie mir, „Leg' sofort auf und kauf Ihr ein Ticket. Du kannst nicht ohne sie gehen." Ich traute meinen Ohren nicht. Ihre nächste Erklärung überraschte mich völlig. „Geld ist kein Problem. Wir schicken Euch, was Ihr braucht. Wie müssen wir das anstellen?"

„Also wirklich," sagte ich, „Ihr ruft im richtigen Augenblick an!"

„Was, was meinst Du damit?" fragte sie. Ich erklärte ihr unsere Situation und sie erklärte weinend: „Bitte, JayVi, sag uns schnell, wohin wir das Geld überweisen sollen, und wir tun es sofort."

„Oh, vielen vielen Dank. Das ist erstaunlich!" schrie ich aufgeregt in den Hörer, wodurch die Aufmerksamkeit der Umstehenden erregt wurde. Ein Geschäftsmann in einem grauen Flanellanzug kam auf uns zu, als ich noch am Telefon war. Es war Jack Chappell, der zu unserer Reisegruppe gehörte, ein erfolgreicher Geschäftsmann aus Virginia. Nachdem er mit dem Reiseveranstalter gesprochen hatte, sagte Jack: „Ich kann euch jetzt gleich einen Scheck für die Summe ausstellen."

Ich sah ihn ungläubig an. „Wirklich?"

„Ja, kein Problem." Er lächelte freundlich und sagte: „Deine Eltern können das Geld auf mein Bankkonto überweisen."

Und damit schrieb er den Scheck für 1.980 $ aus, die Summe für Meridels und Davids Flugtickets.

Meine Gedanken überschlugen sich. „Mama, Papa, könnt Ihr das Geld für die Flugtickets auf das Konto eines Herrn hier in den Staaten überweisen? Er schreibt gerade einen Scheck für Meridels und Davids Flugtickets."

„Gib uns die Bankverbindung, Jay." Es war Vater, der jetzt sprach.

„Wie kann ich Euch jemals danken, Papa? Das ist die Antwort auf unsere Gebete. Tatsächlich ist es ein Wunder."

„Na, Sohn, Du weißt, ich bin kein gläubiger Mann. Sag nicht allen Leuten, dass wir es gewesen sind." Damit wollte er sagen, dass wir nicht überschwenglich werden sollten.

Inzwischen weinte Mutter. „Es fällt so schwer, Abschied zu nehmen. Passt auf den kleinen David auf und seid lieb zueinander," sagte sie, bevor wir auflegten.

Sofort ging ich zu Sonny und Jack, dem netten Geschäftsmann, dem Direktor der SAS und dem Reiseveranstalter. In zwanzig Minuten war alles erledigt. Der Schalterbeamte, der gewartet hatte, fertigte uns schnell ab und beförderte unsere Koffer weiter.

Wunderbarerweise hatte unser Flugzeug Verspätung, da etwas technisch überprüft werden musste. Die Inspektion dauerte etwa eine Stunde, wodurch wir Zeit hatten, das Flugzeug zu erreichen und unsere Sitze einzunehmen. Als wir es uns in dem riesigen Flugzeug bequem machten, waren wir beruhigt und aufgeregt und sehr sehr dankbar. Niemand außer dem Gott Israels hätte alle diese Einzelheiten in letzter Minute orchestrieren können. Und das Wunder war, dass Er das alles durch normale Menschen wie den Direktor von SAS, den Reiseveranstalter, meine Eltern und Jack vollbracht hatte. Das war es! Es war geschehen! Wir waren auf dem Weg!

Dann, als wollte Er noch Zuckerguss über den Kuchen gießen, kam ein anderes Mitglied unserer Gruppe, Harold McDougal, ein Pastor von den Philippinen, zu uns und steckte mir zwei nagelneue Zwanzigdollarscheine zu.

„Danke, Harold," sagte ich lachend und steckte das Geld in meine leere Brieftasche.

Das war ein Extrasegen, denn für die nächsten drei Wochen waren alle Ausgaben der Reise gedeckt. Jetzt, wo ich diese Ereignisse aufschreibe, die bei unserer Abreise nach Israel abliefen, wird mir klar, dass sich diese vierzig Dollar in den letzten vierzig Jahren immer wieder unzählige Male multipliziert haben, als wir lernten, Ihm auf allen Wegen zu vertrauen. Im nächsten Band erzähle ich Euch Beispiele, wie Er für uns gesorgt hat.

Zeitlose Geheimnisse

„Denkt daran: Wer spärlich sät, wird nur wenig ernten. Aber wer mit vollen Händen sät, auf den wartet eine reiche Ernte. Jeder soll so viel geben, wie er sich in seinem Herzen vorgenommen hat. Es soll ihm nicht Leid tun und er soll es auch nicht nur geben, weil er sich dazu gezwungen fühlt. Gott liebt fröhliche Geber!" 2. Korinther 9, 6-7

Hier sind ein paar erstaunliche zeitlose Geheimnisse, die ich mit Euch teilen möchte. Ich habe entdeckt, dass der Herr gern alle Bedürfnisse von ehrlichen Gläubigen befriedigen möchte und dass der Schlüssel dazu das universale Prinzip des Säens und Erntens ist. Was ein Mensch sät, wird er ernten, ob in seinem Verhalten, ob es Kartoffeln, Korn, Zeit, Wohltaten oder Geld ist. Ohne uns dessen bewusst zu werden, hatten wir in unserem letzten Monat in viele Leben die Wahrheit über den Heiligen Geist gesät, in unserem Heim, im Krankenhaus und in der Gesellschaft.

Den Zehnten geben ist eine Form des Säens. Es ist ein Prinzip, das geprüft und als wahr befunden wurde. Es fließt immer Geld zu dem, der treu den Zehnten bezahlt und 10% seines Bruttoeinkommens oder mehr abgibt. Ist Euch klar, dass Ihr, indem Ihr das tut, den Allmächtigen zu eurem finanziellen Seniorpartner macht? Das ‚Tun' ist der Schlüssel, denn Ihr sät eigentlich in Sein Königreich. Er wird sich dafür erkenntlich zeigen und sehen, dass Ihr den Nutzen davon habt. Beginnt, regelmäßig den Zehnten und eure Opfergaben mit Freude und großzügig zu geben. Es ist eine gesegnete Lebensweise, und ich kann nur sagen, dass es funktioniert. Du wirst nie mehr geben, als Er Dir gibt.

Wir wären niemals im Stande gewesen, vierzig Jahre lang unsere Arbeit zu tun und all die Projekte, zu denen wir berufen wurden, zu vollenden, hätte dieses Prinzip nicht voll in unserem Leben gewirkt. Es wäre unmöglich gewesen, das Sprechen, Schreiben, die Filmproduktionen, Fernsehsendungen, Websites, der Kauf von Fernsehsendezeit, die Unterstützung von anderen würdigen Diensten und Menschen zu bewältigen, hätte Gott uns nicht dazu den Mehrwert gegeben.

Meridel gibt von unserem persönlichen Einkommen treu den Zehnten, und da sie das tut, hatten wir nie Not, wenn es darum ging, eine Wohnung zu mieten, unsere Söhne in internationalen Schulen ausbilden zu lassen und ein Heim zu bauen. Das ist erstaunlich, wenn man bedenkt, dass wir zu keinem etablierten System gehören. Wir hatten keine andere Unterstützung im Hintergrund, als die von normalen Menschen, die von unserer Arbeit inspiriert wurden und spendeten, damit sie weitergeht. Diese Menschen sind unsere Helden, erstens, weil sie Gott lieben und daher den Wert unserer Arbeit für den Herrn erkennen, zweitens, weil sie Seiner Stimme gehorchen, drittens, weil sie in Ihrem Leben das Prinzip des Säens und Erntens anwenden.

Liebe Freunde, wenn Ihr die nachfolgenden Bibelverse über den Zehnten lest, denkt bitte daran, es ist das einzige Mal, dass der Herr uns auffordert, Ihn in einer Angelegenheit auf die Probe zu stellen. Vertrauensvoller Gehorsam ist die notwendige Basis beim Geben des Zehnten. Wir widmen Gott den Zehnten und geben ihn an Menschen. Gott gibt den Mehrwert zurück und benutzt Menschen dazu.

Wie ich schon sagte, in der Bibel steht, dass der Zehnte auf viele Weisen gegeben werden kann. Hier sind ein paar Beispiele: Du kannst Deinen Zehnten den Armen, den Witwen und Waisen oder dahingeben, wo Du Deine geistliche Nahrung erhältst. In Nordamerika wird der Zehnte fast immer ausschließlich an die örtlichen Kirchen gezahlt. Im Neuen Testament haben Jesus und Seine Jünger keine Gebote gegeben, die den Zehnten betreffen.

„Bringt den zehnten Teil eurer Erträge unverkürzt zu meinem Tempel, damit meine Priester nicht Hunger leiden. Habt keine Sorge, daß ihr dann selber in Not kommt! Stellt mich auf die Probe," sagt der HERR, der Herrscher der Welt, „macht den Versuch, ob ich dann nicht die Fenster des Himmels öffne und euch mit Segen überschütte!"
Maleachi 3, 10

Ich ermutige Euch, beginnt damit und versucht es! Ich weiß, dass es bei Ehepartnern vorkommt, dass einer den Zehnten nicht zahlen will. Ihm kommt es wie Geldverschwendung vor.
Wenn Du es jedoch getreulich tust, wirst Du dich selbst aus Schulden segnen. Wenn die Wirtschaft in Deiner Welt zusammenbricht, und wir alle gehen irgendwann durch Krisen, wirst Du überleben. Gott hat immer eine bessere Idee. Er wird Dir zeigen, was Du tun musst und wie Du überlebst. Wenn Du mit Deiner Zeit, Deiner Energie und Deinem Geld treu und ehrlich gewesen bist, wirst Du in harten Zeiten nicht allein und mittellos dastehen. Er wird mit Dir sein.

„Bedürftigen helfen heißt Gott etwas leihen, der wird es voll zurückerstatten."

Sprüche 19, 17

Am Trevibrunnen in Rom auf unserem Weg
nach Israel, Oktober 1969

David und sein ägytischer Freund am Nil
auf dem Weg nach Israel

Kapitel 18

Für immer Mein Volk

„Du hast Israel auf ewig zu deinem Volk gemacht, Herr und bist sein Gott geworden." 2. Samuel 7, 24

Das Flugzeug der SAS raste mit voller Kraft die Startbahn entlang. Wir flogen einer völlig neuen Realität entgegen. Es war eine Abreise von allem, was uns bekannt war. Als sich das Flugzeug erhob, schienen die Erinnerungen an die Geschehnisse der letzten Monate in Kanada zu verblassen und bald weit von uns entfernt zu sein. Von meinem Fenster sah ich die Strahlen der untergehenden Sonne, die von den Scheiben der New Yorker Wolkenkratzer reflektiert wurden.

Ja, es war erstaunlich, auf welche dramatische Weise der Herr uns auf den Weg gebracht hatte, und trotzdem spürte ich eine gewisse Panik in mir aufsteigen. Alles, was mir vorher Sicherheit gegeben hatte, löste sich in Nichts auf, als das Flugzeug an Höhe gewann. Was hatte ich getan? Ich hatte gerade einen sehr einträglichen Arbeitsplatz und eine vielversprechende Karriere in einer mir vertrauten Welt aufgegeben. Jetzt nahm ich meine junge Familie mit ins Unbekannte. Für mich war Israel nur ein Traum und Jerusalem die faszinierende heilige Stadt, die 800 mal in der Bibel erwähnt wird. Ich hatte kein Einkommen, keine Unterstützung. Es waren nur Meridel, David, ich und der Herr. Ich würde gern sagen, dass ich in dem Moment großen Glauben besaß, doch es fühlte sich eher wie große Furcht an. Zu diesem Zeitpunkt in meinem Leben hatte ich noch nicht das zeitlose Geheimnis vom Geben des Zehnten gelernt und dem Vertrauen, das notwendig ist, es zu tun. Jemand sagte mal, dass Furcht das Gegenteil von Glauben ist und im Römerbrief 10, 17 heißt es, dass Glauben durch das Hören von Gottes Wort entsteht.

Nach dem Abendessen, während wir über den Nordatlantik flogen und die meisten zu schlafen versuchten, nahm ich meine kleine Taschenbibel heraus.

Ich knipste das Leselicht an und begann die alte Geschichte von Abraham zu lesen, der gehorsam das Haus seines Vaters verließ und seine Familie auf die Reise mitnahm. Auch er wusste nicht wohin sie ging, doch der Herr, der ihn gerufen hatte, wusste es. Das beruhigte mich, doch es war immer noch ein beängstigendes Abenteuer. Mein Stiefvater hatte mir eingeprägt, gut für meine Familie zu sorgen, und das steckte tief in mir. Jetzt aber war ich gezwungen, mich auf meinen Himmlischen Vater zu verlassen. War das Glaube oder Anmaßung? fragte ich mich.

Auf dem Weg nach Israel hatten wir kurze Zwischenlandungen in Dänemark, Italien, Ägypten, Cypern und Libanon. Im Stillen war ich dankbar für die Möglichkeit, verschiedene Kulturen, Sprachen und Gebräuche kennenzulernen. Meridel nahm alles gelassener hin, hatte sie doch als alleinstehende Frau schon die Welt bereist. David war ein Bild des Wohlbefindens, wie er so auf ihrem Schoß auf und nieder hopste oder auf meinem Rücken in seinem Tragegestell ritt. Überall brachte er mit seiner Fröhlichkeit die Menschen zum Lachen.

Endlich landeten wir in Israel auf dem Flughafen Lod. Es war ein herrlich klarer und warmer Tag. Auf das, was nun geschah, waren wir nicht vorbereitet. Als unsere Füße den heißen Boden des Flugfelds berührten, hatten wir beide eine Erscheinung. Es war, als wären wir gerade ‚Nach Hause' gekommen! Wir konnten das Gefühl nicht erklären, doch es war ganz stark. Ich war nie zuvor in Israel gewesen, doch das Gefühl, nach Hause zu kommen war unverkennbar. In der Bibel heißt es an einer Stelle „Mein Herz macht einen Freudensprung". Das war bei uns beiden fast gleichzeitig geschehen; es war ein übernatürliches Wissen. Für Meridel war es das zweite Mal, dass sie Israel besuchte, und ihre Resonanz auf das Land war jetzt noch stärker als bei ihrem ersten Besuch.

Was ist das? überlegte ich in meinem Herzen, bis mir allmählich klar wurde, dass dieses unumstößliche Gefühl der Zugehörigkeit im Geist eines Menschen ein persönliches Zeugnis und eine Bestätigung der Wahrheit des Geistes Gottes ist, der zuerst Abraham dieses Land in einem ewigen Bündnis für immer gab. Mir fiel ein, dass Israels Bestimmung den hebräischen Propheten das Recht gab, die Gedanken oder die Botschaft Gottes für die Menschen und die Nationen niederzuschreiben.

Als wir körperlich das Heilige Land betraten, bezeugte das fundamentale und ewigwährende Bündnis mit Abraham irgendwie, dass wir zum Kern Seiner Versprechen für das Land und Sein erwähltes Volk zurückgekehrt waren. Der Ruf, den Vater Abraham erhielt, kann ähnlich gewesen sein. Woher wusste er, dass er am richtigen Ort war? Dieses uralte Bündnis ist heute immer noch gültig, egal, was die Politiker sagen, denn es ist ewigwährend. Es ist ein unwiderrufliches Gelübde, das von Gott selbst ewiglich bewacht und eingehalten wird. Hier sind die Worte, die Gott am Beginn dieser einzigartigen Beziehung zu Abraham sprach: *„Deshalb sollst du nicht mehr Abram heißen, sondern Abraham; denn ich habe dich zum Vater vieler Völker bestimmt. Ich werde dich überaus fruchtbar machen. Du wirst so viele Nachkommen haben, daß sie zu ganzen Völkern werden, und sogar Könige sollen von dir abstammen. Meine Zusage gilt dir und deinen Nachkommen in jeder Generation; sie ist unumstößlich für alle Zeiten: Ich bin euer Gott und werde euch das ganze Land Kanaan geben, in dem du jetzt als Fremder lebst. Für immer soll es deinen Nachkommen gehören, und ich werde ihr Gott sein".* 1. Mose 17, 5-8

„Gepriesen sei der Herr, der Gott Israels, vom Anfang der Zeiten bis in alle Zukunft!" 1. Chronik 16, 36

Ich war zutiefst berührt, als mir bewusst wurde, dass ich lebender Zeuge von etwas unendlich Wertvollem wurde, aus der Vergangenheit aber auch aus der Gegenwart. Ja, es geschieht hier und heute, überirdisch - ja, schwer mit dem Verstand zu fassen - ja, aber fühlbar. Ich begann es zu begreifen, konnte es aber nicht erklären. Ich wusste nur, dass das Konzept des Bündnisses das Fundament der Schriften ist. Im Hebräischen ist es *„Brit"* und es kommt in der jüdischen Bibel mehrere Hundert Mal vor. (Die jüdische Bibel – *Tanach* besteht aus folgenden Büchern: *Thora* – die Lehren (5 Bücher Mose); *Neevim* – die Propheten, und *Ketuvim* – die Schriften.)
Ich sah, dass ein Bündnis oder Übereinkommen zwischen Einzelwesen, zwischen einem Herrscher und seinen Untertanen oder zwischen Gott und Seinem Volk bestehen kann.

In 1. Mose, Kapitel 17 leistet der Allmächtige, ohne Bedingungen zu stellen, einen unauflöslichen Eid, dass Er für Abraham und seine Nachkommen für immer der einzige Gott sein wird, mit dem Verheißenen Land als Bühne, auf der sich das göttliche Drama abspielen wird. Danach macht Gott klar, dass Er Seinen Teil des Abkommens FÜR IMMER halten wird, egal, was Abraham oder seine Nachkommen durch Isaak tun würden.

Abraham wurde aus einer Familie und einem Land herausgerufen, die Götzen dienten. Die Welt war und ist voller Götter, die von Menschen gemacht sind, doch Abrahams Gott war anders. Er nannte sich selbst „der Allerhöchste Gott". Das bedeutet, „der Eine und Einzige, der wie kein anderer ist und nicht verglichen werden kann". Dieses Versprechen, das Gott Abraham gab, ist das Fundament von Israels ewiger Beziehung zu Gott. Ich fand heraus, dass alle anderen Versprechen in der Bibel auf diesem beruhen. Es ist eine Wahrheit, die von König David und vom Herrn selbst bestätigt wurden, dass Israel für immer ein Volk sein wird.

Der Herr hat die Sonne als Licht für den Tag bestimmt und den Mond und die Sterne als Licht für die Nacht; er wühlt das Meer auf, daß seine Wellen toben – „der Herr, der Herrscher der Welt" ist sein Name. Er sagt: *„So gewiss ich dafür sorge, daß diese Ordnungen niemals umgestoßen werden, so gewiss sorge ich dafür, daß Israel alle Zukunft mein Volk bleibt und Bestand haben wird."* Jeremia 31, 35,36

Als wir das Flughafengebäude verließen, sah ich die strahlende israelische Sonne am kobaltblauen Himmel. Ja, die Sonne schien immer noch, eine tägliche Bestätigung, dass Israel bestehen bleibt. In dem Moment fühlte ich mich getröstet und später sprach ich darüber zu Meridel.

Als Erstes führte uns unser Reiseführer zum Ölberg, von dem man eine gute Aussicht auf die Heilige Stadt hat. Die uralten Mauern Jerusalems lagen vor uns. Ich hatte das Gefühl, ich könnte den Arm ausstrecken und das Goldene Tor oder das Tor der Gnade berühren. Christen und Juden glauben, dass der Messias durch dieses Tor schreiten wird. Die Gräber der Gläubigen lagen zu unseren Füßen.

Was für Geschichten hätten uns diese Seelen erzählen können!

Die Realität war atemberaubend! Wir waren eingetreten in eine uralte und moderne Geschichte, die vor unseren Augen zusammengeschweißt wurde. Das war 1969, nur zwei Jahre nach dem Sechstagekrieg. Die Atmosphäre im Heiligen Land war erfüllt von Stolz, Zuversicht und Euphorie. Die israelischen Menschen hatten Hoffnung und Erwartungen für ihre Zukunft. Jerusalem war jetzt wieder im Besitz des jüdischen Volkes. Es war das erste Mal in mehr als 2000 Jahren, dass die Heilige Stadt unter jüdischer Herrschaft vereinigt war.

David liebte seinen Aussichtspunkt in seinem Tragegestell hoch auf meinem Rücken. Er nahm tüchtig zu und war ziemlich schwer, doch überall, wo wir hinkamen, fand er neue Freunde. Ich erinnere mich an einen Abend ein paar Tage später, als wir zu unserem Hotel an der Innenseite des Neuen Tors gingen. Wir kamen an einem Lastwagen der Armee vorbei, bei dem junge israelische Soldaten auf ihre Befehle warteten. Schon bald waren wir umzingelt. Sie sprachen nur Hebräisch, doch sie wollten Davids blondes Haar anfassen und seine rosigen Wangen streicheln. Diese Teenager sahen kräftig, gesund und sehr gut aus. Sie repräsentierten die lebensvolle neue Nation von Israel, die aus der Asche des Holocaust hervorgegangen war. Ich dachte sofort an den treuen alten Propheten Hesekiel, wie er die Worte schrieb, die er vom Geist Gottes erhalten hatte. In Gehorsam und Glauben schrieb er: „*...hauche diese Toten an...*" Da kam der Lebensgeist in sie und sie wurden lebendig und standen auf. Es war eine riesige Menschenmenge. Hesekiel 37, 10

Die Bibel wurde buchstäblich vor unseren Augen lebendig. Jeder Tag war ein neues Abenteuer, als wir nach Norden gingen, um den See von Genezareth, die libanesische Grenze und die Golanhöhen zu besuchen. Meridel und ich verbrachten einen Nachmittag unten am Ufer des Sees. Die Sonne schien warm, und wir schütteten uns gegenseitig unser Herz aus, während kleine Wellen unsere Füße umspielten. Sie wollte nirgendwo hingehen. Sie war bereit, anzuhalten, die Reisegruppe zu verlassen und für immer zu bleiben. Was mich betrifft, war ich erstaunt, dass Gott dieses winzige Stückchen Land für sich selbst gewählt hatte. Und der See von Genezareth...ja, verglichen mit den kanadischen großen Seen oder dem Kaspischen Meer war er wie eine Badewanne.

Ich konnte von einem Ufer zum anderen sehen, und doch waren von hier aus die Worte der Bibel in die Erde gesät und vom Wind des Heiligen Geistes weit umhergetragen worden. Eine mächtige Ernte war weltweit aufgegangen! Hier sind wir nun, 2000 Jahre später und die Botschaft der Propheten Israels und Jesu, des Menschensohns, sind zeitlos. Das Wort Gottes vollbringt immer das, wofür es ausgesandt wird: Aus dem Tod Leben zu bringen!

Am Ende unserer zwei Wochen in Israel hatten wir uns an die Bilder, Geräusche, Düfte und die ewige Dimension gewöhnt, die im Heiligen Land vorhanden sind. Die Menschen waren bunt, voller Leben, freundlich und ausdrucksvoll. Wir verweilten gern bei den Kiosken am Straßenrand, um Humus, Falafel und Salate, die in Brottaschen gestopft werden, zu essen und danach einen starken, türkischen Kaffee zu trinken. Besonders erfreuten uns die vielen kleinen Geschäfte und die Vielfalt der Menschen, die wir trafen. Jeder hatte eine Geschichte. Meridel war besonders in ihrem Element. Bei ihrem ersten Israelbesuch 1965 hatte sie in einem stillen Augenblick, als sie in der Chagall-Kapelle des Medizinischen Zentrums des Hadassah Krankenhauses saß, dem Herrn anvertraut: „Hier könnte ich immer leben."

Israel Oktober 1969

Dieser Ausspruch erwies sich als prophetisch.
Nie hätten wir uns vorstellen können, was sich in unserem künftigen Leben in der Ewigen Stadt Jerusalem ereignen würde.

Immerhin bekamen wir einen leichten Vorgeschmack von dem, was kommen sollte. Unmittelbar bevor wir Israel verlassen wollten, gab uns der Herr dieses Wort: „Ich habe euch in Meine Heimat gebracht. Eines Tages wird sie auch eure Heimat sein! Jetzt rufe Ich euch auf, unter die Völker zu gehen. Geht zu meinen Menschen und fordert sie auf, wieder nach Israel nach Hause zu kommen. Ihr werdet reisen und reisen und reisen. An manchen Orten werdet ihr einen Tag lang sein, an anderen eine Woche oder einen Monat. Fürchtet euch nicht. Wenn ihr auf Meine Stimme hört und gehorsam seid, werde Ich bei euch sein und für euch sorgen, wohin ihr auch geht. Denkt in harten Zeiten daran, dass Ich euch wieder nach Haus bringe. Geht in Frieden!"

Da war sie wieder, die sanfte, leise Stimme des Herrn, die uns die nächsten Anweisungen gab. Sie waren klar, doch auch unbestimmt, unbestimmt genug, dass wir im Glauben handeln mussten. Wir wussten nicht genau, wohin wir gehen und was wir tun sollten. Wir hatten Flugtickets für das nächste Ziel und das war alles. Mehr wussten wir nicht. Ich erinnere mich noch, wie wir in einem kalten Gastzimmer des Klosters der Schwestern von Zion, das in der Altstadt von Jerusalem liegt, gemeinsam für unsere Zukunft beteten.
Ich sagte: „Herr, nicht unser Wille, sondern Dein Wille geschehe in unserem Leben."
Wir fühlten beide, dass die ‚Rund-um-die-Welt-Flugtickets', die uns so wunderbar gegeben worden waren, der Schlüssel zur Route waren, die wir reisen sollten. Allerdings müssen wir gestehen, dass wir kurz daran dachten, sie zu Geld zu machen und in Israel zu bleiben. Sobald der Herr uns jedoch anwies, zu Seinen Menschen zu gehen, die unter den Völkern leben, verwarfen wir die Idee. Wir fragten uns:
„Ist das die Art und Weise, wie man lernt, dem Herrn zu folgen?"

Meridel:
Auf unserem Weg zum geschäftigen und farbenfrohen arabischen Markt gingen Jay, David und ich zur Westmauer des ehemaligen Tempels. Jetzt, wo Jerusalem vereinigt war, konnten Juden dort wieder beten, was ihnen in den letzten 18 Jahren verboten worden war. Von 1948 bis zum 6. Juni 1967 war die Westmauer, die als heiligste Stätte der Juden gilt, für alle Juden gesperrt. Als die jordanische Armee diesen Stadtteil verwaltete, verkleinerte sie in den Jahren ihrer Besatzung systematisch das jüdische Viertel. Synagogen und Häuser wurden angezündet, als Latrinen, Müllplätze und Ställe benutzt. Seit 1967 und unter jüdischer Verwaltung wurden die Ruinen der Kirchen und der Moscheen von Israel gesäubert und restauriert. Von da an konnten Christen und Moslems frei ihre Andachten in ihren eigenen Gotteshäusern halten.

Wir erfreuten uns unserer „Familienzeit" und waren beide erwartungsvoll, als wir uns der Westmauer näherten, ohne zu wissen, was uns erwartete. Ich war froh, dass der Platz an diesem warmen Novembernachmittag verhältnismäßig leer war.

Jay und David gingen zu der Seite, wo die Männer beteten, und ich ging auf die Frauenseite. Die Intensität der Gebete war fühlbar, als ich mich meinen Schwestern anschloss, von denen viele unter Tränen ihre Anliegen vorbrachten. Mit meiner Stirn an den warmen Jerusalemstein gelehnt, begann ich mich zu entspannen. Sofort spürte ich die Gegenwart Gottes an diesem Ort der Wahrheit. Viertausend Jahre zuvor sprach Jakob diese Worte:
"Wahrhaftig, der HERR ist an diesem Ort, und ich wusste es nicht!"
„ Man muß sich dieser Stätte in Ehrfurcht nähern. Hier ist wirklich das Haus Gottes, das Tor des Himmels!" 1. Mose 28, 16b, 17

Ich begriff, dass die Westmauer ein natürliches, historisches Denkmal ist, dessen geistliche Bedeutung bis zu Abraham und der Opferung Isaaks auf dem Berg Moriah zurückreicht. Es dient als ständiges Mahnmal für die Versprechen, die Gott Israel gab. Es sind die Überreste des Fundaments des Tempels, den Herodes der Große gebaut und der noch zur Zeit Jesu dort gestanden hatte. Es ist ein Wunder der Geschichte, dass die Römer diesen Teil des Tempels, den wir heute sehen können, unzerstört ließen.

Der Tempel des Herodes wurde auf den Überresten des bescheidenen Tempels erbaut, den die aus Babylon heimgekehrten jüdischen Gefangenen unter der Leitung von Esra und Nehemia errichtet hatten. Diese wiederum erbauten ihren Tempel unter ständiger Kriegsbedrohung auf den Ruinen von König Salomons Tempel. Wir erahnten eine andere Dimension von Gottes Plan. Er ist der Gott der Barmherzigkeit, wie Er aus dem ersten Bündnis bekannt ist. Barmherzigkeit in Hebräisch ist *rachamim*. Dieses Wort stammt von der Wurzel *rechem* oder Mutterleib. Ich wurde mir dessen zutiefst bewusst, dass das gnädige Herz des Allmächtigen im Gefüge der israelischen Nation und im Leben der Israelis am Werk ist. Gottes Pläne sind gut und sie entfalten sich jetzt prophetisch für die, die Augen zum Sehen haben.

Natürlich hat Er die Gebete seines Volkes seit Jahrtausenden gehört, und hier standen wir nun, in der Realität erhörter Gebete. Die Nation war jetzt wiedergeboren und blühte, auferstanden aus dem Friedhof der Geschichte. Tägliche seit uralten Zeiten vorgebrachte Gebete waren beantwortet worden. 2. Mose 34, 5-7

Es kommt eine Zeit, da wird der Berg, auf dem der Tempel des HERRN steht, unerschütterlich feststehen und alle anderen Berge überragen. Alle Völker strömen zu ihm hin. Überall werden die Leute sagen: *„Kommt, wir gehen auf den Berg des HERRN, zu dem Haus, in dem der Gott Jakobs wohnt! Er soll uns lehren, was recht ist; was er sagt, wollen wir tun." Denn vom Zionsberg in Jerusalem wird der Herr sein Wort ausgehen lassen."* Jesaja 2, 2 - 3

Als ich an diesem heiligen Ort stand, fühlte ich mich wie ein Kind, das wieder mit der Nabelschnur seiner Mutter verbunden war. Jerusalem spricht von der Quelle meiner eigenen Existenz und allem, was ich liebe. Für mich ist Jerusalem das Mutterherz Gottes. Jerusalem ist ebenfalls Gottes Altar auf der Erde. Das ist es, was Jerusalem von allen anderen Städten der Welt unterscheidet.

„Ich bin voll brennender Liebe zur Zionsstadt...Ich kehre zum Berg Zion zurück und werde mitten in Jerusalem wohnen. Jerusalem wird dann Stadt der Treue heißen und der Berg, auf dem ich als Herrscher der Welt wohne, der Heilige Berg." Sacharja 2a, 3

Ich steckte meine Bitte in eine Spalte zwischen den Steinen, während ich leise den 122. Psalm las.

„Wie habe ich mich gefreut, als man zu mir sagte: „Komm mit, wir gehen zum Haus des HERRN!" Nun sind wir angelangt, wir haben deine Tore durchschritten und stehen in dir, Jerusalem. Jerusalem, du herrliche Stadt, von festen Mauern geschützt! Zu dir ziehen sie in Scharen, die Stämme, die dem HERRN gehören. Dort soll ganz Israel ihn preisen, so wie er es angeordnet hat. In Jerusalem ist das höchste Gericht, dort regiert das Königshaus Davids. Wünscht Jerusalem Glück und Frieden: Allen, die dich lieben, soll es gutgehen! In deinen Mauern herrsche Sicherheit und Wohlstand, deinen Häusern bleibe die Sorge fern!" Weil ich meine Brüder und Freunde liebe, sage ich: „Ich wünsche dir Glück und Frieden!" Weil in dir das Haus des Herrn, unseres Gottes, steht, freue ich mich, wenn es dir gutgeht." Psalm 122

Als wir zum Kloster zurückschlenderten, sagte Jay: „Diese Reise ist eine außergewöhnliche Schule, die unser Meisterlehrer, der Geist Gottes, extra für uns ausgesucht hat. Wie aufregend! Israel ist der Anschauungsunterricht der Bibel und Seine Menschen sind ihre vorbildlichen Hüter. Es ist eine Lehrzeit und wenn wir lernfähig sind, können wir den Allmächtigen bitten, unser Ratgeber zu sein und uns Seine guten Schätze zu geben. Ich bin überzeugt, dass Er viele Geheimnisse bewahrt. Ich möchte, dass wir diese Menschen und ihr Land kennenlernen, indem wir ihnen dienen."

Jay:
„Es war, als wären wir aus einem Leben herausgerissen worden, um ein anderes zu beginnen. Aber denke an die Worte: Wenn du Mich liebst, liebe mein Volk. Ich glaube nicht, dass wir uns mit unserem natürlichen Verstand vorstellen können, was in dieser Herausforderung enthalten ist. Unser Geist schwingt sich empor, weil wir an diesem Ort sind, wo sich Himmel und Erde treffen. Wir sind auf einer Schatzsuche und merken, dass letzten Endes ER der wirkliche Schatz ist."

Meridel war total bereit, mich zu unterstützen, und gemeinsam nahmen wir uns vor, so schnell wie möglich zu lernen. Wir schlossen auch ein Bündnis miteinander, dem anderen nichts zu verheimlichen. Von jetzt an mussten wir alles besprechen. Ich wusste, dass wir uns einig sein mussten, bevor wir eine neue Richtung einschlagen oder ein neues Unternehmen in Angriff nehmen konnten.

An dieses Prinzip haben wir uns in den letzten vierzig Jahren gehalten, und es funktioniert!

Ja, es fiel uns beiden schwer, Israel zu verlassen. Unsere Flugtickets zeigten Indien als nächstes Ziel. Die meisten von unserer Reisegruppe waren in die USA zurückgeflogen. Übrig blieb eine kleine Gruppe. Wir schlossen uns zusammen und sprachen und beteten für unsere weitere Reise zum Indischen Subkontinent. Von Indien aus sollten einige von uns nach Hongkong gehen und dann in die Staaten zurückkehren. Meridel und ich würden von Hongkong aus zu den Philippinen fliegen. Das war unser Plan. Weitere Details waren uns nicht bekannt.

Zeitlose Geheimnisse

"Alle, die dir und deinen Nachkommen Gutes wünschen, haben auch von mir Gutes zu erwarten. Aber wenn jemand euch Böses wünscht, bringe ich Unglück über ihn." 1. Mose 12, 3

Ich bin überzeugt, der direkte Weg zu Gottes Segen verlangt, dass wir lieben was Gott liebt. Aus der gesamten Bibel geht hervor, dass Gott Sein Volk Israel dazu auserwählte, als Volk ein Beispiel für die restlichen Völker der Welt zu sein, und das nicht, weil es ein besseres Volk ist. An Israel zeigt Gott, dass Er ein Volk segnet, wenn es gehorsam ist und bestraft, wenn es ungehorsam ist. Sein Charakter der unbedingten Liebe zeigt sich in Seinem Umgang mit Israel, der einzigen jüdischen Nation in der Welt. Nur die jüdischen Menschen halten sich an die Festtage des Herrn, den Sabbat und den hebräischen Kalender und sie sind es, die der Welt die Schriften, die Bündnisse und den Messias gegeben haben. Wie reagiert Ihr auf die Nation und die Menschen Israels heute? Blickt man auf die Geschichte zurück, sieht man, dass sich das erstaunliche Wort des Schöpfers erfüllt hat. Die Nationen, die Israel segneten, gediehen; doch die, die Israel verfluchten, verschwanden.

Das ist ein inhaltsschwerer Bibelvers, nach dem die Bescheidenen und Gehorsamen gesegnet wurden, doch die ins Verderben geführt wurden, die das Segnen verweigerten. Die Geschichte ist Zeuge dieser Wahrheit. Jeder Antisemit hat diese Lektion im Laufe der Geschichte lernen müssen.

Zum Abschluss dieses Bandes möchte ich Euch ‚Zeitlose Geheimnisse' verraten, an denen Ihr Euch festhalten könnt und die Euch und Euren Lieben mit Sicherheit Segen bringen werden. Der Apostel Paulus gibt uns sehr einfache Richtlinien, denen wir folgen können.

"Ich habe euch nichts vorenthalten, sondern euch die Heilsabsicht Gottes unverkürzt verkündet." Apostelgeschichte 20, 27

Vor ein paar Jahren zeigte mir der Herr folgende Zeitlosen Geheimnisse:

1. Anbeten
Wenn Du gesegnet werden möchtest, bete unseren Himmlischen Vater im Geheimen und öffentlich an.

„Aber die Stunde kommt, ja sie ist schon gekommen, da wird der Heilige Geist, der Gottes Wahrheit enthüllt, Menschen befähigen, den Vater an jedem Ort anzubeten." Johannes 4, 23

2. Der Sohn
Nichts wird Dich mehr segnen, als den Sohn zu ehren und zu erheben. Jesus lehrte uns, Lob und Anbetung an Seinen Vater zu richten, das ist klar, aber wir können Jesus für das Opfer ehren, das Er als gesalbter Heiland vollbrachte. Er ist als der Menschensohn bekannt. Diese Bezeichnung ist im Hebräischen eine der stärksten Hinweise auf ihn als Messias.

„Ich aber werde von der Erde erhöht werden, und dann werde ich alle zu mir ziehen." Johannes 12, 32

3. Die Anderen
Teile allen die wichtige Botschaft mit, den Vater anzubeten und den Sohn zu ehren. Das ist die gute Nachricht, die jeder auf der Welt braucht.

„Meine Zeugen seid ihr," sagt der HERR, die Leute von Israel, das Volk, das ich erwählt und in meinen Dienst gestellt habe. Ihr werdet zu Zeugen meines Tuns, damit ihr mich kennenlernt und mir vertraut, damit ihr einseht, daß ich der eine und einzige Gott bin....Ich allein bin Gott, ich, der HERR; außer mir gibt es keinen Retter." Jesaja 43, 10, 11

4. Liebe – tue alles mit Liebe
Widme Dich der Weitergabe von Gottes Botschaft auf dem Planet Erde. Deine Handlungen, die von der höchsten Form der Liebe motiviert sind, bei der es keine Gedanken an Gegengabe oder Belohnung gibt, werden immer zu Segnungen führen. Wenn Du Dich daran hältst, wirst Du von Segen umgeben sein.

„Niemals wird die Liebe vergehen." 1 Korinther 13, 8

5. Das immerwährende Bündnis

Wenn Du in der Bibel die Worte ‚immerwährend' und ‚Bund' studierst, wirst Du feststellen, dass von Abraham über die Patriarchen, über Israel und den Messias bis hin zur heutigen Zeit das Thema des ewigen Bundes im Mittelpunkt steht.

Deshalb ist es biblisch, Israel zu unterstützen. Es steht Dir frei, Seine Versprechen zu bekräftigen und nach ihnen zu handeln. Wenn Du die ersten vier Punkte der obigen Liste befolgst, wirst Du gesegnet werden. Wenn Du Dich jedoch dafür entscheidest, den ewigwährenden Bund zu ehren, indem Du Israel beistehst, wirst Du in Deinem Leben einen Überfluss von Segnungen erfahren. Warum? Weil das Volk Israel der Augapfel Gottes ist.

„Denkt an seinen Bund mit uns! Sein Versprechen gilt tausend Generationen..." 1. Chronik 16, 15, 17

So hat er Jakob fest versprochen, als Ewigen Bund mit Israel. (Tausend Generationen bedeutet im Hebräischen „für alle Ewigkeit")

Dann wird der König antworten: *„Ich versichere euch: Was ihr für einen meiner geringsten Brüder oder für eine meiner geringsten Schwestern getan habt, das habt ihr für mich getan."* Matthäus 25, 40

„Dränge mich nicht, dich auch zu verlassen.
Ich gehe nicht weg von dir!
Wohin du gehst, dorthin gehe ich auch;
wo du bleibst, da bleibe ich auch.
Dein Volk ist mein Volk,
und dein Gott ist mein Gott".
Rut 1, 16

Fortsetzung folgt...

Liebe Leser,

vielen Dank, dass Ihr uns so weit gefolgt seid. Das Buch, „*Liebe mein Volk*", das Ihr in den Händen haltet, ist das erste einer Serie von sechs Bänden mit dem Titel „Zeitlose Geheimnisse". Wir laden Euch ein, uns zum nächsten Band zu folgen.

Im **zweiten Band, der den Titel** „*Wunder unter den Völkern*" trägt, entdecken Meridel und ich, dass Glaube erlernbar ist. Es ist eine Schule, in der wir lernen, auf Ihn zu ‚hören' und es wagen, den Anweisungen der ‚Sanften Leisen Stimme' gehorsam zu sein. Es ist uns eine Freude, Euch an unserem abenteuerlichen, vom Heiligen Geist geleiteten Leben teilnehmen zu lassen. Auf diesem Wege lernten wir viele zeitlose Lektionen, die wir liebend gern mit Euch teilen wollen. Wir hoffen, dass diese Geheimnisse für Euch in den angespannten Zeiten, die wir alle irgendwann durchmachen, zu Schlüsseln des Überlebens werden.

Im zweiten Band berichten wir, wie wir erst einmal lernen mussten, Glaube für uns selbst zu haben und dann den Glauben als Eltern. Später lernten wir, im Glauben die Welt zu bereisen und ein Ferienlager für fünfhundert Kinder zu betreiben, die kostenlos daran teilnehmen konnten. Wir sahen in Ecuador, wie der Herr uns half, ihnen drei Mahlzeiten am Tag zu geben.

Ihr werdet dabei sein, wenn wir in verschiedenen Teilen der Welt einschließlich Südamerika jüdische Gemeinden besuchen, für die unsere prophetischen Warnungen vor bevorstehenden Angriffen zur rechten Zeit kamen. Dann berichten wir, wie wir Zeugen wurden, als der lebendige Gott zuerst in den Philippinen und später in vielen Ländern Südostasiens nationale Erweckung brachte. Ihr werdet begeistert sein, wenn ihr lest, wie Gott uns praktische Wege zeigte, Israel zu segnen und uns gleichzeitig half, die massenweise Heimkehr der Juden aus ihrem „Gefängnis", der früheren Sowjetunion, herauszuholen.

Der 3. Band, *Die Heimkehr Meines Volkes* bringt uns nach Russland und zu über hundert Nationen, in denen wir die jüdischen Gemeinden vor der wirklichen Gefahr und der Tragödie der ‚Jäger' (Jeremia 16:16) warnten, die im Laufe der Geschichte die Juden in ihr Heimatland getrieben haben. Wir taten, was wir predigten und gingen ‚heim', um in Zion zu leben. Die Bände vier, fünf und sechs schildern die erstaunlichen Möglichkeiten, die sich uns eröffneten, sobald wir im ‚Gelobten Land' angekommen waren.

In den folgenden Bänden werdet Ihr Zeugen, wie wir über hundert Dokumentarfilme über das moderne Israel von einem biblischen Standpunkt gesehen produzieren, sowie Hunderte von Fernseh-Talkshows weltweit ausstrahlen, die den Nationen ein prophetisches Verständnis von Israel und seinen Menschen vermitteln. Bitte legt Eure Sicherheitsgurte an; es gibt noch eine Menge mehr, und wir würden uns freuen, wenn Ihr uns dabei begleitet.

Jay und Meridel Rawlings
Mevasseret Zion Israel.

Zitate:

„Euer Dienst ist liebevoll und sehr wirksam. Ihr tut ein wunderbares Werk für das Königreich."
Cathy Peters, Kanada

„Jay und Meridel, es ist großartig, den Ton und Inhalt Eurer Worte zu hören. Eure Nachrichtenblätter sind voller Glauben, Zweckbestimmung und Dringlichkeit, erfüllt von der Gnade und der Kraft des Heiligen Geistes."
Peter Barichello, Kanada

Über die Autoren

Jay Rawlings, BSc, DHA, PhD[1]

Jay ist ein kanadisch-israelischer Bürger, der seit 1969 in Israel lebt. Jay ist Autor, Produzent und Regisseur von über hundert Dokumentarfilmen über verschiedene Aspekte Israels, die ein weltweites Publikum aufgeklärt haben. Einige seiner preisgekrönten Filme wurden auf der ganzen Welt in israelischen Botschaften und Konsulaten gezeigt. Israel Vision, eine wöchentliche Fernsehsendung der Rawlings, die sich mit biblischen Perspektiven von Israels historischer Bedeutung befasst, wird weltweit ausgestrahlt und ist auch über das Internet zu sehen. Die Rawlings gehören zu den ersten ‚Fischern', die jüdische Gemeinden auf der ganzen Welt aufsuchten und sie aufriefen, in ihr ‚Gelobtes Land', in dem die Juden eine prophetische Zukunft erwartet, zurückzukehren. Seit vier Jahrzehnten konzentrieren sich ihre Medienbeiträge hauptsächlich auf die Menschen und das Land Israel, damit sich der Ewigwährende Bund voll verwirklichen möge.

Meridel Rawlings, RN, BA, MA, PhD[1]

Sie ist eine unermüdliche Rechercheurin, Schriftstellerin, Sprecherin, Fernsehmoderatorin und Therapeutin für Opfer sexuellen Missbrauchs. Da sie als Kind selbst sexuellen Missbrauch überlebt hat, arbeitet sie seit Jahrzehnten daran, diese Opfer freizusetzen. Sie und ihr Ehemann, Dr. Jay Rawlings, waren 1980 Mitbegründer der ‚International Christian Embassy' (Internationale Christliche Botschaft) in Jerusalem. Gemeinsam gründeten sie auch die Israel Vision Studios, die bis heute Dokumentarfilme, Nachrichten über die biblische Deutung von Weltereignissen und Promotion-DVDs für wohltätige Zwecke produzieren. Ihre beliebte wöchentliche Sendung ‚*Menschen, die etwas verändern*' wird von Jerusalem weltweit ausgestrahlt. Meridel hält Vorträge über wichtige Familienthemen und über sexuellen Missbrauch. Besonders beliebt ist ihr Fernsehbeitrag ‚*Die Sanfte, Leise Stimme*', mit dem sie Menschen aller Altersstufen erreicht und der Sendung eine besondere Lebensperspektive gibt.

---

1 BSc - Bachelor of Science; DHA - Diploma in Hospital Administration; , PhD - Doctor of Philosophy; RN - Registered Nurse; BA - Bachelor of Arts; MA - Master of Arts;

In *Gespräche* ‚für Kinder aller Altersstufen' befasst sich Meridel sachlich mit sozialen Themen, die die Aufmerksamkeit der Kinder fesseln. Diese moderne Power-Point-Präsentation vermittelt uns allen Werkzeuge, die wir brauchen, um Dinge zu verändern und die besonders wertvoll für die sind, die mit jungen Menschen arbeiten.

„*Die Welt verändern – einen Menschen nach dem anderen*", ist eine DVD, auf der Meridels Beratungsarbeit der letzten 30 Jahre in ganz Europa gezeigt wird. Ihr werdet Zeugen von Originalsitzungen mit ihren Klienten und könnt beobachten, wie sie berät und lehrt. Meridel ist eine Spezialistin auf dem Gebiet der Folgen von sexuellem Missbrauch von Kindern und nicht nur in der Theorie. Meridel arbeitet mit den Menschen und ihren unmöglichen Problemen und hilft ihnen, Heilung und anhaltende Veränderungen zu erzielen. Kommt und seht!

Jay und Meridel sind seit 47 Jahren miteinander verheiratet und leben in der Nähe Jerusalems. Sie haben vier Söhne und acht Enkel.

Von den gleichen Autoren erschienen

Bücher

- Fishers and Hunters (Fischer und Jäger)
- Honor Thy Fathers (Ehre Deinen Vater)
- Prophets among the Nations (Propheten unter den Nationen)
- Blow a Trumpet in Zion (Lass die Trompete in Zion erschallen)
- Israel, Islam and the Intifada (Israel, Islam und die Intifada)

Liste der als DVD lieferbaren Videos von Israel Vision

1 Goldene Äpfel -   Geschichte und Kriege des jüdischen Volkes
2 Eherne Tore -Juden hinter dem Eisernen Vorhang
3 Musik für den Messias - Harfen für Israel
5 Gebet für Jerusalem - Die Bedeutung Jerusalems für die Welt
6 Terrorismus - Hamas und Israel heute
8 Friede, Friede! Und doch ist kein Friede - Die trügerische Suche nach Frieden im Nahen Osten
9 Gesegnet ist der, der Wache halt - Geistliche Kriegsführung für Israel und Jerusalem
14 Westbank Siedlungen - Heiliges Land oder Heiliger Krieg?
15 Menschenfischer - Alte Fischfangmethoden in Galiläa
18 Gefangen zwischen zwei Fronten -Christen unter palästinensischer Herrschaft
20 50 Jahre Israel -   Jubiläumsjahr der Wiederherstellung
22 Liebe Deinen Nächsten - "Rette ein Kinderherz"-Projekt
23 Die Kreuzzüge -   Glaube oder Wahnsinn?
24 Messianische Lobpreis- und Anbetungsmusik
25 Erweckung der Steine -Israels anhaltendes Ringen um den Tempelberg
26 Golanhöhen - Das Friedenswagnis
27 Jerusalem, eine Taumelschale - Brennpunkt Jerusalem
28 Wie wir die Bibel bekamen - Werdegang der Bibel in 5000 Jahren
29 Israel und die kommende Weltkrise - Am 11. September begann der 3. Weltkrieg
30 Christen erwacht, damit Israel überlebt - Victor Mordecai klärt auf
33 Jerusalem, wir verlassen Dich nicht
35 Fliegen mit den Vögeln - Israelische Kampfpiloten und die Zugvögel
36 Das gefährliche Spiel mit dem Frieden- Eine neue Sicht über den Nahost-Konflikt

37 Die Freude zur Heimkehr
38 Feuer auf dem Karmel - Versöhnung zwischen Juden und Arabern
39 Entscheidung zum Leben -Im Chaim-Sheba-Rehabilitations-Zentrum
40 Israel: Gottes Schlüssel zur Welterlösung - Eine vierteilige Serie
41 Selbstvertrauen durch Tradition - Beduinenfrauen. Traditionen in Veränderung
42 Ein Umwelt-Friedensplan -Eine Umweltkatastrophe zeichnet sich ab
43 Israels Fliegender Teppich - Zugvögel zwischen Afrika und Europa
44 Unterhalb der Roten Linie - Israels Wasserkrise
45 Warum gibt es keinen Frieden im Nahen Osten? - Ein Interview mit Dres. Jay und Meridel Rawlings
47 Deutschland und Israel -Vom Verfolger zum Freund
48 Die Samaritaner -Hüter Der Zehn Gebote
50 Zeitlose Geheimnisse. Bonus: Promovideo 2012 - Fernsehgottesdienst City-Gemeinde Karlsruhe April 2012
51 Israel, Iran und die Bibel - Teil 1 der Lehrvideos über Israels Bedeutung für die Welt
52 Israel, Syrien und die Bibel - Teil 2 der Lehrvideos über Israels Bedeutung für die Welt
53 Israel, die Nationen und die Zukunft - Teil 3 der Lehrvideos über Israels Bedeutung für die Welt

Dokumentationen (Englisch)

1. Apples of Gold
2. Anatomy of Child Self Sacrifice
3. One Jerusalem Rally
4. WHY 2 K?
5. A Way in the Wilderness
6. Choosing Life
7. Music for Messiah
8. Redeemed, Part 1 & 2
9. The Word of the Lord from Jerusalem
10. Israeli Leaders Speak, Parts 1, 2,& 3
11. Streams in the Desert
12. Canadians in Israel
13. Hora Dance Troupe- Jerusalem We're Not Leaving You
14. Gates of Brass
15. How we got the Word
16. Five Deceptions of Islam
17. Music for Messiah

18. Homes in the Desert - Exodus Nord
19. Israel and the Coming World Crisis Parts 1, 2 & 3
20. Fire on Carmel
21. Messianic Praise and Worship from Israel
22. God's Key to World Redemption Parts 1, 2, 3 & 4
23. The Samaritans – Covenant Keepers
24. An Environmental Peace Plan
25. The Russians are Coming
26. The Terror Factor
27. West Bank Settlements, - Holy Land or Holy War?
28. Helping Jews Home
29. From Hebron to Jerusalem
30. Fishers of Men
31. What's New in Old Jerusalem?
32. Study in Jerusalem - Jerusalem University College
33. Between a Rock and a Hard Place
34. Oil in Israel
35. Israel at 50 Parts 1 & 2
36. A Lion of Judah – Teddy Kollek
37. Two Olive Trees – Israeli Prime Ministers Shamir & Peres
38. Love Your Neighbor
39. Temple Mount Faithful
40. Reviving the Stones
41. Rooted in the Land
42. Christian Revival for Israel's Survival
43. An Oasis for the Exiles
44. Tents of Mercy
45. Israel's Flying Carpet
46. One Jerusalem Rally
47. Jerusalem – Cup of Trembling
48. Fact of Fantasy – Middle East Analysis
49. Below the Red Line - Israel's Water Challenge
50. The Deadly Peace Game
51. The Violence of Lebanon – Past and Present
52. Golan Heights - A Peace Gamble
53. Creation Dance - Everything is Open - Miracles for the Handicapped
54. Empowerment Through Tradition - Bedouin Women
55. Peace, Peace and There is No Peace
56. The Crusades – Faith or Folly
57. Blessed is He that Watches
58. They Shall Come with Singing

59. Remembering the Past: Shaping the Future - Yad VaShem
60. Grandpa Jack's Farm
61. Operation Second Exodus – ICEJ
62. Assaf Ha Rofeh – A Hospital with a Heart
63. Zvi Givati – A Friend Indeed
64. Quest for the Hero Heart, Part 1 & 2
65. A Canadian Apology to the Survivors of the St Louis
66. Mount Moriah Trust - Part 1 & 2
67. Healing for the Family
68. Fountain of Tears - Part 1, 2 & 3
69. Kehilat Mevasseret Zion - A Unique Synagogue
70. Catch the Vision - Israel Vision TV promo
71. Home for Bible Translators Parts 1 & 2
72. Love My People- Israel Vision Update
73. The Power of One
74. Gilad Shalit - A Call for the Release of a Kidnapped Israeli Soldier
75. The Israeli Dance Troupe with Adi Gordon Rawlings - 'A Man Shall Arise'.
76. Fourth Jerusalem Assembly - Jewish & Christian Zionists Speak Out
77. Pastor Umar Mulinde of Uganda: The Heart of a Lion, parts 1-6
78. Israel, Iran and the Bible - Where Are We Today on God's Time Clock?
79. Israel, Syria and the Bible.
80. Israel, the Nations and the Future?
81. Israel, World Terror - ISIL and Revival (in Vorbereitung)
82. Human Trafficking in Nepal - You C.A.N. Make a Difference, C.hildren A.ction N.epal (in Vorbereitung)
83. Standing Shoulder to Shoulder - The Founding of the International Christian Embassy in Jerusalem (in Vorbereitung)

Power- Point- Präsentationen

- The Deadly Peace Game (Das tödliche Friedensspiel)
- Israel and the Coming World Crisis (Israel und die kommende Weltkrise)
- Fact or Fantasy (Tatsachen oder Dichtung)
- The Whole Story (Die vollständige Geschichte)
- Small Talk (Plaudereien)

Seminar über sexuellen Missbrauch

* Teil 1 Die Anatomie der Krankheit
* Teil 2 Globale Implikationen

Dieses Seminar wurde in Kanada vor Fachleuten von zwölf Gesundheitsämtern der Regierung gehalten, wobei eine Vertreterin der kanadischen Polizei, die für dieses Gebiet zuständig ist, ebenfalls anwesend war, um Fragen zu beantworten. Meridels Unterricht ist ausgeglichen, voller Einsichten und Weisheit, die von jahrelanger Erfahrung, von Beratungen und ihrem Studium stammen. Sie webt biblisches Verständnis in ihre Jahre der Praxis auf dem Feld der Beratung. ‚Erleuchtend, ermutigend und motivierend' beschreibt Meridels Art, mit dem ‚Geheimnis' des Missbrauchs umzugehen. Heute, wo wir es weltweit mit einer Explosion des sexuellen Missbrauchs zu tun haben, sind ihre Lehren ein ‚Muss' für alle Menschen.

Familienheilungs-Seminare, 3 bis 5 Tage, die Ihr Leben verändern werden. Die Teilnehmer lernen mit Hilfe von Meridels interaktivem Lehrbuch ‚Wähle das Leben', wobei Meridel sich immer zuerst Zeit für Kinder nimmt, die zu ihren begeistertsten Zuhörern zählen.

Spenden

Wir sind ein Glaubenswerk und finanzieren uns ausschließlich durch Spenden. Bitte spendet online über PayPal auf unseren Websites oder unserem Blog. Es gibt eine steuermindernde Spendenquittung. Vielen Dank!

Rundbriefe

Gebt uns Eure Namen und Adressen, damit wir Euch Jays Israel Vision Rundbriefe und Meridels beliebte, inspirierende, doch sehr persönlich gehaltene Quartalsschrift ‚Eine Sanfte Leise Stimme' zuschicken können.

Israel-Touren

Ein lebensveränderndes Erlebnis vermittelt Euch ein Besuch des Heiligen Landes, mit den alteingesessenen Israelis Dr. Jay und Dr. Meridel Rawlings. Ihr werdet danach nie mehr dieselben sein. Meldet Euch per Email, dann bekommt Ihr die neuesten Tour-Informationen: E-Mail: jvistas@gmail.com

Israel Visions wöchentliche Fernsehsendungen

‚Menschen, die etwas verändern' wird in Israel produziert und über Satellit weltweit ausgestrahlt. Jay und Meridel sind die Gastgeber und sprechen über aktuelle Themen und deren biblische Perspektive. Jay gibt biblische Kommentare zu aktuellen Nachrichten. Meridels Beitrag die 'Sanfte Leise Stimme' befasst sich mit Familienthemen.

Ebenfalls online erhältlich:
- www.stillsmallvoice.tv
- www.israelvision.tv

Das wurde für Menschen ins Leben gerufen, die heute aus einer Jerusalemer Perspektive über das Leben im Nahen Osten informiert werden möchten. Dr. Jay und Dr. Meridel Rawlings sind Medienfachleute, die es sich zum Lebensinhalt gemacht haben, die Welt über Israel aufzuklären. Jay hat sein Leben damit verbracht, preisgekrönte Dokumentarfilme und Fernsehsendungen zu schaffen, die in den israelischen Botschaften und Konsulaten der ganzen Welt vorgeführt wurden. Einige seiner Produktionen sind nachstehend aufgeführt. Ihre Söhne folgen in ihren Spuren und machen großartige Fortschritte.

Israel Vision Deutschland e.V.

Vors. Harald J. Goldsche
Jasminweg 22
27211 Bassum
Tel. +49 4241 1655
mobil +49 171 772 5603

E-Mail: info@israelvision.de

Websites:
www.israelvision.org
www.israelvision.de

JAY und MERIDEL RAWLINGS
BANK INFORMATION

Frankfurter Sparkasse
Nordend branch - Bergstrasse 29
D 60316 Frankfurt am Main
tel 49 69 24 182224
IBAN: DE23500502010000162008
BIC: HELADEF1822

Spenden sind steuerlich abzugsfähig.

www.ingramcontent.com/pod-product-compliance
Lightning Source LLC
Chambersburg PA
CBHW060500090426
42735CB00011B/2060